全面改訂版

# GETTING THINGS DONE

## The Art of Stress-Free Productivity

David Allen
デビッド・アレン＝著
田口元＝監訳

二見書房

はじめてのGTD

# ストレスフリーの整理術

**GETTING THINGS DONE (revised edition)**
by David Allen


Japanese translation published by arrangement with Penguin Books, an imprint of Penguin Publishing Group, a division of Penguin Random House LLC through The English Agency (Japan) Ltd.

はじめてのGTD

# ストレスフリーの整理術

Getting Things Done

CONTENTS

# 第2部 ストレスフリー環境で高い生産性を発揮しよう

翻訳協力　株式会社バベル
編集協力　ラーニング・マスターズ株式会社
近藤克明

# 謝辞

多くの先達や共同経営者、同僚、スタッフ、クライアント、友人、そしてGTDを実践する世界中の方々が、長年にわたり私のGTD研究と開発を支えてくださった。ここではすべての名前を挙げきれず残念だが、多大な尽力をいただいた多くの方々に（該当するご本人にはおわかりであろう）、心から感謝を申し上げたい。

1980年代初頭、私はディーン・アチソンとラッセル・ビショップから示唆を得て、驚異的な手法を思いつくことになった。それがのちにGTDとして世界中に知られるようになったのだ。過去長きにわたり、多数のパートナーや同僚がGTDの形成と普及に貢献してくれた。とくにマリアン・ベイトマン、メグ・エドワーズ、アナ・マリア・ゴンザレス、アン・ジェネット、レスリー・ボイヤー、ケリー・フォリスター、ジョン・フォリスター、ウェイン・ペッパー、フランク・ソッパー、マギー・ウェイス、マイク・ウィリアムスに感謝の意を表したい。

また、たくさんのクライアントや、ワークショップに参加していただいた方々も、GTDのモデルの検証や改善を助けてくださった。とりわけ、企業の体質改善にGTDが有効だといち早く気づき、私を起用してくれた人材開発担当者のみなさん——マイケル・ウィンストン、ベン・キャノン、ケヴィン・ワイルド、スーザン・バラスコビッチ、パトリシア・カーライル、マニー・バージャー、キャローラ・エンディコット、キララ・ツシンスキー、エリオット・ケルマンにお礼申し上げたい。

トム・ハガン、ジョン・マクブライド、ローラ・マクブライド、スティーブ・ルーワーズ、グレッグ・シュタイクレザー、サム・スパーリン、そして私の根気強いエージェント、ドウ・クーヴァーの尽力と洞察がなければ、本書は完成しなかっただろう。また、初版の編集担当のジャネット・ゴールドスタイン、そしてこの改訂版の編集担当のリック・コットは、執筆に関して的確な（そして忍耐強い）アドバイスをしてくれた。彼らにも感謝の意を表したい。

最後に、私を導き、いつも本当に大切なものを忘れないように気づかせてくれた心の師J-Rと、私を深い愛情でもって支え信頼し、私の傍らで常に献身的に尽くしてくれて、その美しさで私の心を満たしてくれた妻にも、この場を借りて心からお礼を述べたい。

「人生で大事なのは、何をもっているかではなくて、誰がいてくれるかだ」——J・M・ローレンス

# 改訂版について

本書は2001年に出版された『Getting Things Done』の初版（邦訳『はじめてのGTD　ストレスフリーの整理術』二見書房）を総合的に書き直したもの——と言えるかはわからないが、ともあれ書き直しである。初版の原稿を実際に最初から最後まで入力し直し、言葉が足りないところがないか、時代にそぐわなくなった内容や言い回しがないか、またはマニュアルとしての「効果」と「鮮度」を保つために最適ではない箇所がないかを確認し、それらのすべてを改めることを目指した。本書が全世界の方々にとって有益で、21世紀、さらにはそれ以降も実用的な価値を失わないようにしたかったのだ。また、私は初版の刊行以来さまざまなかたちでGTD[*1]に携わってきたが、GTDの手法に関して私が実際に体験した、興味深くも重要な事実を新たに盛り込みたいとも思ったのだ。GTDが秘めているパワーや精妙さ、そしてその効果の普遍性を、私自身がより深く理解するに至ったという経緯もある。さらに、GTDがいかに全世界で受け入れられ、普及したかということについても述べてみようと思う。

一方、本書を再考する中でわかったのは、GTDの基本原則とさまざまなテクニックにはまったく手を加える必要がなかったということだ。嬉しいことに、改訂版を執筆する中で初版の内容に再び触れてみて、**私の提示した整理術の基本原則と実践方法のほとんどは普遍的なものであること、そして将来的にも容易には色あせないであろうことが再確認できたのだ。**たとえば宇宙開

＊1「GTD」（Getting Things Done）は、本書で説明する手法を表す略語として全世界で広まっており、この改訂版でも頻繁に利用している。

発チームが２１０９年に木星に降り立つには、現在の手法が提示しているのと同じ基本原則を取り入れてコントロールとフォーカスを保つことになるだろう。最初の飛行ミッションにおいて、何に集中すべきかを自信をもって選択できるよう、「インボックス」（本文で説明していく）も活用していくはずだ。そして「次にとるべき行動」を決定することは、どのような規模のタスクにおいても、その遂行のために絶対に必要となる。

とはいえ、初版の刊行以来、私たちのライフスタイルや仕事をとりまく環境は大きく変化した。この改訂版ではそういった変化を考慮して内容を書き改めることにした。また、興味深いと思われる新たな事実も書き加え、ＧＴＤになじみのない方々にも、すでにＧＴＤを実践している方々にも、ためになるアドバイスを提示していきたい。

## 時代の変化

この改訂版では、次に示すような時代の変化を考慮して構成を見直した。

### デジタルテクノロジーの普及

「ムーアの法則」（デジタル処理能力は時の経過に伴い指数関数的に向上していく）が示唆したとおり、デジタルテクノロジーが飛躍的な進化を遂げ、我々の社会や文化にまで大きな影響を及ぼすようになった。この変化は私たちにとって喜ばしいものである反面、同時にそれに圧倒されれてもいる。

　ＧＴＤの手法はやるべきことの「中身」と「意味」に目を向けていく手法であるため、管理すべき情報がデジタルであろうがアナログであろうがそれほど影響はない。メールで受け取った依頼はコーヒーブレイクの際に口頭で受けた依頼と本質的には何ら変わることがないので、同じように処理していくことができる。

　しかし、ネットワークにもつながる優れたツールやアプリケーションが次々と登場したことによって、情報を保管したり整理したりするための選択肢が増えつづけている。こうしたツールは便利ではあるが、きちんとした考えのもとで活用していかないと生産性が阻害される要因にもなることを知っておこう。

　初版では特定のタスクを実行するのに最適なツールを紹介していたが、改訂版では現状を考慮して、こうした特定のソフトウェアに関する記述の大部分を削除した。ソフトウェアのイノベーションが著しいため、すぐに古くなったりバージョンアップされたりするからだ。あるプログラムを知ったと思ったらすぐに別の優れたツールが出てきた、ということも頻繁に起こりうる。そのため、この改訂版では「どれがよいか」については扱わずに、あるツールが有用かどうかを見極められるような参考情報を提供することにした。

　改訂版に向けては、紙ベースのツールや資料の扱いについても悩んだ。若い世代の人たちの中には、すでに紙には用はないと思っている人も多いだろう。だが年寄りと思われることを覚悟のうえで、紙のツールや資料に関するアドバイスの大部分を初版どおりに残すことに決めた。この改訂版を手にするであろう全世界の読者の多くは、少なくとも部分的には紙を使っていると思われたからだ。また私のまわりでは、デジタルツールに精通した人であっても、結局は紙に戻ってきたという人も多い。

我々が紙という媒体を完全に捨て去ることができるかどうかは、時が自ずと示してくれるだろう。

## 常時接続の時代

モバイル機器が普及し、常時接続が当たり前となった現代社会でＧＴＤをどのように活用したらいいですかと尋ねられることが多くなってきた。

次々と舞い込んでくる、重要かもしれない情報——少なくとも自分に関係がありそうな情報——を、誰もが絶え間なく受信しつづけている。技術の進化により情報には格段にアクセスしやすくなったが、その情報量や入ってくる速度、そして内容の変化に対応しなくてはならなくなった。まわりの環境によって気が散りやすい人にとっては、こうした情報は生産性を阻害する要因になってしまうことだろう。大事なのは何に注意を向けていくかである。テクノロジーの進化による日々の体験は、ＧＴＤの考え方を身につけているかどうかでポジティブにもネガティブにもなりうることを知っておこう。



新しいものは何もない。変わったのはそれが現れる頻度だ。

## GTDのグローバル化

ＧＴＤのプロセスはほかの文化にも効果があるかとよく尋ねられるが、私の答えは常に「もちろん」である。本書の核の部分は人間の本質に関わるものであるため、ＧＴＤの応用に関して文化の相違が障害になったケースを未だかつて体験したことがない――もっと言えば、性別や年齢、性格の相違も関係ない。ＧＴＤが必要かどうかという認識や、ＧＴＤの果たす役割は、当然ながら個人によって異なってくる。しかしそれは文化や性別、年齢、性格による違いではなくて、人生や仕事に対してどう考えているかの違いによるものだ。

初版の出版以来、ＧＴＤの考え方は世界中に広まっていった。初版は30以上の言語に翻訳され、デビッド・アレン・カンパニーでは書籍の内容に基づいた研修プログラムを行なうフランチャイズ事業を多くの国々で展開している。初版を執筆した時点で、ＧＴＤの効果に文化の垣根はないというある程度の自信はあったが、何年もその効果を目の当たりにする中で、その自信は揺るぎないものとなっていった。

## より幅広い読者と利用者を想定

初版を執筆したのは、主に企業研修やセミナーで実践してきたＧＴＤの手法をマニュアル化したかったというのが主な動機である。初版で扱っている実例や文体、見栄え、イメージ（表紙ではネクタイを締めた）は、主に経営者やマネージャなどのプロフェッショナルを読者層として想

とても片付けきれないような量のタスクがあったとしても、それをスムーズかつエレガントに処理する方法は存在する。

定したものだ。もちろん、初版の内容が家庭の主婦や主夫、学生、芸術家、ひいては定年を迎えた方々にも等しく価値のあるものだということは承知していた。だが初版の執筆当時、ＧＴＤの手法をいちばん求めていたのが、ビジネスの現場で膨大な情報や押し寄せる変化の波と戦いつづけていたプロフェッショナルたちだったのだ。

ただし現代においては、リラックスしつつも集中力を発揮していくことでどのような成果が得られるかが幅広く注目されるようになってきた。単にビジネスプロフェッショナル向けの「時間管理手法」ではなくて、日々の生活においていかに物事をこなしていくかの手法が求められているのだ。実際、世界中の人々から、いかにＧＴＤが人生によい影響を与えたかの体験談を数多く寄せてもらった。そこでもっと幅広い需要に応えるために、初版で扱っていた実例や本文の焦点を見直そうと思ったのだ。

ＧＴＤ（Getting Things Done）を「より多くの仕事を成し遂げるために長時間働くこと」と勘違いしてしまう人もいるのかもしれない。また「生産性」という言葉もビジネス寄りの印象を与えてしまうだろう。だが、ＧＴＤでは、物事をこなしていくことに比重を置いているわけではなくて、「自らをとりまく世界に対して適切なかたちで関わっていくこと」を主眼としている。**ある時点で何をすべきかについて最善の選択をし、現時点で行なっていないことに対して思い悩んだりストレスを感じたりしないようにする手法だ。**この手法を実践することによってやるべきことが明らかになり、心理的にも余裕が生まれてくる。これはビジネスプロフェッショナルに限らず、さまざまな状況にある人たちに対しても効果がある手法なのだ。

GTDは、単に仕事をやり遂げるための手法ではない。仕事と人生に、より適切なかたちで関わっていくための手段だ。

長年の経験から、私たちはみな同じ目標に向かっているのだということがわかった。ＧＴＤを世界中で実践している多くの方々に手を差し伸べるべく、本書を構成し直す機会に恵まれたことを嬉しく思う。

## ＧＴＤを総合的に実践するために必要な時間と労力

本書で説明している手法自体は簡単だと思っているが、ときとして次のような反応を示されることがある。まず、提示されている情報とテクニックがあまりにも多すぎるため、なんだか面倒そうだ、と思われてしまうことだ。また、ＧＴＤを習慣化するためにはある程度の年月がかかると主張しているため、どちらにしても始めるのが面倒だ、と思われてしまうことである。

**世の中では「すぐにできる！」といった手法がもてはやされているが、ＧＴＤにおいては手法の詳細を簡略化しないという主義を貫いてきた。**そういう意味では「学ぶことが多すぎる」という反応はなくならないのかもしれない。初版においては仕事とプライベートでＧＴＤを総合的に実践していくための詳細な手順とテクニックをふんだんに盛り込んだが、改訂版においてもその方針は変えないことにした。ＧＴＤの初心者にとって、この量の情報を一度にすべて取り入れていくのは気が遠くなるようなことと感じられるかもしれない。しかし、ＧＴＤに真剣に取り組みたい読者のために、日常生活で習慣化していくための詳細な手順を盛り込まないわけにはいかないと判断したのだ。この改訂版では、整理システムの確立という大変な作業を考慮し、読者にとって親切な構成となるよう努めたつもりだ。一歩一歩、着実に進めていってほしい。

何がいちばん難しいかと言えば、ＧＴＤを習慣化することだ。[*2] とくに意識することなく、穏やかな心持ちで人生や仕事に関わっていけるようにならなくてはいけない。ＧＴＤの実践に必要な行動そのものは比較的シンプルで、何も新しいことはない。やるべきことを書き出し、次にとるべき行動を判断し、それを忘れないようにリストに記しておいて確認する——このような作業に難しいところなどないだろう。ただし、このような手順を実践すべきだということは大部分の人が認めるのだが、習慣化できている人はほとんどいない。これまでの経験から痛感しているが、「気になること」はすべて頭から追い出さないといけないということを真に理解してもらうのは実に難しいのだ。

## ＧＴＤの有効性を証明した認知科学の研究

２０００年頃に感じていた、荒野で孤独な声を上げているかのような感覚はもはやない。初版の刊行以来、ＧＴＤの基本原則と実践方法の効果が科学的なデータによって裏付けられるようになったからだ。新たに書き加えられた第14章「ＧＴＤと認知科学」では、そのような研究結果の一部を紹介することにした。

## ＧＴＤ初心者の方へ

ここまで読んでくださったあなたなら、何らかのかたちでＧＴＤに取り組んでみよう、という



「人生において達成する価値のあることは、すべて訓練が必要だ。人生そのものが長期にわたる一つの訓練とも言える。すなわち、行動改善のための不断の訓練だ。適切な訓練方法さえわかれば、新しいことを学ぶことにはストレスは伴わない。むしろ喜びと心の平穏が得られるだろう。そして、人生全体を安定させ、あらゆる困難を適切な視点でとらえることができるようになる」——トーマス・M・スターナー

*2 習慣についての優れた参考書籍に、チャールズ・デュヒッグ著『習慣の力』（講談社）がある。

興味をおもちになったことだろう。

本書は、ＧＴＤの実用的なマニュアルになるような構成とした。料理本のように基本から始めて詳細な手順を説明し、さらに今後、継続的に実践していけるように豊富なテクニックも紹介している。第１章から始めて順に読み進めていってほしい。本文でも述べていくが、ＧＴＤの基本原則をこの順に応用していけば、きっと素晴らしい効果が得られることだろう。もしくは、興味のあるところにさっと目を通していったり、読み飛ばしたりしてもよい。そのような読み方もできるように配慮したつもりだ。

## ＧＴＤ経験者の方へ

ＧＴＤの経験者にも、この改訂版は新しい本として読んでいただけるだろう。ＧＴＤはこれまでもさまざまな媒体で紹介してきたが、そのたびに誰もが認識を新たにする。ＧＴＤの初版を５回も読み返した人ですら、読むたびに新しい発見があると言っていた。これは、ソフトウェアの基本を習得してから1年後にマニュアルを読み返すようなものである。こんなことも、あんなこともできるのかと驚き、やる気が湧いてくるのだ。この改訂版を読むことで、ＧＴＤを始めたときには気づかなかったことが見えてきて、一つ上のレベルから実践できるようになるはずだ。本書では、あなたがすでに作り上げたシステムやツールの中でも取り入れることができる、新しいアイデアの数々を紹介していこう。

本書の内容をあらためて理解することによって、仕事と人生において本当に大切である分野に対して、ポジティブで生産的な視点から関わっていけるようになるだろう。

# はじめに——さぁ、GTDを始めよう！

本書では、リラックスしつつも気力を高め、目の前のことに集中し、より少ない努力ではるかに多くのことを達成していくためのさまざまなテクニックを紹介している。あなたもおそらくそうだと思うが、現代ではやるべきことをきちんとこなしつつ、ゆとりをもって人生を楽しむことが大変難しくなってきている。しかし、この二つを両立することは不可能ではない。日々の仕事を次々にこなしつつ、人生を謳歌していくことが、あなたにも可能なのだ。

すべてを効率的に進められれば、それに越したことはないだろう。あなたが日頃やっていることは、二つに分けることができる。一つは、興味があったり重要だったり、何かの役に立ったりすることだ。もう一つは、やりたくはないがやらなければならないことである。前者の場合は、費やした時間とエネルギーに応じた成果を上げたいと思うだろう。後者については、さっさと片付けてほかのことをしたいと思うに違いない。

**何をする場合でも、これが今やるべきことだという確信をもち、ゆとりをもってこなしていければ最高だろう。**会社帰りに同僚と飲んでいるとき、真夜中に赤ちゃんの寝顔をのぞき込んでいるとき、届いたメールの返事を書いているとき、クライアントになるかもしれない人たちと会話をしているとき——それらが今やるべきことだという強い確信をもつことができれば、何のストレスも溜まらないはずだ。

「大物と凡人を分ける違いのうちの一つはおそらく、気になることや心配事から気持ちを切り離し、心を穏やかに保つ能力があるかどうかである」——J・A・ハットフィールド本書で私が何よりも伝えたいのは、どんなときでも心にゆとりをもって、最大限の効率で仕事をこなしていくための方法である。私は長年にわたり、ＧＴＤの手法を世界中の人たちに指導してきた。その私が断言する。どんな環境にあっても、ＧＴＤはたしかにうまくいく。

自分のしていることが本当にその時点でやるべきことなのかどうかは、どうすればわかるのだろうか。ソフトウェアやシステム手帳、スマートフォンを使おうが、セミナーを受けようが、1日が24時間以上になるわけでもない。ましてや、やるべきことが減るわけでもないし、難しい選択がラクになるわけでもない。さまざまなツールは、うまく利用すればあなたの決断を支援してくれるが、それ自体で集中力やコントロールが向上するわけではない。また、あるレベルまではうまくいったとしても、しばらくすると仕事や人生でさらに上のレベルの目標や責務を要求されるはずだ。最近流行の手法や最新のモバイル機器だけでは、そうした状況に対応していくことができない。あなたが使っている手法やツールは、しばらくのあいだは効果があるのかもしれない。しかし、仕事における大きな変化や、はじめての子どもの誕生、住宅の購入などといった大きな変化において、その効果が持続するかどうかははなはだ疑問であり、うまくない状況（もしくは大惨事）を招く危険性もある。

それ一つだけで完璧なテクニックやツールは存在しないとしても、自己管理能力や生産性を高めるためにできる具体的な手法はもちろんある。私が見出したそのシンプルな手法を使えば、多忙な現代社会においても先を見通しつつ、生産的に物事を進めていくことができるだろう。この手法は誰もが学んで実践することができるし、時や場所を選ばず有効であることが実証されてい

「数多くの手法が存在したとしても、基本原則はごくわずかだ。基本原則をとらえれば、自分に合った手法を選択できるようになる。基本原則を無視して手法だけを実践しようとする人には必ず困難が待ち受けているだろう」――ラルフ・ウォルド・エマソン

る。宿題をやろうとしている12歳の子どもでも、役員会議のあとに企業戦略を策定し直さねばな
らない人でも、どのような状況においても効果があるのだ。

本書は、個人や組織の生産性について私が30年以上にわたって行なってきた研究の集大成で
ある。ここで提唱するGTDという手法を取り入れれば、仕事が増えつづける現代社会におい
ても、最小限の努力で最大限の成果を上げていくことができるようになる。そして、私は長年にわたり、
仕事に追われて身動きがとれなくなっている優秀な人々を指導してきた。そして、職場や自宅で
付き添いながら、溜まりに溜まったすべての「やるべきこと」を把握し、とるべき行動を見極め
て整理する作業を手助けしてきた。私が見出した手法は、どのような組織でも、どのような文化
や現場においても成果を上げることができる。私は過去30年間、世界のトップクラスにいるプロ
フェッショナル（そしてその子どもたち）の指導に多くの時間を費やしてきた。その経験から
言って、この手法こそが誰もが待ち望んでいたものだと断言することができる。

ビジネスプロフェッショナルたちは、自分自身や部下、そして組織の文化をしっかりと管理し
つつ、プライベートとのバランスもうまくとっていきたいと願っている。1日の仕事が終わっ
たあとに、かけるべきだった電話がかけられていなかったり、会議で決まったことがきちんと
フォローされていなかったり、無数のメールの中に大事なメールがいくつも放置されていること
を彼らは知っている。こうしたビジネスパーソンの多くがそれでもいちおうの成功を収めている
のは、オフィスや家庭、書類カバンの中に放置されている問題以上に多くの困難をかろうじて解
決し、一つでも多くのチャンスをなんとかものにしてきたからにほかならない。しかし、仕事も

「コントロール、組織力、準備、行動。これらが欠けたところに不安が生まれる」――デビッド・ケキッチ

人生のスピードもどんどん速くなっている現代においては、この状態をいつまで続けられるかははなはだ疑問である。

また、子どもがいる場合、状況はもっと深刻だ。忙しいゆえに学校の演劇やスポーツの試合をろくに見にいけなかったり、寝る前の大切な会話の時間がとれなかったり、いっしょにいたとしても「心ここにあらず」といった問題を抱えているのではないだろうか。

このような状況なので、「やるべきことがあるのにやっていないのではないか」という漠然とした不安にいつも苦しめられている。これが出口のないストレスを生み、私たちの心はけっして休まることがないのだ。

GTDは、現代社会に何より求められているものの一つである。**企業や家庭だけでなく、学校でも導入するべきだ。現状では、子どもたちは情報を処理する方法も、求められている結果やそれに必要な行動を考えることの大切さも教えられていない。**GTDに秘められたパワーや効果、シンプルさを理解してもらうには、あなたが今置かれている環境の中で実践し、実際に体験していただくのがもっとも手っ取り早いだろう。本書に目を通していく中で、私の紹介する手法をどのように実践するか、どのように実践できるかということを考えてみてほしい。本書では、生産性向上のためのワークフロー管理手法と自己管理手法の全体像を提示しつつ、ところどころであなたが実際にその効果を体感できるような工夫も施したつもりだ。

本書は3部構成になっている。第1部ではGTDの概念を見ていくことになる。システムの概要とほかのモデルとの違い、なぜ現代の状況に合っているのかを解説し、GTDの基本をごく本



健全な懐疑心をもつことで、提示されているものの価値を判断できるようになる。異議を唱え、可能であれば正しくないということを証明しよう。それによって対話が導かれ、物事の理解へとつながっていく。

質的な部分に絞り込んで説明していく。第2部ではシステムの具体的な導入方法について解説していく。GTDのモデルをどう活用していけばいいのか、その詳細について順を追って説明していこう。第3部ではさらに踏み込んで、GTDを人生や仕事に取り入れることにより、目に見えない部分やより深い部分で起こってくる変化について説明した。

1~3部の中には、やむなく内容が重複している部分がある。GTDの基本は比較的シンプルだが、この手法はさまざまな角度やレベルから詳細をとらえていくことで、さらに理解が深まっていくからだ。

あなたもぜひ、GTDを試してみてもらいたい。本当に効果があるのか試しにやってみるといいだろう。とにかく実践してみて、生産性の向上が可能だということ、あなたにもできるということを確かめてもらいたい。GTDはけっして難しいことではない。集中する能力、書く能力、望んでいる結果を考え、とるべき行動を決める能力は、すでにあなたにも備わっている。選択肢をレビューして、適切なものを選んでいくこともできる。本書では、それらの基本的な能力を、より効果的に活用していくための方法をお伝えしていく。それによってあなたの一連の行動に変化が起こり、驚くような効果が現れてくるはずだ。

本書ではビジネスの現場における実例もふんだんに紹介している。私の仕事の中心はセミナーの主催と個人指導であり、仲間と共に何千人もの個人、世界中の企業を導いてきた。そして今もなお、世界中のもっとも有能な人々といっしょに仕事をさせていただいている。これらの経験と数々の実例が、本書の主張を支える基礎となっている。

私自身もまだまだ勉強中だ。ほかの人たちと同じように、コントロールを失い集中を欠いてしまうこともある。第15章で説明するように、ＧＴＤとは、成熟した高いレベルで人生を送るために一生をかけて習得していくものである。私自身もいまだに習慣化のための訓練を欠かしていない。本書で紹介しているのは、そうした訓練の中でも効果があったもので、引き続き私自身が活用しているものばかりである。

あるクライアントの言葉が、ＧＴＤのすべてを物語っている。

「ＧＴＤを習慣にしたら、人生がラクになりました。本気でやりだしたら、人生が変わりました。たとえるならば、毎日の膨大な仕事に対抗するためのワクチン、多くの人が陥っているジレンマを解消するための解毒剤なのです」

# 第1部
# GTDの基本

はじめてのGTD
ストレスフリーの整理術

第1章
# 仕事が変わった。さて、あなたの仕事のやり方は？

「最高の幸せを手に入れる方法が一つある。それは、今、この場所に生きることである。目の前の機会に、すべての注意を向けるのだ」——マーク・バン・ドレン

たとえやるべきことが山のようにあったとしても、頭をすっきりさせつつ、リラックスしながら高い生産性を発揮していく「やり方」がある。私がGTD（Getting Things Done の頭文字をとったものだ）と呼んでいる、この「やり方」を身につけることさえできれば、仕事でもプライベートでも効率よく物事をこなし、充実した人生を送っていくことができるだろう。またこの「やり方」は、今やらなくてはならないことに集中し、適切に対処していくための最善の方法でもある。頭の中から時間の概念が消え去り、注意を向けるべき対象に完全に意識が向いている状態だ。この境地に至ったあなたは、やらなければならないことや関心のあることのすべてを把握したうえで、今、この瞬間にやるべきことに完全に没頭しているはずだ。

GTDは、今や成功するビジネスパーソンにとって必要不可欠である。**いくらなんでもこんなに仕事を抱えきれないだろう、といった状況でも正気を保つために必要な技術であり、これがあ**

**ることでもっとも重要なことにもっとも適した方法で関わっていくことができるようになる。**

もちろん、生産性を高める方法を自分なりに編み出して実践している人もいるのかもしれない。しかしその方法を、いつどんなときでも確実かつシステマチックに実践することができるだろうか。それができなければ、日々押し寄せてくる仕事の波からけっして抜け出すことはできない。本書で紹介する手法やテクニックの一つひとつはそれだけで効果的なものではあるが、日々の習慣にシステマチックに組み入れていくことで、その効果を最大化することができる。「気になっていること」のすべてを明らかにし、それについて何をすべきかを適切な方法で見極めていくことで、重要な選択を迫られたときに自分の行動に対して確固たる自信をもつことができるようになるだろう。

私が提唱するGTDの柱は三つある。まず一つ目は、やるべきことや気になることの〝すべて〟を把握することだ。今やらなければいけないこと、あとでやりたいこと、いつかやる必要があること……大きなことも小さなことも、すべてを頭の中からいったん吐き出して、信頼できるシステムに預けなくてはいけない。当たり前のように聞こえるかもしれないが、ほとんどの人はこれができていない（「あなたのやりたいことを今ここですべて見せてください」と言ったら、あなたは見せることができるだろうか）。柱の二つ目は、人生において常に降りかかってくるあらゆる〝インプット〟にその場で対処できるようにすることだ。それらが発生したときに適切な判断を下し、〝次にとるべき行動〟を具体的かつ自信をもって導けるようにならなくてはならない。柱の三つ目は、そのようにして導かれたさまざまな判断のすべてを、人生における異なる視点レベルから評価しつつ、いついかなるときでも正しい決断を下せるようになることだ。

　本書では、GTDを実践していくうえで役立つツールやヒント、ちょっとしたテクニックの類《たぐい》も伝えていくつもりだ。本書で解説している理論やテクニックは、仕事、プライベートを問わず、あなたがやらなければならないあらゆることに、学んだ瞬間から活用していくことができるだろう。*1

## 仕事は増える一方だが……

　近ごろは誰もが同じグチをこぼしている。「やるべきことが多すぎて時間が足りない」というのだ。ごく最近も、そういう2人に出くわした。1人は昇進したばかりの大手投資銀行の幹部だ。彼は仕事が忙しすぎて家庭がないがしろになっているのでは……と悩んでいた。もう1人は人事課長をしている女性だ。彼女は、毎日150通を超えるメールと格闘しつつ、週末のプライベートな時間を確保しようと必死になっていた。

　21世紀を迎えた今、私たちはある矛盾に悩まされている。快適に生活できるようになった一方で、できることが増えすぎて日々のストレスをどんどん溜めこんでしまっているのだ。選択肢や機会がありすぎるために、人々は常に決断や選択を迫られており、それが心理的な負担になっている。そしてほとんどの人はこの状況に大きな不満を感じつつも、効果的な解決策を見出せずにいる。

*1 本書では「仕事」を、「現状から変えたいこと、変える必要があること」という広い意味で用いている。多くの人は仕事とプライベートを区別して考えているが、私はそれほど厳密には分けていない。私にとっては庭の草むしりも遺書の書き換えも、本書の執筆もクライアントの指導も、すべてが「仕事」である。本書で解説している手法やテクニックは、これらのあらゆる「仕事」に当てはめていくことができる。

## 仕事の「何」が変わったか？

多くの人がストレスを抱えるようになった大きな要因の一つは、仕事の性質がすさまじいスピードで変化していることにあると私は考えている。20世紀後半だけを見ても、仕事の内容は部品の組み立てなどに代表される単純作業から、経営学者のピーター・ドラッカーが言うところのナレッジワーク（知識労働）へと変化してきている。

昔の仕事は単純明快だった。畑は耕し、機械や箱は組み立て、牛は乳をしぼり、木箱は運べばよかった。何をすべきかは誰が見てもわかったし、その仕事が達成されたかどうかもひと目で判断できた。もっと生産性を上げたければ、仕事のプロセスを効率化するか、より長時間働くか、といった判断をすればよかったのだ。

しかし、今はどうだろう。**あなたが抱えているプロジェクトの多くには、はっきりとした「終わり」がない。**しかも、ほとんどの人は、やるべきことや改善したい状況を同時にいくつも抱えていて、彼らが死ぬまで努力しても、それらを完全に達成することはできないようにさえ思える。あなたも同じような状況になっていないだろうか。会議や研修では何をどこまで追求するべきか。役員の報酬体系はこれでいいのだろうか。子どもの教育方針についてはどこまで詰めるべきだろうか。さきほど書いたブログ記事はあれでよかったのか。社員のやる気が出るようなミーティングができているだろうか。健康管理についてはどうだろう。さらには、今関わっているプロジェクトのためにどれだけの情報を集めるべきか。そうした問題を抱えている人も多いのでは



どんなプロジェクトも改良可能であり、そのために利用できる情報は今や無限にある。

ないだろうか（なにしろインターネットには簡単にアクセスできる無限の情報があるのだから）。

また、仕事の「終わり」が曖昧になり、達成までのプロセスが複雑になったために、多くの人がよりたくさんの仕事を抱えるようになってしまった。今日、組織で成果を出していくには、部門を越えた協力や取り組みが不可欠になっている。部門間の壁は崩れ（崩れていないなら崩す必要があるのかもしれない）、他部署もしくはさまざまなプロジェクトからの転送メールにまで目を通さなければならない状況になっている。それに加え、老いた両親までもが今やインターネットやスマートフォンを使うようになり、友人や家族との距離感がなくなった。仕事以外でも常に連絡をとらなくてはならなくなり、状況はさらに悪化している。

コミュニケーションのための新しいテクノロジーが次々と登場する中、仕事にしてもプライベートにしても、どこまでやれば「終わり」なのかがますますわからなくなってきた。常に「つながっている」状態が続くことが期待されることで、今までになかった問題が生じてきているのだ。グローバル化が進み（たとえばチームメンバーの半分は香港、重要人物の1人はエストニア、といった状況も珍しくない）、リモートでの仕事やつながりが当たり前のようになってきたことで、この問題は深刻になるばかりだ。さらにスマートフォンに代表される、常に身につけておくことができる便利なガジェット類もこの問題の深刻化に拍車をかけている。時間的にも空間的にもどこまで何をするべきかがどんどん曖昧になってきていて、それに加えてネットワークからは判断に困るような情報が次々と舞い込んでくるという困った状況なのだ。

## 仕事と人生はなおも変化しつづける

仕事の終わりがはっきりしなくなっただけでも大変だが、さらに悪いことにその仕事の内容も常に変化しつづけている。また仕事だけでなく人生というくくりから見ても、その責任や関心の範囲がどんどん変化してきている。

私はセミナーで、よく次のような質問をする。「自分が本来すべき仕事だけをしているという人はどれぐらいいますか？」「この1年、プライベートで大きな変化がなかったという人は？」。この質問をしたときに手をあげる人はほとんどいない。たとえ仕事の終わりが曖昧になったとしても、特定の仕事だけをある程度続けていれば、その仕事で何をすればよいかはだんだんわかってくる。どの程度の完成度でどれだけの仕事をこなしていれば正気を保てるかもわかってくるはずだ。もし仕事においても人生においても大した変化がなければ、自分にとって快適な生活のリズムを保ちながら、平穏で安定した毎日を送れるのかもしれない。ところが、現代においては、ほとんどの人にこれが当てはまらない。その理由は三つある。

1. 目標、製品、顧客、市場、テクノロジーなどがとてつもない速度で変化しつづけている。当然ながら、組織の構造や役割、責任なども同様だ。
2. プロフェッショナルの多くがフリーで仕事をするようになり、頻繁にキャリアを変えている。40代や50代になってもこうした成長路線を歩んでいる人も多い。彼らが目指しているの



私たちは、この72時間のうちに、親の世代が1カ月や1年のうちに経験したよりもさらに多くの変化に直面しているのだ。

はオールラウンドプレイヤーとなってその時代の主流層に取り込まれることであって、一つの仕事を長く続けることではない。

3．文化、ライフスタイル、テクノロジーがどんどん変化していく中で、個々人が臨機応変に対応しなくてはならない状況が次々に起こるようになった。突然、老いた親の介護が必要になったり、無職になって家へ戻ってきた子どもの面倒を見たり、思いがけず闘病生活を強いられたり、人生の伴侶の新たな出発に配慮したり……こういった出来事が以前よりも頻繁に起こるようになり、もたらされる結果も以前より深刻なものになってきている。

この忙しい現代において「いつどこで何をどれだけすべきか」がはっきりわからなくなってしまったのだ。職場や家庭では今何をすべきか？　移動中の飛行機や車の中ではどうだろう？　次の週末は？　次の月曜の朝は？　こうした質問に対して即座に自信をもって答えられる人はほとんどいないだろう。

成果を上げるためにどのような情報をどれだけ集めればよいかについても同じだ。私たちはこうした急激な変化の時代において、大量の情報を処理しつつ、やるべきことを増やしつづけている。そして多くの人は、このように増えつづける「処理すべき情報」と「やるべきこと」に対処する術《すべ》を、いまだに身につけられていないのである。

**世界中のどこにいてもネットワークでつながっていられる時代が到来したとはいえ、変わったのは「物事が起こりうる頻度」のみである。**人生における変化のペースがもっと緩やかだった時

「まったく新しいことに万全の体制で臨める人はいない。新しいことに対応していくには自分を変えないといけないが、そこには常に自信喪失の危険がつきまとう。大きな変化に際して自分を保ちつづけるには、自信という感情を手なずけなければならない」――エリック・ホッファー

代では、新たな状況に伴う不快さをいったんやりすごしさえすれば、しばらくは安心していられた。今や、そのような時間的なゆとりに恵まれている人はほとんどいない。今この本を読んでいるそばから、あなたのまわりの世界は変化しつづけている。そしてもし本書を読みながら気がかりなことが頭をよぎったり、「あ、メールチェックしなくては……」と思ったりしたら、あなたは大きな問題を抱えているといえる。そうした「気になること」に邪魔されているようでは、本来あなたがすべきことに、今この瞬間に集中できていないことを意味するからだ。

## 今までのやり方ではもう間に合わない

学校で教わったことや従来までの時間管理手法、システム手帳や各種のデジタルツールを使っていたとしても、現在の状況に対応していくには不十分である。仕事のスピードや複雑さ、絶えず変化する優先順位にはとうていついていけないだろう。豊かではあるものの、変化の激しい現代においてゆとりをもって無理なく結果を出していくには、今までの考え方や仕事のやり方では歯が立たない。今までとはまったく違う新しい手法やテクニック、新しい習慣が求められているのだ。

時間管理手法や整理術におけるこれまでのアプローチは、すこし前まではそれなりに効果的だった。工場で流れ作業をしていた人々が徐々にマネジメントのための仕事に移っていくにつれ、こうした手法がある種の指針となったことは間違いない。このような時代では単に「いつ何をするか」が重要だった。「時間」そのものが管理の対象だったのだ。だから、カレンダーは重要なツールとして機能していた。しかし仕事が複雑になってくると、その時間をどう使うべきかの裁量を任されるようになり、「いつ何をするのが最善か」について判断しなくてはならなくなった。優先順位やＴｏ Ｄｏリストはこの流れから生まれてきたものだ。判断の自由が与えられているのなら優先順位を考慮し、そのときに与えられた選択肢からもっともよい選択をしていくべき、と考えるのは当然のことだろう。

ただ時を経て仕事はさらに複雑になってきた。カレンダーは便利ではあるものの、実際はやるべきことのごく一部しか管理できなくなってしまった。Ｔｏ Ｄｏリストや優先順位についても、現在多くのプロフェッショナルが抱えている大量かつ多様な仕事に対応していくには不十分だと言わざるをえない。現代においては、数十通から数百通を越えるメールやテキストメッセージが毎日届き、そこに書かれた指示や要求に目を通さなくてはならない。1日1回、やるべきことに優先順位をつければそれで済むという人はいないはずだ。

## トップダウンかボトムアップか？

こうした状況に対応するためにトップダウンのアプローチを勧めるビジネス書や仕事術、セミナーなどが登場してきている。広い視野をもち、長期的な目標や価値観をはっきりさせていけば日々の仕事の意味や方向性が見えてくるはず、という考え方だ。しかし実際にはいくらこのような努力をしても、思ったような結果につながらない場合が多いと私は考えている。私自身、こうしたアプローチの失敗例をたくさん見てきているが、それらは次の三つの理由による。

1．こまごまとした日々の仕事に気をとられるあまり、より高いレベルに目を向けることが難しくなってしまうため。
2．日々の仕事を整理して管理していくための効果的なシステムが確立されていないため。
3．より高いレベルでの目標や価値観が明らかになると、それにあわせて変えなくてはいけないこと、やらなくてはいけないことが見えてきてしまうため（そうなると余計な仕事がさらに増えることになる）。

長期的な目標や自分の価値観についてじっくり考えることはもちろん重要だ。何をやって何をやめるべきか、無数の選択肢の中でどれに注意を向けるべきかなど、難しい判断を下さねばならないときの基準になるからである。だがそれで日々の仕事やストレスが減るとは限らない。むしろ、毎日の生活や仕事において考えるべきことが増える可能性さえある。会社の価値観を考え抜いた結果、ワークライフ・バランスを維持するための仕組みを構築しなくては……と思いついてしまった人事課長の仕事はより複雑になるだろう。また、十代の娘がいつか家を出てしまう前に貴重な体験をさせてあげたいと考えた母親の仕事はけっして減りはしない。

現代の仕事環境において、決定的に欠けているものがある。それは、現場レベルできちんと機能する、仕事を成し遂げるための理論と、それを実践するための手法やツールだ。これらが一つの「システム」として機能していなくてはならない。長期的な目標の達成をサポートしつつ、日々のこまごまとした仕事を片付けるためのシステムである。仕事の優先度をあらゆるレベルで管理できて、日々降りかかってくる「やるべきこと」にも対処できなくてはいけない。システムを維持すること以上に時間と労力を節約できて、しかも仕事がラクにならなくては意味がない。

## 武道家の「気構え」を身につける

あらゆるレベルですべてのことをコントロールできている完璧な状態を想像してほしい。頭の中がすっきりと整理されていて、まだ済んでいないことに対する不安が微塵もない状態とはどういうものだろう？　ほかのことにいっさいわずらわされず、やるべき作業に１００％集中できているとしたら、どんな素晴らしい気分になるだろうか。

そうした境地に至ることは不可能だろうか。いや、そんなことは断じてない。私の経験からすれば、仕事においてもプライベートにおいても、ゆったりとした心持ちであらゆることを把握しつつ、ストレスを感じることなく最小限の努力で最大限の効果を発揮することは不可能ではない。複雑な現代社会においても、武道で言うところの「水のような心」を実現することは可能である。このような心理状態を、トップアスリートたちは「ゾーン」、もしくは「フロー」と呼んでいる。

これは心が澄み切っていて、創造性を発揮しながらも目の前のやるべきことに没頭している状態のことだ。誰しもこうした境地に至った経験があるはずだ。ただ、意識してそうした境地に到

「混乱は問題ではない。どれだけ早く秩序を見出せるかが勝負どころである」――ドク・チルドレ、ブルース・クライヤー

達できるかどうかは別の問題だ。人生や仕事が複雑になった21世紀において、この能力がますます重要になってきているのは間違いない。仕事においても人生においても好ましいバランスを維持しつつ、前向きな展望をもちつづけたいと思っている人にはとくに必要だろう。ボート競技で世界トップクラスのクレイグ・ランバートは、著書『水上の精神』（１９９８年）の中で、この境地について次のように説明している。

> 漕艇選手はこの流れるような感覚を「スイング」と呼んでいる。（中略）裏庭のブランコで無心に遊んでいたときのことを思い出してほしい。ブランコそのものの勢いでスムーズな動きが繰り返される、あの感じだ。とくに力を入れなくても、ブランコは勝手に揺れてくれる。より高いところにいくには足を振り上げないといけないが、基本的には重力がほとんどのことをやってくれる。揺らしているのではなくて、揺れているのだ。ボートも同じだ。スピードに乗って、自ら疾走する感じになる。漕ぎ手はボートに合わせるだけでいい。むしろ、無理にパドルを漕いで邪魔をしないように気をつけないといけない。スピードを出そうと努力すると、かえって勢いが削《そ》がれてしまう。より速く進もうと必死になってしまい、ムダが生じるのだ。よく上流階級を必死に目指す人がいるが、その願いは永遠にかなわない。元々上流階級の人間は必死になったりはしない。彼らは最初からブランコに揺られているのである。



「窓ふきでも、作曲でも、集中していないと人生にそっぽを向かれる」——ナディア・ブーランジェ

## 水のような心

空手では、いつでも攻撃に対して反応できる心理状態のことを「水のような心」と呼ぶ。静かな池に小石を投げ込んだら、池がどうなるかを想像してほしい。その池は与えられた力と質量に対して正確な反応を見せたあと、元通りに静かになるはずだ。反応しすぎることも、反応しすぎないこともない。

水は水であるにすぎず、それに徹している。何かを沈めることはあるが、沈められることはない。静止していることもあるが、それに我慢できなくなるわけではない。流されることもあるが、それに苛立つこともない。このような境地をイメージしてほしい。

空手の突きは、力ではなくスピードが大事である。鞭の先端の一撃をイメージするといいだろう。だから、体の小さい人でも板やレンガを割れるようになる。怪力などなくても、一点への集中と、そこに至るまでのスピードがあればよい。逆に筋肉に力が入っていると突きは遅くなる。そのため、空手の上級者においてはバランスとリラックスの習得が重視される。そしてそのカギとなるのが、何が起きようともそれに的確に応じることができる「水のような心」なのである。

何かに過剰に反応したり、反応が不十分だったりすると、その対象に振り回される可能性が高くなる。メール、やるべきこと、家族、上司——あなたのまわりの物事や人々に対する反応を間違えてしまうと、望むような結果は得られない。ほとんどの人は特定のことに対する意識が過剰だったり、逆に不十分だったりする。それらに対処するときに「水のような心」になりきれてい

リラックスする能力と力を発揮する能力は正比例の関係にある。

ないからだ。

## 自らそうした境地に至ることは可能か

最近、とても調子がよいと感じた経験を思い出してほしい。あなたはそのとき、万事うまくいっていると感じていたはずだ。ストレスもなく、目の前のことに集中できていたのではないだろうか。そこでは時間の感覚もあまりなかったかもしれない。気がついたら「あれ、もうお昼?」とびっくりした人もいるだろう。その一方で、仕事は大いにはかどったはずだ。**このような状態を、自ら意識して再び体験してみたくはないだろうか。**

反対に、それとは対極の状態――事態が手に負えなくなってしまい、ストレスに押しつぶされそうになったときや、仕事がはかどらず投げ出したくなったときに、あなたはそこから自力で抜け出せるだろうか。そのようなときにこそ、GTDの理論と手法が最大の効果を発揮する。もてる時間、労力、能力のすべてを最大限に発揮することができる、「水のような心」を自らたぐりよせることができるようになるからだ。

## 「やるべきこと」とうまく付き合うために

私は何十年にもわたって多くのビジネスパーソンを指導してきたが、その中で気づいたことがある。それは、ストレスの大半が「やるべきこと」をうまく片付けられていないことから生じて



「心が空っぽになっていれば、何ごとにも即座に対応できる。心がすべてに対して開かれるからである」
――鈴木俊隆

いるという事実だ。自分もしくはほかの人から課された「やるべきこと」をもっとうまく管理することができれば、誰もがゆとりをもって物事をこなしていくことができる。これはストレスをはっきりと意識していない人にも言えることだ。

あなたはおそらく、自分で考えている以上に多くの「やるべきこと」を自分に課しているはずだ。あなたの意識はそれが大きなものであれ、小さなものであれ、一つひとつをきちんと認識している。これには「世界から飢餓をなくす」といったスケールの大きなＴｏ Ｄｏから、「新しいアシスタントを雇う」といったもの、さらには「ベランダのランプの電球を替える」といった些細なものまで、ありとあらゆることが含まれる。

**これらとうまく付き合っていくには、まずあなたが意識している、していないにかかわらず、〝すべて〟の「やるべきこと」を把握し、１カ所に取り込んでいく必要がある。**そして、それがどういう意味をもつのかを明らかにし、次にどうすればよいのかを見極めないといけない。一見簡単そうだが、ほとんどの人はこれを体系的に行ってはいない。そのためのやり方がわからないか、する気がないか、もしくはその両方だ。そして何より、そういった体系的な方法を実践していないことでどれほど損をしているかに気づいていないからであろう。

## この手法の効果を体感してみよう

ここで一つ、私から提案したい作業がある。今、もっとも気になっている「やるべきこと」を思い出してもらいたい。いちばん困っていること、気になって仕方がないこと、興味のあること

「解決していないこと」——理想的な状態になっていなくて、気がかりになっているすべてのこと。

など、意識の大部分を占めていることは何だろう。それは目の前にあって対応を迫られている仕事かもしれないし、なるべく早く解決しなければならないと思っている何らかの問題かもしれない。次の旅行の計画を決めてしまわなければ、と焦っている人もいるだろう。あるいは、部門内で緊急事態が発生したことをたった今メールで読んだところかもしれないし、巨額の遺産を相続してその扱いで悩んでいる人もいるかもしれない。

いちばん気がかりなことが明らかになったら、その問題なり状況なりが、どのようなかたちで解決されるのが理想的かをひと言で書いてみよう。要はその「プロジェクト」を「完了」とみなすために何が必要かということだ。それは「ハワイ旅行に行く」といった単純なことかもしれないし、「顧客の問題を解決する」「娘の受験に関する問題を解決する」「部署内で新しい管理体制を構築する」「息子に読解力をつけさせる」といった、やや面倒なケースもあるだろう。

それができたら、その状況を一歩でも進めるために、次にとるべき〝具体的な行動〟を書いてもらいたい。もしそれを達成しなければならないとしたら、あなたはどこに行ってどういった行動をとるだろうか。受話器を取って誰かに電話をかける、パソコンの前に座ってメールを打つ、紙と鉛筆を手にしてアイデア出しをする、インターネットで情報収集をする、ホームセンターで釘を買ってくる——あなたが〝次にとるべき具体的な行動〟は何だろう。

さて、ここまで考えるのに2分くらいはかかったと思う。その2分で何か有意義なものが得られただろうか。私のセミナーでこれをやってもらうと、ほとんどの人から次のような声があがる。「すこし頭の中がすっきりしました。心がリラックスして集中力を取り戻せたようにも感

頭から物事を追い出すには、頭を使わねばならない。

じます」。あなたもおそらくそうだろう。もしかしたら、実際に行動してみようという意欲が高まったかもしれない。人生や仕事において、そうした意欲が何百倍にも高まったとしたら、どんなに素晴らしいことだろうか。

このちょっとした作業で何かを得られたという人は、何が変わったのかを考えてみてほしい。あなたの中で前向きの変化をもたらしたのはいったい何だったのか。状況そのものには何の変化もないし、何かの問題が解決したわけでもない。**あなたに起こったのは、「望んでいる結果がはっきりして、次にとるべき行動がわかった」ことだけである。**やるべきことを明らかにし、それに対して安心感を得るためにもっとも重要なこと——つまり、どのように自分の世界と関わっていくか——が変わったのだ。では、それをもたらしたのは何か。「整理すること」でも「優先事項を把握すること」でもない。**答えは「システマチックな思考」だ。**たいしたことをしたわけではない。それぞれの選択や機会に対してどう行動すべきかを明らかにし、そのために何が必要かを考えただけなのだ。今の世の中、誰もが十分すぎるほど物事について考えていると感じているが、その思考は問題や状況にばかり向けられており、「それについてどうすべきか」にまでは考えが及んでいない。先ほど私が提案した作業を実際に行なった人は、自分の思考を「望むべき結果」と「次にとるべき行動」に向ける努力をせねばならなかったことだろう。物事に対する反応は自ずと生じるものだが、思考は違う。これは意識的に行なわないとできないことなのだ。

## 知識労働社会で大事なこと

先ほど行なった作業は、知識労働社会における思考プロセスである。この時代に生きる我々は「気になること」についてもっと考える必要がある。ただ、それはあなたが思っているほど難しいことではない。ピーター・ドラッカーは、知識労働について次のように述べている。

「知識労働においては（中略）作業は与えられるものではなくて、自ら定義すべきものだ。知識労働で生産性を高めるカギは、この仕事で求められている結果は何かと考え、それを明確にすることである。それにはリスクを伴う決断を下さなければならないが、ほとんどの場合、正しい答えなどありはしない。ただ、選択肢があるだけである」

「気になること」に意識を向け、それが自分にとってどのような意味をもつのかを見極め、それに対してどう行動すべきかを判断する。こうした思考に対して、ほとんどの人が二の足を踏む。それについて考えるには普段使わないエネルギーが必要だとわかっているからだ。今まで、日々の作業の大半は、最初から何をするべきかがはっきりしていることが多かった。仕事にしろ、家事にしろ、ほかの人に「こうしなさい」「ああしなさい」と決められていれば、望んでいる結果を真剣に考える必要性はなかったのだ。しかし、仕事が複雑になった現代においては、自らが率先して意識的な思考をしなくてはいけない。そうしないと、次々と降りかかってくる物事がストレスになっていく。そのストレスから逃れるいちばんの近道は、「望んでいる結果」と「次にとるべき行動」について意識的かつシステマチックに思考することなのだ。

「思考はあらゆる行動の母体である」——ラルフ・ウォルド・エマソン

## なぜそれが気になるのか?

頭の中にあることが気になってしまうのは、現状を変えたいと思いつつも次のような状態になっているためだ。

- **望んでいる結果がはっきりしていない。**
- **次にとるべき物理的な行動が定義されていない。**
- **望んでいる結果や次にとるべき行動を適切なタイミングで思い出させてくれるリマインダーが設定されていない。**

「気になること」がこうした状態にある限り、それがあなたの頭から離れることはない。**望んでいる結果ととるべき行動を明らかにし、確実に見直すことがわかっているシステムに預けなくてはならないのだ。**人はだませても、自分の心をだますことはできない。あなたの心は、大事なことについてすでに結論が出ているかどうかを知っているし、望んでいる結果や必要な行動が確実に思い出せる状態になっているかどうかも知っている[*2]。

これらが解決されない限り、心はひたすら悩みつづけてしまう。すぐに行動を起こせない状況にあってもだ。それがさらなるストレスとなって、もっとあなたを苦しめることになる。

「やらなければならないさまざまなことが、漫然と頭を占有しつづけている。これこそが、時間とエネルギーをもっとも消費しているものの正体だ」——ケリー・グリーソン

---

*2 14章のロイ・バウマイスターの研究を参照のこと。

## 心は自分の意思で判断できない

あなたの心の中には、どういうわけか「非論理的な」部分がある。ちょっと考えればわかることだが、あなたの心が本当に優れたシステムであるならば、やるべきことは〝それに対して何かできるとき〟だけ思い出せればいいはずだ。

あなたの家に電池の切れた懐中電灯はあるだろうか。では、その懐中電灯の電池を交換しなくては、と思い出すのはいつだろうか。言うまでもなく、その懐中電灯を目にしたときであろう。ただ、これはよくよく考えると、かなり間抜けなことだ。心に多少なりとも分別があるのなら、電池がお店で売られているのを見たときに思い出すべきではないだろうか。

今日、起きてから今までの間に、「あ、あれをやっていない！」と何度も思ってしまった人はいるだろうか。なぜそんなことが起こったのだろう。すぐにできないことを考えつづけるのは時間と労力のムダだし、まだやっていないという焦りを募らせるだけなのにおかしくはないだろうか。

たいていの人は、こうした心の「非論理的」な動きに支配されているようだ。とくに、やることがたくさんあるという人ほどこの傾向が強い。たくさんの「気になること」に心のスペースの多くを割いてしまっており、効率よく処理できなくなっているのだ。最近の研究では、人の意識は自然と「やるべきだけど済んでいないこと」に向かってしまうことがわかってきた。その結果、本当に考えるべきことや考えたいことに割くべき思考が十分になされていない、という状況に陥っているようだ。意識はあなたが思っているほど知的でも生産的でもないのである。

## 「気になること」をどうするか

多くの整理システムがほとんどの人にとって機能していないのは、「気になること」をうまく整理しきれていないからだ。「気になること」はそのままでは管理することが難しい。あるやり方で管理しやすいように変換してあげる必要がある。

私がこれまで見てきたＴｏ Ｄｏリストのほとんどは、やるべきことを単に羅列しただけで、実際に必要な作業を書いたものにはなっていなかった。それは、数々の「気になること」の部分的な覚え書きでしかなく、望んでいる結果や次の具体的な行動へと変換されていなかったのである。本来であれば、リストを見て行動すべきことがひと目でわかるようにしておくべきだ。

ありがちなＴｏ Ｄｏリストとは次のようなものだ。

・母親
・銀行
・医者
・ベビーシッター
・マーケティング担当部長

すべての「気になること」は、具体的な行動、プロジェクト、利用可能な情報に変換していく必要がある。

このようなTｏ Ｄｏリストを見ても、安心するどころかストレスになるばかりだ。なんらかの覚え書きとして役に立たないこともないが、これを見ても「あぁ、そうだった！ 何とかしなくては……」という焦りが生まれるだけだろう。しかも、疲れたときにこのリストを見てしまうと、さらに気分が落ち込んでしまうのではないだろうか。

「気になること」を思いついたまま書き出すだけでは十分ではない。それらが日々の作業を通して効率的に達成されていくには、その意味を明確にしておく必要がある。現代の仕事においては、分刻みで考え、評価し、判断し、実行することが求められている――それが1通のメールや、朝の戦略会議のメモであってもだ。それが知識労働社会における仕事の性質であり、それがうまくできなければあなたは職を失ってしまう。プライベートでも同じことだ。家族、健康、家計、キャリア、人間関係において問題が生じたときに、求めたい結果と具体的な行動を決めてしまわないと、そこに意識を集中することができずに、十分な対応ができなくなってしまう。

以前、ある女性幹部が自分のTｏ Ｄｏリストを見て、こんなことを言っていた。「ここに書いてあることは無理難題のオンパレードね」。ほとんどの人のリストは、まさにそのような状態にある。多くの人が、曖昧で不完全なリストを並べ替えることで整理を実現しようとしているのだ。そうした見せかけの整理だけでは、本当は何をどれだけ整理しなければならないかに気づくことができない。彼らがやるべきなのは、「気になること」を〝すべて〟集めて、それらについて意識的に考えることなのだ。



「思考とは行動を促すものであるべきだ。行動の代わりにしてはいけない」――ビル・レーダー

## 行動こそが管理すべきもの

スポーツ選手と同じように、あなたも訓練さえすれば、やるべきことに集中してきぱきと作業をこなしていくことができるようになる。仕事とプライベートにおける「やるべきこと」の数を最小限に抑え、より少ない努力ではるかに大きな成果を発揮していくことも可能だ。日々の生活や仕事で発生する「気になること」を、それが発生した瞬間にどう処理すべきか、さっと判断できるようになるだろう。

これらを達成するには、まず、頭の中からすべての「気になること」を追い出すという習慣を身につけていく必要がある。それは時間や情報を管理したり、優先度をやりくりしたりすることではない。そんなことは今の時代、不可能に近いはずだ（5分でやる！　と決めたことさえ守りきれずに結局それ以上の時間がかかってしまったという経験をした人も多いだろう）。すべての「気になること」を管理するカギはそこにはない。**管理すべきは〝行動〟そのものなのだ。**

## いちばん難しいのが行動の管理

あなたは、やるべきことの優先度と、時間や情報、集中力をどのように関連付けているだろうか。実はここにこそ、限られた時間と労力を存分に注ぐべきなのである。**本当に重要なのは、そ**

「すべての行動は、最初の段階で半分が達成される」──ギリシャのことわざ

**のときどきで自信をもってとるべき行動を選択していくにはどうすればよいかということだ。**

そんなことはわかりきっていると思われるかもしれない。けれども実際にはほとんどの人が、やるべきことを多く抱えながら次にとるべき行動を決められずにいる。大多数の人は、さまざまな物事を進めるために何十という行動を必要としているが、それらの行動が何かをきちんと把握できていない。手に負えそうにない仕事は確かに多い。しかし、そう感じられるのは、その仕事をいっぺんに完了させようとしているからだ。私たちに必要なのは、その仕事を確実に進めていくための具体的な行動ステップである。何も難しいことではない。やり方を間違えなければ1分や2分でできるものだ。

私が何千人ものプロフェッショナルを指導してきて気づいたことがある。それは、彼らにとって最大の問題は、多くの人が思い込んでいるような「時間不足」ではないということだ。**本当の問題は、やるべきことの真の意味を理解していないため、次にとるべき行動がわかっていないことにある。**状況がややこしくなってからではなくて、「気になること」があなたのアンテナに引っかかった時点でしかるべき判断をしていく必要がある。

あなたの頭のなかにぼんやりと存在する「気になること」を片付けていくには、次の二つについて考える必要がある。

**・それを「やり終えた」とはどういう状態か（結果）。**



ほとんどの場合、物事が停滞する原因は時間がないからではない。「やっている」とはどういうことか、何をやるべきかを見極めていないから停滞するのである。

**・それを「やっている」とはどういう状態か（行動）。**

そしてほとんどの場合、この二つを理解するには意識的な思考が必要になってくる。

## ボトムアップのアプローチでいこう

これは長年の経験からわかってきたことだが、仕事の効率を高めるにはボトムアップのアプローチが有効である。もっとも身近な、地に足のついた行動から始める方法だ。論理的に考えれば、まず個人や組織の目的とビジョンを明らかにし、何が重要かを見極めたうえで具体的な行動について考えていくトップダウンのアプローチのほうがよさそうに思える。ただ、これには問題がある。多くの人は日々やらなければならないことに追われていて、全体に目を向ける余裕がなくなっているのだ。まさにこの理由によって、ボトムアップのアプローチのほうが有効なことが多いのである。

日々のこまごまとした「気になること」をコントロールし、今すべきことに集中できている状態を維持する習慣を身につけることができれば、あなたの視野はぐっと広がってくる。創造的なエネルギーが解放され、より高いレベルに目を向けられるようになり、自信をもってその創造性を活用していけるようにもなる。

私のセミナーでは、今まで気になっていたことのすべてをまずは整理してもらう。すると、その日の夜には今までよりもずっと自由に将来のことについて思いをめぐらせることができるよう

「ビジョンだけではいけない。チャレンジが不可欠だ。階段を見上げるだけではいけない。登らなければ意味はないのだ」――バルクラフ・ハベル

になっている。こうしたボトムアップのアプローチさえ習得できれば、自然とより高いレベルでの思考が可能になるのだ。

## 「水平的な視点」と「垂直的な視点」で行動を管理する

約束事、プロジェクト、行動など、やらなければならないことは「水平的な視点」と「垂直的な視点」の両方で管理していく必要がある。水平的な視点とは、あなたに関係のあるすべての事柄を「広く見渡すための視点」で、垂直的な視点とはその一つひとつの物事について「深く考えていくための視点」である。

「水平的な視点」では、自分が携わるありとあらゆる行動を管理していく。あなたを取り巻く環境のすべてが常時レーダーで追跡されている状態を思い浮かべてほしい。大事なのはそのレーダーの照準を、いついかなるときでも適切な物事に向けられるようにしておくことだ。自覚がないかもしれないが、わずか1日の間にものすごい量の「気になること」が意識の中に飛び込んできている。薬局での買い物、娘の彼氏のこと、明日のランチの予定、事務所でしおれかけている植物、苦情を言う顧客のこと……。これらのすべてを把握しておくには、優れた整理システムが必要だ。それさえあれば、必要なときに注意を向ける対象を自在に切り替えていけるようになる。

一方、「垂直的な視点」では、それぞれのトピックやプロジェクトについて、より深く考えていくことになる。たとえば、ある日、妻と夕飯を食べながら話しているとき、心の中のレーダーが次の休暇に照準を合わせたとしよう。いつどこへ行こうか、何をしようか、どういった段取りにしようか……。そういったより深いレベルへと思考を進めていかなくてはならないときもあるだろう。あるいは、近々実行される部門の再編成について上司との間で何らかの意思決定を行わなくてはならない場合も同様だ。このように、「水平的な視点」ですべての物事を把握しつつ、「垂直的な視点」で物事の詳細や段取り、考えられるアイデア、優先事項など、それぞれについてより深く考えていく必要もある。

「水平的な視点」も「垂直的な視点」も、目指すものはいっしょだ。つまり、気になることを頭から追い出し、適切に対応していくことである。両方の視点から行動がきちんと管理されていれば、仕事でもプライベートでも、あらゆる物事に対応できているという安心感を得られるようになる。

## すべてを頭の外に追い出そう

頭の中に気になることがある状態では、ゆとりをもってすべてをコントロールしていくことはできない。本書で説明するさまざまな「やり方」は、すでにあなたがやってきていることかもしれない。ただ、私とあなたの違いは、私が「気になることのすべて」を――大きなことも小さなことも、プライベートなことも仕事上のことも、緊急性のあることもそうでないことも――頭の中ではなくて、頭の外の信頼できるツールで１００％管理している点にある。*3

あなたも過去に、仕事や人生に関して何らかのリストを作った経験があるはずだ。それによっ

頭の中にあることの数と、処理できることの数はほぼ反比例する。

*3 厳密には「すべて」ではない。私の頭はかなりの時間、ぼんやりと何かについて考えたり、はたまた何かをふと思いついていたりする。ただ、これらのたわいのない考えについては、そういう感想や考えを抱いているというだけで、それに対して行動を起こそうとは思っていない。そういう意味では「すべて」を書き留めているわけではないのだが、それについて行動を起こそうと思っているもの――行ってみたいレストラン、本書の改訂版に載せたいアイデア、妻にしてあげようと思いついたこと、税理士に尋ねたいこと――などについてはきちんと頭の外で管理している。

て物事に集中し、心のコントロールができたと感じられたのであれば、私の言わんとすることをわかってくれるはずだ。自分を取り巻く世界は何ら変わっていないのに、リストを作ることである程度の安心感が得られたはずである。実際に何が変わったのかと言えば、「自分を取り巻く世界に自分がどう関わっていくか」がはっきりしただけだ。これはそれほど難しいことではない。ただ、**ほとんどの人は事態が混沌として手に負えなくなるまで、この種のリストを作ろうとはしない。しかも作ったとしても、たいていは急を要することについてのみである。**すべてを頭の外に追い出せるようにリストを作り、それをいつでも確認できる状態に保つことができれば、「水のような心」の境地に至ることができる。経験上断言できるが、本書で紹介している思考プロセスを実践できるようになれば、あなたの視野はぐっと広がり、より豊かな体験ができるようになる。このプロセスの習得に取りかかるのに遅すぎるということはない。あなたもぜひ取り組んでみてほしい。

**私は何かの意思決定をするとき、「事前に考慮された」選択肢から直感を信じて選ぶようにしている。その場で「どんな選択肢があるかな……」と考えたりはしない。**その場で考えつく選択肢だけでは正しい優先順位で行動しているとは言えないからだ。すべての選択肢を事前に考慮しておき、信頼できるシステムにあらかじめ整理しておくことが重要である。その場その場で何度も選択肢について考えるのは時間のムダだ。それでは創造性のエネルギーを効率的に活用しているとは言いがたいし、フラストレーションやストレスの元にもなる。

この「事前に」行動の選択肢を考えておくという作業を避けて通ることはできない。気になる



それを考えるのが好きだというなら別だが、そうでなければ同じことを二度考える必要はない。

ことに対して、どういう行動をすべきかが決まっていなければ、心はそのことを考えつづけてしまう。そうなると「あれについてはどうすればいいんだっけ」といった思考であなたの頭の中が一杯になってしまい、思考能力と対応能力が著しく低下してしまうのだ。

脳の短期記憶はちょうどコンピュータのメモリのような働きをしている。やるべきこと、気になること、整理されていない事柄のすべてをここに保管しようとする。一方、あなたの意識はパソコンの画面のように、それらの中から特定のことを選び出して注意を向けるものだと思ってほしい。ただし、一度に選ぶことができるのはせいぜい二つか三つで、片付いていないものは短期記憶に残ったままだ。ほとんどの人は、脳の短期記憶に抱えきれないぐらいの「気になること」を溜め込んでいる。たとえるならば、メモリの容量ぎりぎりまで使い切ったパソコンで作業をしているようなものだ。そのため脳に負荷がかかって集中することができない。常に気が散ってしまい、対応能力が落ちてしまうのである。これは最近の認知科学の研究でも証明されている。脳に負荷がかかっていると精神の処理能力が阻害され、やるべきことを常時把握しておくのが難しくなってしまうのだ。*4

こうなると、システマチックな思考プロセスや、信頼できる整理システムこそが頼みの綱になってくる。

本書を読んでいるあなたも、この数分間に別のことを考えてしまったのではないだろうか。それはおそらく、何らかの「気になること」だったはずだ。あなたの脳のメモリからそれが浮かび上がってきて、「これについて何とかしてくれ!」とあなたに訴えたわけである。それに対して

「あれもやらねば」「これもやるべきだ」ということを頭の外に出さずにいると、無意味なプレッシャーに常時苦しめられることになる。

---

*4 このトピックを扱った書籍に、ロイ・バウマイスター、ジョン・ティアニー共著『WILLPOWER 意志力の科学』(インターシフト)がある。

あなたは何をしただろう。何もしなかったのではないか。**そうして思い浮かんだことはすぐに書き留めて、近いうちに必ず見直すことがわかっているシステムに入れておかなくてはならない。**そうでないと、あなたの頭はそれについて心配しつづけてしまい、ストレスは溜まる一方である。

何より問題なのは、今は対処できないことであっても、心がそればかりを考えつづけてしまうことだ。心には過去や未来や締め切りといった概念がない。あなたが何かをしなければならないと思って脳のメモリに収めた瞬間から、意識の一部は常にそのことを考えつづける。そうしたことのすべてに対して、脳は「早くやらなくちゃ！」という切迫感をもつことになる。実際のところ、二つのことをメモリに記憶した時点で、すでにまずい状態にあると思ったほうがいい。両方をいっぺんに達成することはできないからだ。そしてそのことが漠然としたストレスとなってあなたを悩ませるのである。

ほとんどの人は、何らかのかたちでこのような精神的ストレスに常にさらされている。ただ、あまりにも長い間そのような状態にあったために、そうしたストレスに鈍感になってしまっている。いかにひどい緊張状態にあったかに気づくのは、たいていの場合、そのストレスから解放されたときである。室内でかすかな雑音がしていたが、それが止まるまで気づかなかったという経験はないだろうか。それと同じことだ。

そうした雑音のようなストレスから解放されることは可能だろうか？　もちろん可能だ。本書を読んでいただければ、その方法がわかるだろう。

GETTING THINGS DONE

第１部
GTDの基本

第２章

# 生活をコントロールする

## GTD実践のための5つのステップ

この章では、ＧＴＤの基礎となる、５つのステップを見ていこう。

常にさまざまな事態が生じ、対応に追われる中で、ゆったりとリラックスしつつも目の前の仕事に完全に集中している状態を作るには、５つのステップが必要となる。どんな仕事をしていようとも、どの国にいようとも、このステップを順序どおりこなしていくことで、あらゆる状況や変化に正しく対応できるようになるだろう。大事なのは、統合的にこのステップを実践していかなくてはならない点だ。「整理する」「優先度を判断する」といった単純な作業を個別に行うだけでは十分ではない。すべてのステップを順番にこなした結果として、物事が整理され、優先度が明らかになるのだ。

ＧＴＤの５つのステップとは、次のようなものである。


「頭の中に棲みついた敵ほど手強いものはない」――サリー・ケンプトン

①気になるすべてのことを「把握する」。
②それぞれが何を意味するか、どのような対応をすべきかを「見極める」。
③②のステップによって明らかになった内容を「整理する」。
④行動の選択肢を「更新する」。
⑤何をするべきかを「選択する」。

この手順を踏んでいけば、日常生活をスムーズに進めていくうえで対処が必要なすべてのことを、「水平的な視点」で管理していくことができるようになる。

また、この手順は、何かをうまく管理して生産的に進めようとするときに誰もが自然に実践している方法でもある。たとえば、友人に夕飯を作ってあげたかったとしよう。しかし帰宅してみるとキッチンが散らかり放題だったとしたらどうだろう。まずは、そこにあるべきでないもの、正しく置かれていないものをすべて認識する（把握する）。次に、どれをとっておいて、どれを捨てるかを判断する（見極める）。そして、冷蔵庫やゴミ箱、シンクなどの正しい場所にしまう（整理する）。それからレシピを見て、どの材料と道具があるかを確認する（更新する）。そして、フライパンでバターを溶かして料理を始める（行動を選択する）。

原理は明快だし、誰もが仕事でこうしたことを行なっているだろう。ただ、私の知る限り、ほとんどの人はそれぞれのステップをかなりいい加減に行なっている。この場合、効果は全体の中でもっとも非効率なステップのレベルに抑えられてしまう。あなたに必要なのは、すべてのス



人生に惑わされないようにしよう。

テップを総合的に高いレベルでこなしていくことである。

ほとんどの人が仕事や人生において、十分にコントロールがとれない状態を経験しているはずだ。そこへ現代社会のストレスが加わって、さらに大きな問題が生じている。今この瞬間にも急速な変化が起きていて、人生と仕事はますます複雑化してきている。散らかったキッチンを片付けるだけでいいなら何とラクなことだろう。しかし変化の早い現代においては、小さなやり残しからストレスがどんどんと積み重なっていき、やがて手に負えないような大きな問題となってしまうのだ。1通のメールを読み忘れた、1件の約束を忘れた、一つの決断を後回しにした……、そうした些細なことがとんでもない結末を招く危険もある。やらなければならないことはけっして減らないし、対応すべき物事は次々と舞い込んでくる。あなたに必要なのは、こうした状況をコントロールしていくための、システマチックな思考プロセスなのだ。

大部分の人は、①「把握する」ステップでかなりの取りこぼしをしている。気になることのほとんどが、頭の中に残ってしまっているのだ。できること、やらなければならないこと、やったほうがいいこと、やる義務のあることは膨大な数にのぼり、どこかに書きとめたはずでも、すべてを把握しきれていない状態だ。

一方、物事をだいぶ把握しているという人でも、その意味するところをきちんと②「見極める」ことができていなかったり、それについてどのような行動をとるかを判断できていなかったりする。会議のメモが乱雑に置かれていたり、付箋紙に走り書きしたTo Doリストがパソコンのモニターに貼り付けられているだけ、といった具合だ。そのときどきで作られたリストが適

「人生における自由を手に入れるには環境に順応し、コントロールできるようになることだ」――ウォルター・リップマン

切な対応をされないまま散らばっており、心の中はまったく整理されていない状態だ。こういったリストそのものが、安心感どころかさらなるストレスを生み出しかねないと知っておくべきだろう。

また、とるべき行動を判断できていたとしても、それを体系的に③「整理する」ことをせずに埋もれさせてしまっている人もいる。上司と話し合わなくてはならないと判断していても、そのことが頭の片隅にあるだけで、必要なときに取り出せるような信頼できるシステムに整理されていないのだ。

さらに、うまく整理ができていても、その具体的な行動を定期的に確認し、④「更新する」ことができていないケースもある。①〜③のステップによってできたＴｏ Ｄｏリスト、計画、各種のチェックリストがありながら、最新の状態に保てていないために有効活用ができていないのだ。

そして、これらのステップが確実に行なわれていないと、ある時点で行動を起こそうとしたときに、最善の行動を⑤「選択する」ことができなくなってしまう。**そうした行動は「これこそが今やらなければならないことだ」という確信ではなくて、「とりあえずこれでいいんだよな……」という希望でしかない。**そうなると「今やるべきことに取り組めていないのではないか」「やりたいことがしたいのにいつも時間がない」という不安に常につきまとわれることになる。

ストレスなく生産性を発揮していくためには、ＧＴＤの５つのステップの働きを理解し、最適



きちんと機能するシステムを確立するには、「気にならないようにするために、いつ何をどの形式で見る必要があるか」を考えよう。

なレベルで機能させるためのテクニックとツールを取り入れていく必要がある。なお、これらのステップは一度に行なう必要はない。私の場合、気になることをとりあえず把握しておいて具体的な行動はあとで考えたいときもあるし、会議でメモしたことの見極めだけにとどめておきたいこともある。長い旅行から帰ってきて、道中で把握し、見極めておいたことを整理することもある。もしくは、仕事のすべてを見直して更新したいときもあるし、一部だけしかしたくないときもある。

多くの人が整理術で失敗するのは、これらのステップをいっぺんに終わらせようとするからである。**ほとんどの人は時間がないために、そのときどきで大事に思える事柄だけについて優先順位をつけて整理し、リストを作って満足してしまう。しかし、それだけでは十分ではない。**そのときには大事とは思えないがやらなくてはいけないこと——たとえば秘書の誕生日に何をするかなど——についても具体的な行動を定めなければいけない。そうしないと、それらが「気になること」となってあなたのエネルギーを奪いつづけることになる。そうなってしまうと、日々の生活や仕事で重要なことに集中できなくなってしまうのだ。

ここでは、５つのステップがどういったものか、その概念をざっと説明していく。各ステップを着実に実践していく方法は４章から８章までで解説していくつもりだ。そこではより具体的な実践例なども豊富に紹介していく。

## 「把握する」

日々のこまごまとした「気になること」から来るストレスから解放されるには、やらなければならないこと、あるいは判断しなければならないことの「すべて」を完全に把握し、それらについてとるべき行動を近いうちに必ず見直すのだという安心感を手に入れる必要がある。

### 「気になること」のすべてを集める

〝漏れ〟なくすべてを把握していくためには、あなたがやるべきだと思っている大小さまざまなこと――プライベートでも仕事でも、緊急性のあることもそうでないことも、なにかを変えなければならないと思っていることのすべて――を集めなくてはならない。

実のところ、「気になること」の多くは、本書を読んでいる間にも自然に集まってきているはずだ。自宅には小包や封書が届いているだろうし、職場ではそれらに加え、仕事上のメールも次々と舞い込んできているはずだ。それだけではない。何とかしなくては……と思っている、もやもやとしたものが頭の中に常に溜まりつづけている。これらはメールのようにはっきりとした実体をもたないが、何らかの解決を必要としている「気になること」であるはずだ。また、数々のアイデアが書かれたノートやメモもあるだろうし、引き出しの中には修理するか捨てるかしないといけない雑多なものが眠っているだろう。これらのすべてがあなたにとっての「気になること」になっているのである。

「何かをしないといけない」と思った瞬間から、それは「気になること」になる。やろうと決めていて手をつけられないでいること、やりかけになっていること、できることはすべてやったが終わったと実感できていないことも同様だ。

こういった「気になること」をうまく管理していくには、いったんそれらをすべて一時的な受け皿に保管しておくといい。GTDではその受け皿を「インボックス」と呼ぶことにする。インボックスに保管したものは、時間があるときにその意味を考え、行動を起こす必要があるなら具体的に何をすべきかを考えるとよいだろう。このインボックスは、次に説明していく「見極める」ステップによって定期的に空にし、「把握する」ツールとしての機能を維持していかなくてはならないことも覚えておこう。

## 「把握する」ためのツール

「気になること」のすべてを把握しておくには、アナログからデジタルまで、さまざまな種類のツールを使うことができる。次に挙げたものはいずれもあなたのインボックスとして機能するだろう。

- 書類受け
- 手帳やノート

「終わっていないタスクは2箇所にある――そのタスクが存在する物理的な場所と、頭の中だ。頭の中にある未完了のタスクは良心を苦しめ、エネルギーを消耗させる」――ブラーマ・クマリス

・電子機器のメモ帳・音声記録ツール
・メール、テキストメッセージ

◎**書類受け**

プラスチック、木、革、金属などさまざまな材質のトレイがあり、処理すべき書類、郵便物や雑誌、会議のメモ、チケット、領収書、名刺などを入れる道具として、ごく一般的に使われている。

◎**手帳やノート**

ルーズリーフのファイルやバインダー、各種のカードやメモ帳などは、さまざまなアイデアや案件、ＴｏＤｏなどを書き留めておくことができる。どれでも使いやすいものを選んでかまわない。

◎**電子機器のメモ帳・音声記録ツール**

パソコンだけでなく、タブレットやスマートフォン、そのほかにも各種のモバイル機器が日々私たちの生活に登場してきている。これらを用いることで、あとでしなければならないことを忘れないように記録しておくことができる。

### ◎メール、テキストメッセージ

メールソフトやテキストメッセージには、受信したメッセージやファイルを保管しておく場所があり、時間があるときに処理していくことができる。

## 「把握する」ステップをうまくやるコツ

インボックスを用意しただけでうまく把握できるとは限らない。ほとんどの人は何らかのツールをすでにもっているが、うまく使いこなせていないか、ほとんど活用できていないケースが大半だ。「把握する」ステップを効果的に行なうために気をつけなければならない三つのポイントを次に説明していこう。

**1. すべての「気になること」を把握し、頭の外に出す。**
**2. インボックスの数は必要最小限にする。**
**3. インボックスは定期的に空にする。**

### すべてを頭の外に追い出す

頭の中ですべてのことを把握しておきたいという人は、インボックスを活用しようという気にならないだろう。多くの人がこう考えてしまうのは、インボックスを単体でとらえ、一つの完成されたシステムの一部として見ていないからだ。インボックスに入れたところでそこにあるものがすべてではないし、常に頭の中にも考えていることがたくさんあるじゃないか――そんな不完全なシステムなら使うだけムダ、と考えているのである。

しかし今まで述べてきたように、頭の中に「気になること」を保管しておくことこそがムダなのである。すべてを頭の外に取り出してインボックスに集めることではじめて、効果的な整理システムが機能しはじめるのだ。

**「把握する」ためのツールは生活の一部にするべきものである。肌身離さず持ち歩き、自分にとって意味のありそうなことをすべて記録していく必要がある。**免許証やメガネのような必需品だと思ったほうがいいだろう。有用かもしれないことを絶対に書き漏らさないという安心感がもてれば、アイデアを豊富に生み出す余裕が生まれてくるからだ。

## インボックスの数は最小限にとどめる

インボックスの数は自分の管理能力を超えないよう、必要最小限にするのがポイントだ。気になることがいつどこで現れるかわからないので、どんな状況下でもそれを把握できるようにしておかないといけない。ただ、集める場所が多すぎると処理が煩雑になったり、定期的に集めたりすることが難しくなってくる。

アナログ、デジタルを問わず、インボックスを持ちすぎてしまうことはよくある。アナログ領域では、手書きメモの類や、物理的な引き出し、書類受けがとくにネックになりやすい。メモは書類の山や引き出し、ノートの中に埋もれさせたりせず、1カ所に集めて処理していく必要があ



「頭の掃除をしよう。胃腸の掃除よりも効果がある」――ミシェル・エケム・ド・モンテーニュ

る。書類もあちこちに置くのではなくて、書類受けなどに集めないといけない。デジタル領域においては事態はより複雑だ。ソーシャルメディアが普及し、いくつものデバイスがインターネットに接続していて、どこにいてもメールやメッセージを送ることが可能になった。そのため、チェックしたり処理したりする必要がある情報源がぐっと増えてしまったのだ。今や多くの人が複数のメールアカウントをもち、最低でも一つのソーシャルメディアに参加し、複数のデジタルツールを使っている。逆説的だが、デジタル革命によって私たちの生活は「合理化」されるどころか、処理せねばならない雑多な情報であふれかえるようになり、多くの人が頭を悩まされることになってしまった。

仕事や生活がどんどん高度化している現代では、アイデアや情報を集めるツールと手順をあらかじめ決めておくべきだ。自分の仕事や生活のスタイルにあわせて必要最小限のツールを選んでいこう。

## インボックスは定期的に空にする

さまざまな情報やアイデアを集めたインボックスは定期的に処理し、空にしておかなくてはならない。そうしないとインボックスはすぐにあふれてしまい、その機能を果たさなくなる。インボックスを空にするというのは、集めたものについてそれらを「完了」させることではない。そうではなくて、集めたもの一つひとつについて必要な判断を下し、とるべき行動を見極めるということである。すぐに行動できないものについてどう対応すべきかはあとで述べていく。ここで

すべてを頭の中に残すか、外に出すかのどちらかにしよう。中途半端だと、どちらも信用することができない。

重要なのは、インボックスに残しておいたり、戻したりしてはならないということだ。中身が消えないインボックスは、誰も始末しないゴミ箱や郵便箱のようなものだ。

デジタルかアナログかを問わず、インボックスに「気になること」が溜まりつづけてしまう理由は、そこから出ていく流れを確保する、効果的な整理システムが構築されていないからだ。インボックスの中の「気になること」をすみやかに処理して整理する方法を知っていれば、そのときに行動が起こせない場合でも書類受けやメールの受信箱の中身を空にすることはできる。それが次の二つのステップ、「見極める」「整理する」である。

## 「見極める」

私が指導してきたほぼすべての人にとって、GTDの最大のメリットは次のようなことだ。すなわち、インボックスの中にある一つひとつのものについてとるべき行動を明らかにし、それらを処理していく方法を身につけられるようになったことである。あるグローバル企業の女性幹部は、すべての「気になること」についての行動を明らかにしたあとに次のような感想をもらした。「カレンダーに会議の予定を書いておくと安心できるけど、それと同じね。仕事のあらゆる部分がはっきりしたおかげですごい解放感があるわ」。これは、覚えておくべき行動や情報をすべて明確にし、信頼できるシステムに預けることができたからだ。

メールや会議のメモ、思いついたアイデアなどのそれぞれについて、あなたが考えなければな



すべての意味があるかもしれないことを分類していこう。分類の数は少ないほうがいい。あとでぱっと見て意味がわかりやすいように分類していこう。

らないことは何だろうか。多くの人が見逃しているが、これは極めて重要な質問だ。たいていの人が整理術で失敗するのは、この質問に答えられていないからである。思いついたアイデアはほとんどの場合、そのままでは行動に移すことができない。望んでいる結果は何か、そしてそれを達成するために必要な具体的な行動は何かを必ず定義してあげる必要がある。この手順の全体像――「見極める」と「整理する」のステップが、フローチャート（71ページ参照）の中心に示されている。

## 〈これは何か？〉

一見間抜けなようでいて、「これは何か？」はとても重要な質問だ。「気になること」をインボックスに集めたら、それぞれの意味するところを見極め、それについて何をしなければならないかを判断しなければならない。これを怠るとすぐにシステムが機能しなくなる。役所や会社から送られてくる難しそうな書類などが典型的な例だ。「これって何かする必要があるんだっけ？」と面倒くさがってそのままになってはいないだろうか。もしくは人事から送られてくる長々としたメールはどうだろう。これもどう処理してよいかわからなくてそのままになっていないだろうか。私がクライアントのところに出向くと、大量のメッセージや書類がデスクや引き出しに放置されていることが多い。これらはざっと目を通してその内容を判断するのを怠った結果だ。このような事態を避け、きちんと一つひとつに向き合うために「これは何か？」という質問に答えていかなくてはならない。それができてはじめて、次の質問に答えることができるように

流れを止めるものがあると、目の前のものに集中し、新鮮な気持ちで創造性を発揮することができなくなる。

なる。

## 〈行動を起こす必要があるか？〉

「あなたはそれについて行動を起こす必要があるか？」というのが次の質問だ。答えはイエスかノーのいずれかである。

行動を起こす必要がないもの、つまり答えが「ノー」のものには三つの種類がある。

1. 現時点では無価値で、もう必要のないもの（ゴミ）。
2. 今やる必要はないが、いつか行動する必要が出てくるかもしれないもの（いつかやる／多分やる）。
3. あとで必要になるかもしれない情報（資料）。

これらをどう具体的に扱っていくかはあとの章で見ていこう。ここでは、無用のものを捨てる「ゴミ箱」、「いつかやる／多分やる」事項を置いておくファイルやカレンダー、「資料」となる情報を整理するファイリングシステムが必要だということだけを覚えておいてもらいたい。

行動を起こす必要があるものには、「スピーチの下書きを依頼するメール」「重大な新企画について部長と話したときのメモ」などがある。これらについては、次の二つについて判断しなければならない。

1. 求めている結果は何か。
2. 次にとるべき具体的な行動は何か。

**求めている結果は何か？**

ＧＴＤでは「求めている結果」を「プロジェクト」と呼ぶことにしている。このプロジェクトのリストは、達成したりリストから意図的に外したりしない限り、常にシステムに残りつづけ、「解決していないこと」が何かを常に思い出させてくれる。「プロジェクト」についてはあとで詳しく見ていくが、ＧＴＤでは一般的なプロジェクトという言葉とはすこし違った意味で用いられることに注意してほしい。

**次にとるべき行動は何か？**

「次にとるべき行動」とは、現状を望んでいる結果に近づけるために必要な、目に見える具体的な行動である。たとえば次のようなものである。

・フレッドに電話して、勧めてくれた修理屋の名前と電話番号を聞く。

「実行するのにさほどパワーはいらない。しかし、何をするかを決めるのには大きなパワーがいる」
——エルバート・ハバード

## GTDのワークフロー【見極める】

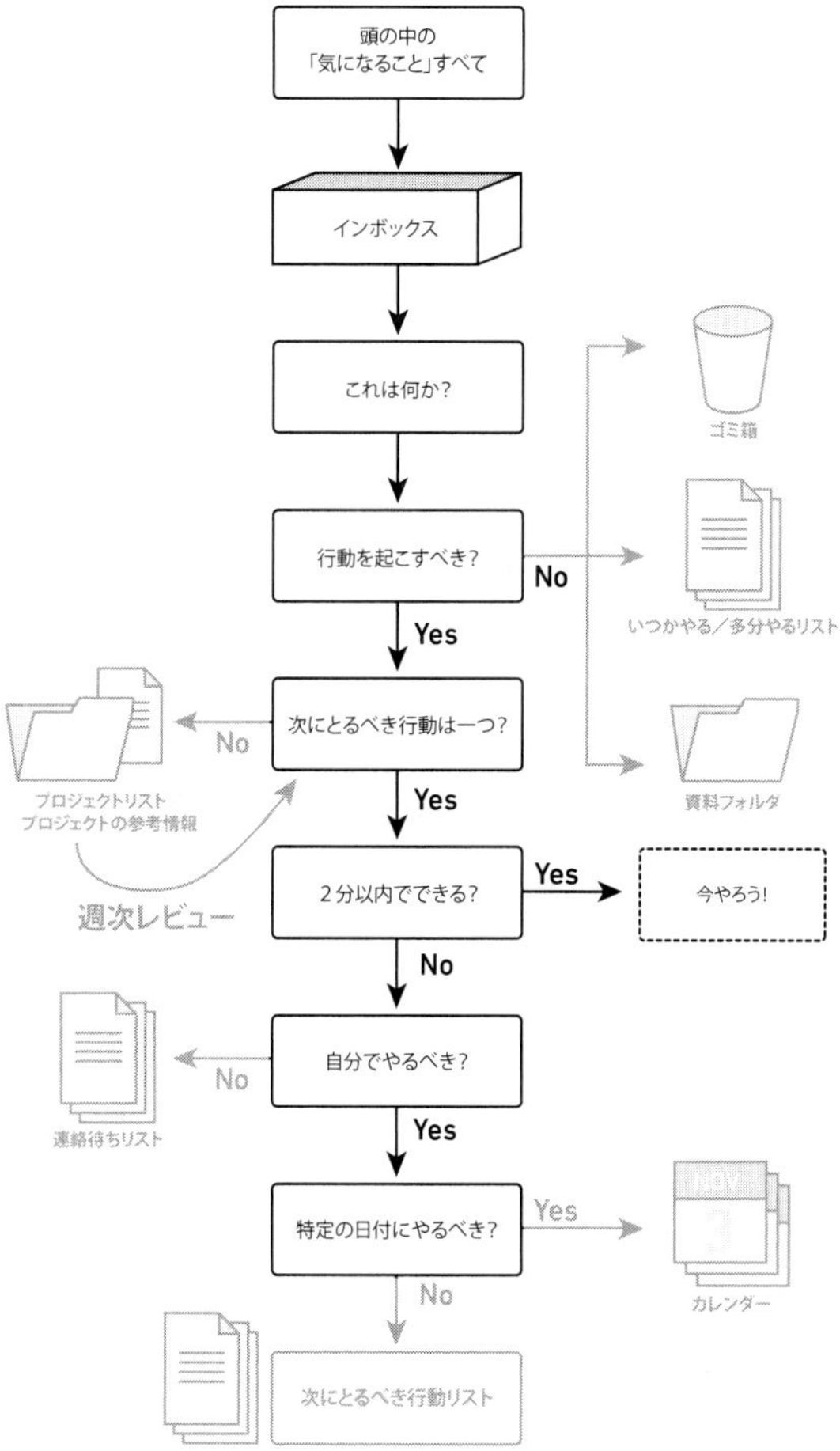

・予算会議で話し合う内容を書き出す。
・導入予定のファイリングシステムのことをアンジェラに話す。
・近所で開講されている水彩画教室についてインターネットで調べる。

これらはいずれも、やらなければならない物理的な行動のリマインダーであり、生産性を高める整理システムの核となる。

**今すぐやる、誰かに任せる、あとでやる**

「次にとるべき行動」がわかったら、次の三つのどれかを判断する。

1．今すぐやる――2分以内でできることならば、ただちに実行する。
2．誰かに任せる――2分以上かかることは、自分がやるほうがよいかどうか考えてみる。答えがノーなら、ほかの人や部署に回す。
3．あとでやる――2分以上かかり、自分がやるべきことなら、「次にとるべき行動」リストに加え、適切なタイミングで見直せるようにする。

## 「整理する」

先に説明したように「見極める」のステップを踏むと、「気になること」が最終的に8種類のカテゴリー（フローチャートの外側に示されているもの）に振り分けられる。これらのカテゴリーがシステムの一環としてそろっていることにより、現在インボックスにあるものや、日々加わってくる「気になること」を適切な場所に整理していくことができるようになる。

先に述べたように、行動を起こす必要のないものは、「ゴミ箱」「いつかやる／多分やるリスト」「資料」の三つに分類できる。また、行動を起こす必要があるものについては、次に述べていく「プロジェクトリスト」「プロジェクトの参考情報」「カレンダー」「次にとるべき行動リスト」「連絡待ちリスト」に振り分けられていく。

これらのカテゴリーは、何らかのファイルやリストになっていなければならない。ここで言う「リスト」とは、確認することができる、何らかのリマインダーの集合体のことだ。ノートやデジタルの管理ツールで箇条書きにしてもいいし、1枚ずつ紙に書いてフォルダに収めてもいい。たとえばプロジェクトリストは、システム手帳のページに書いたり、デジタルツールのタスク機能に記録したりすることができる。「プロジェクトリスト」とラベルをつけた紙のファイルに入れてもいいだろう。

## 「プロジェクト」

ＧＴＤでは、1年以内に達成可能で、複数の行動ステップが必要な「望んでいる結果」を「プロジェクト」と呼ぶことにしている。一般的な意味では「プロジェクト」に当てはまらない小さなことも、GTDでは「プロジェクトリスト」に含まれることに注意してほしい。私がGTDの「プロジェクト」をこのように定義した理由は、ある物事が一つの行動ステップで完結しない場合、まだ完結していないという記録をどこかでもっていなくてはならないとわかっていたからだ。そういった記録がなければ、これらは頭の中に「気になること」として残りつづけてしまう。

期間を1年以内と定義したのは、週単位で進捗をチェックしなくてはいけないような仕事は1年以内に達成可能なものが多いからだ。「プロジェクトリスト」とは、大小さまざまな「やるべきだけど済んでいないこと」のリストであると考えてもいいだろう。例としては次のようなものだ。

・新たなスタッフの採用
・8月の休暇の取得
・社員旅行の計画
・本の出版
・パソコンのバージョンアップ
・遺言書の見直し
・予算の最終決定
・新しい製品ラインナップを決める
・顧客管理ソフトについて勉強する
・広報を雇う

・『ハーバード・ビジネス・レビュー』誌の記事のコピーを手に入れる
・庭に植物を植える
・ビデオプロジェクトのリソースを調査
・来年の年次総会のスケジュール
・労働契約を確定させる
・ベランダの照明を新しくする
・ダイニングテーブルを買い替える
・娘の中学校の入学手続き

「整理されている」とは、自分にとっての意味に応じて場所が決まっている状態だ。

## GTDのワークフロー【整理する】

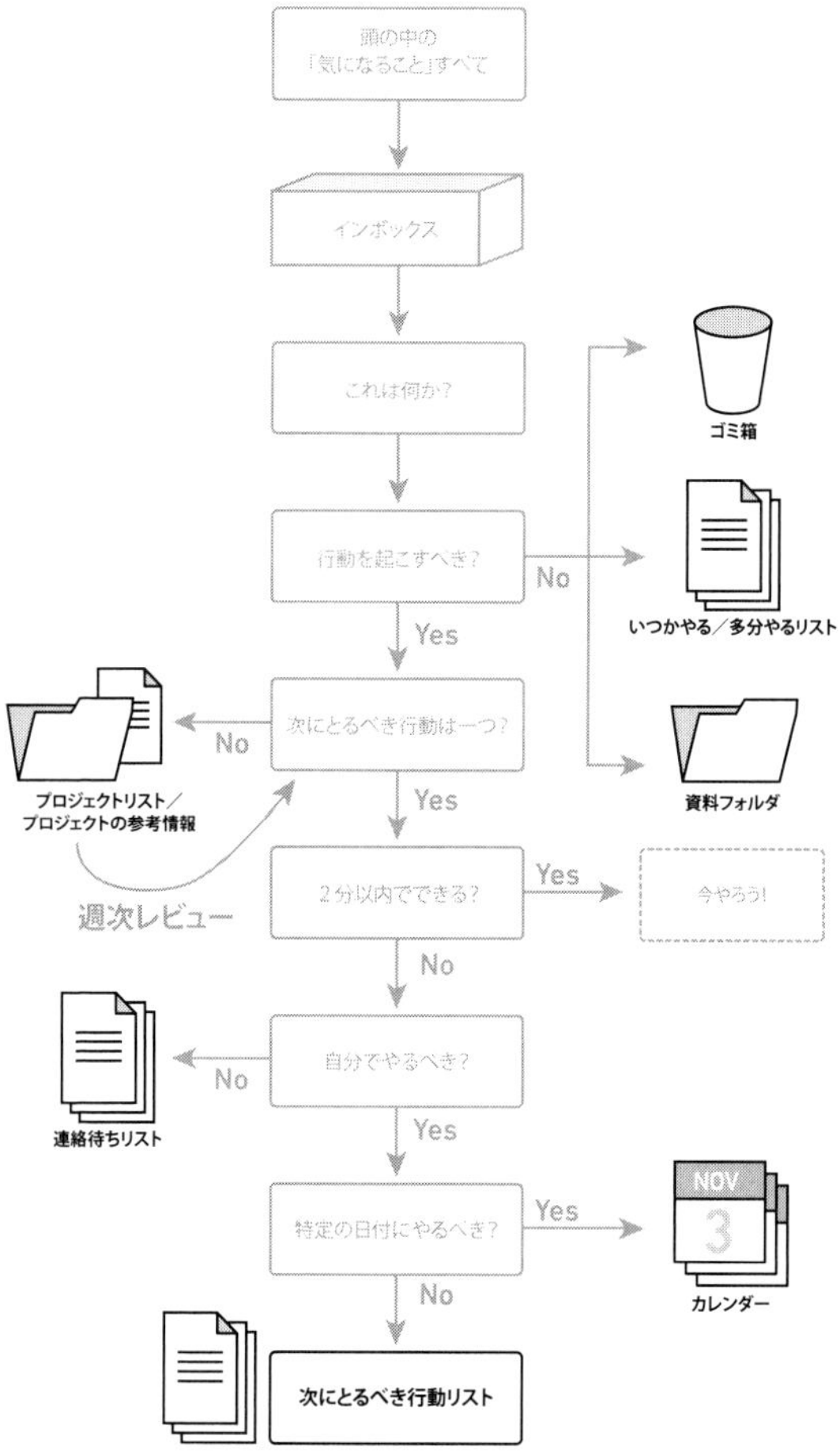

プロジェクトに関しては、重要度や優先度などを考える必要はない。定期的に確認してそれぞれに対して次にとるべき行動を見極められる状態になってさえいればいい。

プロジェクトそのものを実行することはできない。実行できるのはプロジェクトを達成するためにとるべき具体的な行動の一つひとつである。こうした行動を積み重ねていくと、徐々に望んでいる結果に現状が近づいていき、最終的には「それが完了した」とみなせるようになる。プロジェクトのリストは望んでいる結果を掲げたものの集合体で、その目的は、次にとるべき行動を見渡せるようにすることである。

行動の種類によっては、プロジェクトをさらにサブカテゴリに分ける必要が出てくるかもしれないが、まずはすべてを洗い出してリストにしておくと、使い勝手のよいシステムになることを覚えておこう。

## プロジェクトの参考情報

ほとんどのプロジェクトには、テーマやトピックごとに整理しておきたい関連情報があるだろう。プロジェクトリストは単なる見出しにすぎない。プロジェクトの詳細や達成計画、必要となるかもしれない参考情報は、紙のフォルダやパソコンのファイル、ノート、バインダーなどに整理しておくべきだ。

## 次にとるべき行動

GTDの核となるのが、「次にとるべき行動」である。これは「気になること」を完了させるための具体的な行動をまとめたものだ。先に述べたように、それらは必ず具体的かつ物理的な行為でなければならない。

これらのうち2分以内にできる行動はその場で済ませてしまおう。そうすればそれらを覚えておく必要はない。覚えておかないといけないのは、特定の時間や期日にやらないといけない行動（「カレンダー」に記入）、実行する機会ができたときにやるべき行動（「次にとるべき行動リスト」に追加）、誰かに任せて完了の報告があるのを待っている行動（「連絡待ちリスト」に追加）である。

### カレンダー

リマインダーに記入すべき行動には2種類ある。一つは、ある特定の日や時間にやらなければならないこと、もう一つは時間があるときにやればいいことだ。カレンダーは前者の行動のリマインダーとして使える。

カレンダーに記入する内容には次の3種類がある。

・特定の時間にする行動
・特定の日にする行動
・特定の日に使える情報

### 特定の時間にする行動

言わば「アポ」のことだ。多くの場合、次にとるべき行動は「このプロジェクトに関する会議に参加すること」などだろう。こういった場合は、カレンダーに記入しておくだけで十分に用が足りる。

### 特定の日にする行動

ある特定の日にやらなければならないが、時間は決まっていない行動のことである。たとえば、ミオコに送る予定の報告書に問題がないかどうか、金曜日に電話で確認する旨を伝えてあったとしよう。ミオコが報告書を手にするのは木曜日で、彼女は土曜日から海外出張の予定だ。そのため電話は金曜にしなくてはならない。ただし時間は特定されない。これはカレンダーの「金曜日」の欄に記入しておくべきだ。特定の時間の行動と特定の日の行動の両方を書き込めるようになっているカレンダーを使うと便利だろう。

### 特定の日に使える情報

カレンダーは、ある特定の日に知りたい情報を記入しておく場合にも使える。約束の場所への行き方、家族やスタッフがその日に行う活動、興味のあるイベントなどがこれにあたる。

「柔軟であることは幸運である。曲げて形を崩されることがないからだ」――マイケル・マグリフィ

## カレンダーに「Ｔｏ Ｄｏリスト」を記さないこと

カレンダーに記入するのは先ほど述べた3種類の内容のみとし、ほかのことはいっさい記入するべきではない。これは従来の時間管理手法とは矛盾するかもしれない。ほぼすべてのケースで、毎日のＴｏ Ｄｏリストがカギだということが教えられていたからだ。だが、Ｔｏ Ｄｏリストをカレンダーに記すのが好ましくないのには、次の二つの理由がある。

まず、インプットが絶えず入ってくる現代においては日々の仕事の優先順位がころころと変わってしまい、Ｔｏ Ｄｏの項目をあらかじめきっちり押さえておくのは事実上不可能だからだ。参考までに「この日にこれをやろうかな」といったメモをもっておくのは確かに有用だが、いつでもそれが書き換えられるようにしておかないといけない。カレンダーでＴｏ Ｄｏリストを維持しようとすると、どれかが完了しなかったときにはまた別の日に書き込まなくてはいけないので士気も下がってしまうし、何より時間のムダになる。私が提唱する「次にとるべき行動リスト」は、単なるＴｏ Ｄｏリストではなくて、時間にとらわれないすべての行動のリマインダーだ。したがって日常的に書き換える必要もない。

また、1日のＴｏ Ｄｏリストにその日でなくてもいい行動が書かれていると、その日でなくてはならない行動に集中できなくなってしまうのが二番めの理由だ。ミオコには金曜日でなくては連絡できないのに、金曜日でなくてもいい電話連絡の予定がほかに5件入っていたとしたら、多忙な1日の中でミオコに電話できなくなってしまうかもしれない。そして頭の中では「そうだ、ミオコには絶対に今日電話しなくちゃ」といった余計なタスクを抱え込むことになる。これではシステムを有効活用しているとは言えない。カレンダーは「聖域」としたいものだ。つまり、その日に必ずしなくてはならないことのみを書くようにしよう。書き換えてもよいのは、アポの変更のみである。

## 「次にとるべき行動リスト」

これまでに述べた以外の行動については「次にとるべき行動リスト」に書き込んでいこう。これはカレンダーとともに、1日の行動をつかさどる重要なリストとなる。

2分以上かかり、誰かに任せることができないと判断した行動は、どこかで把握しておかないといけない。「予算会議についてジム・スミスに電話する」「友人にメールして家族の近況報告をする」「年次営業総会のアイデアを書く」などは、このリストに記入しておきたい行動のリマインダーだ。そして、このリストはいつでも見られるようにしておこう。

20～30個程度の行動しかなかったら一つの「次にとるべき行動リスト」にまとめればいいだろう。だがほとんどの人は50～150個のとるべき行動があるはずだ。この場合は、「次にとるべき行動」をサブカテゴリに分けて整理していくといい。このあたりはあとで詳しく見ていこう。

## 行動を起こす必要がないもの

行動を起こす必要のあるものと同様、行動を起こす必要のないものについても論理的な整理が必要だ。行動を起こす必要がないものは、「ゴミ箱」「いつかやる／多分やる」「資料」の三つのカテゴリーに分けられる。

### 「ゴミ箱」

読んで字のごとしで、今後何もする必要のないことや、資料価値のないものを捨てる場所だ。これらのものがほかのカテゴリーにまぎれ込んでいると、システムの機能が著しく低下し、すっきりとした整理ができなくなる。

### 「いつかやる／多分やる」

すぐに行動する必要のないものには、「ゴミ箱」のほかに二つのカテゴリーがあるが、そのうちの一つは、とりあえず保留しておきたいことである。

ニュースレターの記事を読んで、いつかしてみたい企画が思い浮かんだとしよう。その場合は、将来の行動の選択肢として検討できるようにしておこう。あるいは地元の楽団の定期演奏会に関するパンフレットが届いたとする。とても面白そうだが、演奏会が開かれるのは4カ月後だ。行くにしてもずっと先のことで、その日に出張している可能性もある。ただ、地元にいる場合はぜひとも行きたい。そんなときはどうすればよいだろうか。

このような「保留事項」の管理に有効なシステムは二つある。「いつかやる／多分やるリスト」と「備忘録ファイル」だ。

「すべてはこれ以上できないというレベルまで単純化する必要がある」――アルバート・アインシュタイン

## 「いつかやる／多分やるリスト」

将来の、ある時点でやりたくなる可能性のあることを常に最新の状態にしておくと、効率的なだけでなく、人生にも希望が湧いてくる。現時点ではどうにもできないが、忘れてしまいたくないという物事を記しておこう。これらは定期的なリマインダーとして使うことができる。

### 「いつかやる／多分やるリスト」の例

- ボートを買う
- キッチンの改修
- ワインセラーを造る
- 子どものための財団を設立
- スキューバの資格をとる
- ホームパーティをする
- スペイン語の勉強
- プールを造る
- トスカーナへ旅行
- ピアノを買う
- タンゴを習う
- 庭に池を造る
- 水彩画教室に通う
- 気球に乗る
- 個人のウェブページの作成
- 回想録を出版する
- 陶芸を習う

どれも「今はできないけれど、できればいいな、だから忘れたくない」という物事だ。こういったリストを定期的に確認していけば、人生を充実させていくことができる。このリストの確認は週次レビュー（86ページ参照）の中に組み入れていこう。

また、「いつかやる／多分やる」と似ているものの、定期的に確認する必要はなくて、特定の活動をしたいときにのみ確認したい物事もあるだろう。たとえば、以下のようなリストが考えられる。

・読みたい本　　　　　　　　・飲んでみたいワイン　　　　　・作ってみたい料理
・観たい映画　　　　　　　　・週末に行ってみたいところ　　・子どもに勧めてみたいこと
・受講したいセミナー　　　　・チェックしたいウェブサイト

こういったリストは、人生における創造的な活動を大きく広げてくれる。思いついたときにその場で簡単にリストが作れる整理ツールがあると非常に有益だ。

**「備忘録ファイル」**

保留しておくものには、ある特定の日付までは考えたくない、あるいは考える必要のないものがある。そうしたものに最適なのが備忘録ファイルだ。要は、ある特定の未来の日付に自分に届けるべき通知をまとめておくものである。

カレンダーもこの用途に用いることが可能だ。たとえば3月15日に、確定申告の期限が1カ月後だとメモしておく。あるいは9月12日に、6週間後に市民会館でボリショイバレエ団の「白鳥の湖」の公演があると書いておくわけである。

これらについては、第7章でさらに詳しく見ていく。

**「資料」**

あなたのアンテナに引っかかるものの中には、それについて行動する必要はなくても、情報として価値があるものも多いだろう。このような情報は必要なときに参照できるようにしておきたい。

近所のレストランの出前メニュー、業者のパンフレットなどの紙の情報は保管しておくと便利である。お気に入りの飲食店リストやPTAの電話番号をバインダーやノートで保管したり、会社の合併に関する審査書類をキャビネットにまとめておいたりするわけだ。デジタルデータの場合は、クラウドのデータストレージやメールソフトのフォルダに保存しておこう。

「資料」の整理方法には、大きく分けて次の二つがある。

**（1）トピックや分野ごとに整理する。**
**（2）「一般資料」としてまとめる。**

（1）は、分別方法が自明であるものだ。たとえば、裁判に関する書類や、社員の報酬に関する機密情報などがこれにあたる。これらは関連するものをまとめて一つのファイルやキャビネットに保管しておくといいだろう。

（2）の「一般資料」には、既定のカテゴリーに属さないもろもろの情報を入れられるようにしておこう。キッチン用品のマニュアルだとか、最近の海外出張で使い残した、いつか使えるかもしれない外貨もそうだろう。「一般資料」の受け皿がなければ、これらの雑多な情報は整理システムの大きなボトルネックになってしまう。簡単かつ迅速に（そして楽しく）ファイリングができなければ、整理せずに放置してしまう可能性が高くなる。これについては第7章で詳しく見ていこう。

## 「更新する」

「ミルクが切れた」とメモしておいても、それをきちんと保管して、必要なときに思い出せなければ役には立たない。「ご無沙汰している友人に電話する」というメモも、電話ができるときに思い出せなければ意味がない。

大事なのは、適切な間隔で人生や仕事の全体像を幅広く見渡し、具体的な行動を確認できるようにすることである。ほとんどの人にとってＧＴＤの成否のカギを握るのが、この「更新する」のステップだ。週に一度は、現在抱えているプロジェクトや「気になること」のすべてを見直し、更新していく必要がある。

やると決めたあらゆる行動の選択肢を定期的に見直すことによって、いざ行動するときに自信をもって正しい選択ができるようになるからだ。

## いつ何を確認し、「更新する」べきか

私の提唱するとおりに整理システムを構築できたなら、あとはそのシステムを維持していくための確認作業が必要だ。確認する頻度がいちばん高いのは、特定の日にやるべき行動が書かれたカレンダーだろう。いつ何をやらなければならないかを把握できていると、臨機応変な対応がしやすくなる。会議、電話連絡、その日が期限の報告書の作成など、カレンダーに記入されている行動が完了したら、ほかにやらねばならないことは何かを確認する習慣をつけておくとよい。たいていの場合、「次にとるべき行動リスト」を次に見ることになる。このリストには、1日の中で時間がとれたらすべきことが書かれている。随時確認して更新していこう。

「プロジェクトリスト」「連絡待ちリスト」「いつかやる／多分やるリスト」は、忘れない程度の頻度で確認し、更新していけばよい。

## 成功するには週次レビューが重要

頭が「これは覚えておかなくては」というムダな努力をしなくても済むように、行動が必要かもしれないことはすべて適切な頻度で確認し、更新していかなくてはならない。そのときどきで自分が何をすべきかについて自信をもって判断していくには、すこし上のレベルの視点から定期的に仕切り直す必要がある。私自身の経験、そして私が指導してきた多くの人たちの経験からすると、そのためのカギを握るのが週次レビューだ。

リストでも一覧でも概念図でも、必要な頻度でレビューし、頭から余計なことを追い出そう。

週次レビューでは、次のことを行なっていく。

・やらなければならないことを把握し、どうすべきかを見極める。
・システム全体を見渡す。
・リストを更新する。
・すべてのものについて、済んだものは処分し、情報を更新する。

多くの人は整理システムを統合的に導入していないせいで、こうした見直すステップの効果も限定的になってしまっている。見直したとしても、全体が見渡せていないからだ。統合的なアプローチなしには「何かを見逃しているのかもしれない……」という不安がかすかに残ってしまう。システムが完全であればあるほど、信頼して物事を預けることができる。そして信頼できればできるほど、そのシステムを維持したくなる。週次レビューはこの基準を維持するための重要なカギなのだ。

**休暇に入る前の週は仕事がはかどると感じるものだが、もうすぐ休めるという理由からではない。**ある程度の期間、仕事を離れる前の週には、やらなければならないことのすべてを洗い出して、それらについて処理したり、意味を明らかにして整理することができるからだ。こうしておくことで気になることから解放され、リラックスしながら海なりゴルフなりスキーなりを存分に楽しむことができる。1年に一度のまとまった休暇のときだけではなくて、1週間に一度これを

「人生には意識を向けるべきことがたくさんある。ほかを無視してそのうちの一つだけを声高に叫ぶのは教祖であり、世界を率いていくにはふさわしくない」――ジェームズ・フェニモア・クーパ

実践し、そのときすべきことに集中できるようにしてはどうだろうか。

## 「選択する」

ここまで行なってきたワークフローはすべて、行動を「選択する」ためにある。**ここまで説明したことをきちんとやっていてはじめて、目の前にある選択肢から最善のものを選ぶことができるようになる。**たとえば月曜の午前10時33分、サンディーに電話をかけようか、提案書を提出してしまおうか、メールチェックを済ませてしまおうかといったことを、あなたは思いつきで選んでいるはずだ。けれども事前に「把握する」「見極める」「整理する」「更新する」を済ませてあれば、こうした選択に対して自信をもつことができる。「うーん、とりあえずこれかな……」ではなくて、「これだ！」と確信がもてるようになり、作業の効率も飛躍的に向上していくことになる。

### 行動を選択するための三つのモデル

たとえば、とくに何の理由もなく、やるべきことに手をつけられていない状況があったとしよう。あなたの前にはたくさんのやるべきことが書かれたリストがある。では、どれをやってどれをやらないか、自信をもって選択するにはどうすればよいのだろう？　答えは、「直感」を信じることだ。ただし、そうするには、気になることすべてについて「把握する」「見極める」「整理する」「更新する」のプロセスが終わっていることが前提条件である。これらが終わっていれば直観力が冴えてきて、知的かつ合理的に仕事や価値観に基づいて判断を下すことができるようになる。

実際に行動を選択するにあたって役立つ三つのモデルをここで紹介しよう。マリオに電話するべきか、学校にいる息子にメールするべきか、秘書と雑談でもするべきか——どれを選択するべきかという答えを導き出すものではないが、選択肢をシステマチックに整理するために役立つモデルだ。またこれらは、今までの時間管理術や優先度による整理術ではあまり取り上げてこられなかった手法でもある。

## ① 四つの基準で現在の行動を選ぶモデル

水曜日の午後3時22分。何をすべきか、どうやって決めたらよいだろう？　これを判断するには、次の四つの基準について順番に考えていくとよい。

・そのときの状況
・使える時間
・使えるエネルギー
・優先度



あらゆる決断は直感である。問題は、その選択が正しいことを運に委ねるのではなくて、自分で確信をもって判断できるようになれるかどうかだ。

### そのときの状況

ある時点で何ができるかという制約は必ずついてくる。どこにいてもできる行動（ペンと紙を使ってプロジェクトに関するアイデアを書き出す、など）もあるが、多くの行動はある特定の場所（自宅、会社）やツール（電話、パソコン）などの条件がそろわないと実行できない。こういった制約が、そのときに何ができるかを振り分ける第一の要因だ。

### 使える時間

入っている次の予定などを考慮しなくてはならないだろう。あと5分で会議が始まるならば、5分以上かかることには対応することができない。

### 使えるエネルギー

自分の気力と体力も把握しておく必要がある。頭が冴えていないとできないこともあるし、身体的なエネルギーがないとできないこともある。一方、気力と体力をあまり必要としない行動もある。

### 優先度

そのときの状況や使える時間、使えるエネルギーを考慮して絞り込まれた行動のうち、どれをするのがいちばん有益かを考えよう。

やりきれないぐらいたくさんのやることがあるが、一度にできるのは一つだけだ。今やっていることについてだけでなく、やっていないことについても安心できることが重要だ。

会社にいて、電話とパソコンが使えて、時間が1時間ほどあって、エネルギーのレベルは10段階評価で7くらいだとしよう。この時間には、クライアントに電話するべきか、提案書を執筆するべきか、メールを処理するべきか、妻にどうしているか電話するべきか。

ここで直感の出番である。何がいちばん重要か、直感を働かせて判断するには、残りの二つのモデルが役に立つ。

## ② 日々の仕事を三つのカテゴリーで評価するモデル

やらなければならないこと、つまり広い意味での「仕事」には、次の三つの種類がある。

- あらかじめ決まっている仕事
- 予定外の仕事
- 仕事を見極めるための仕事

### あらかじめ決まっている仕事

これは「次にとるべき行動リスト」と「カレンダー」に書かれている仕事だ。つまり、やらなければならないとすでに判断した仕事を指す。友人に電話をかけたり、ブレインストーミングのアイデアを文書にまとめたり、会議に出席したり、弁護士と話す内容を書き出したり、といったことである。

### 予定外の仕事

突然降りかかってきて、どうすべきか対応を迫られる仕事もある。たとえば、共同経営者があなたの部屋に入ってきて、新製品について話し合いたいと言ってきたら、ほかのことはすべて後回しにしてでも話し合いをするべきだろう。断言してもいいが、予定外の仕事は常に生じるものだ。そういった仕事にもある程度の時間や労力を回せるようにしておこう。

### 仕事を見極めるための仕事

効果的に仕事をこなしていくために、あなたの整理システムを整備することも、「仕事」のうちの一つである。インボックスやメール、会議メモなどを処理し、具体的な行動ステップを判断し、必要ならばその場で片付けたり、ファイルに整理していくことになるだろう。

ここで述べた仕事の種類についても、今何をすべきかについて判断するときに考慮しておく必要がある。そして最後に考えておきたいのが仕事の性質や目標を見極めていくための視点である。

## ③ 六つのレベルで仕事を評価するモデル

これまで述べてきたようなモデルも行動を選択する際の基準となるが、それだけでは十分でない場合も多い。何が優先されるかを本当の意味で理解するには、仕事の性質を理解しなければならない。そのためには六つのレベルの視点を活用していく。建物の中から外を見るとき、何階から見るかによってその景色は違ってくるだろう。それと同じように、異なる視点から仕事を見渡していくことで、その仕事が真に意味するところを見極めていくのだ。

・Horizon レベル5――人生の目的とその在り方
・Horizon レベル4――長期的な構想
・Horizon レベル3――1～2年後の目標
・Horizon レベル2――重点的に取り組む分野
・Horizon レベル1――現在のプロジェクト
・地面レベル――現在の行動

これらのレベルから仕事を再評価していくことで、その意味について理解を深めていくことができる。下のレベルから順に見ていこう。

**地面レベル――現在の行動**

まずはやらなくてはいけない行動について理解しておこう。かけなくてはならない電話、返信が必要なメール、済ませなければならない用事、上司や妻と相談しなくてはならない物事などのすべてである。

## Horizon レベル1——現在のプロジェクト

現在の行動をなぜやろうと思ったのか。それはプロジェクトを完了させるためである。このレベルではすこし視点を上げて現在抱えているプロジェクトについても見渡してみるといいだろう。比較的短い期間に達成したい、求める結果がこれである。自宅に新しいパソコンを設置する、営業会議を企画する、本社の移転を済ませる、歯医者を探すなどだ。

## Horizon レベル2——重点的に取り組む分野

プロジェクトは、ある役割や責任があるから引き受けたり、興味があるから始めたりするわけだ。このように仕事でもプライベートでも重点的に取り組みたい分野があるだろう。仕事では人材開発、市場調査、カスタマーサービス、資産管理などがそれにあたる。プライベートでは健康、家族、家計、家庭環境、宗教関連などがあるはずだ。これらは、自分の行動を見直し、仕事とプライベートにおけるバランスがうまくとれているかを評価する基準として使うことができる。

## Horizon レベル3——1～2年後の目標

「手をつけたプロジェクト、やるといったことは最後までやり遂げ、約束を守りなさい。そうすれば意識も無意識も満たされ、達成感、価値、調和を得ることができる」——ジョン・ロジャー仕事とプライベートのさまざまな分野において1～2年後に何を経験したいかということも、何をするべきかを明らかにする視点となる。仕事における目標を達成するには新たな責務を担ったりする必要が出てくるだろう。プライベートにおいても1～2年後に達成したいことがあるはずだ。それらを考慮していくと、人生のある局面においてほかの事柄よりもある事柄を重視したくなることがあるはずだ。

## Horizonレベル4——長期的な構想

3～5年後を見通す長期的な視点では、より大きな構想を扱っていく。会社の戦略、環境問題、キャリアやライフスタイルの変革などだ。長期的なキャリア、生活の質の向上などもこのレベルで考慮していく。外部要因についても考えておこう。テクノロジーの進化、市場や競合の動向など、自分の職務や組織に影響を及ぼすさまざまな要因がある。このレベルでの判断により、仕事の性質がさまざまな面で変わってくるはずだ。

## Horizonレベル5——人生の目的とその在り方

これは人生の全体像を眺める視点である。会社の存在意義は何だろう？　自分の存在意義は何だろう？　自分にとって何が何でも大事なこととは何だろう？　もっとも大切な目的というのは、仕事の本来あるべき姿を形作ってくれるものだ。すべての目標、役割や責務、プロジェクト、行動はここから導き出されるものであり、そこへ行きつくものでもある。

このような視点はすこし漠然としているかもしれないが、異なる視点で現状をとらえておくことで、今何をすべきかについてよりよい判断ができるようになるはずだ。今までも、長期的な目標や価値観に目を向けて何をすべきか判断していたという人もいるかもしれない。これはもちろん必要な視点ではあるが、やるべきことが複雑に絡み合う現代においてはそれだけでは十分ではない。ここで述べたようなすべてのレベルを考慮することができれば、より総合的に物事をこなしていくことができるようになり、今までに感じたことがないような安心感が得られることだろう。

いつだって考える時間なんてない。あらかじめ考えておくことだ。

第3章

# 創造的にプロジェクトを進めるために

## プロジェクトプランニングの5つのステップ

ここまで見てきたように、リラックスしながらも生産性を発揮するためのカギは二つある。一つは望んでいる結果を明確にし、その達成に近づくために次にとるべき具体的な行動を定義することだ。もう一つはそれらを定期的に確認し、更新するためのリマインダーを信頼できるシステムに組み入れることである。私はこのプロセスを、「気になること」を広く見渡しつつ先を見通していくという意味で「水平的な視点」と呼んでいる。一見シンプルなやり方ではあるが、実践してみると驚くような成果が上がることが少なくない。

### "垂直的な視点"を取り入れる

この水平的な視点を身につけていれば、ほとんどの場合はうまくいく。しかし、もう一つ上のレベルでうまくやりたいときもあるだろう。そうしたときに役立つのが「垂直的な視点」だ。この視点では、より高いレベルからさらに段階的に「気になること」をとらえ直し、その結果を自分のシステムに組み込んでいくことになる。「水平的な視点」も「垂直的な視点」も、知識労働に欠かすことができない、あなたが身につけておくべき習慣である。

「垂直的な視点」といっても、それほど複雑な考え方ではない。カフェでちょっとした紙切れとペンさえあればできるようなものだ。この思考プロセスは実に簡単なものだが、費やした労力から考えると、本当に素晴らしい成果をもたらしてくれる。もちろんもっと詳細な計画を練って必要な要素を整理し、きちんとした優先度を決めなくてはならない場合もあるだろう。大規模なプロジェクトをチームで進めるときや、投資家を納得させられるような事業計画書を書かないといけない場合などだ。しかし通常は、ちょっとした紙とペンさえあれば事が足りるのだ。

思考プロセスというと、なんだか学術的だったりプロっぽかったりして難しそうに思えるかもしれない。しかし私が考えるに、日常的な物事を整理するためのカジュアルな思考プロセスこそが、現代に生きる人々にとって必要だと思う。きちんとした会議やプロジェクト管理ツールも有用ではあるが、それだけでは十分ではない。結局はささっと紙に書き出せるような気軽な思考が最後には必要になってくる。そうしたちょっとした思考法を身につけることでやるべきことがはっきりし、物事をコントロールしているという実感を得られるようになるはずだ。

「小さなことをしているときも大きなことに目を向け、それらの一つひとつが正しい方向に向かうようにしなければならない」——アルビン・トフラーまた多くの会議では、今やっていることのそもそもの理由を議論する時間が確保できていなかったり、ブレインストーミングをする時間が十分になかったりして、その結果、もっと楽しくて収益性の高いアイデアを出すことができない場合もある。さらに次にとるべき行動をきっちり決定するまで至らない会議も実に多い。

だが、悲観することはない。やるべきことについて建設的に向き合い、最小限の努力で最大限の成果を生み出していくのに必要な思考プロセスをここで紹介していこう。このプロセスは脳にとってきわめて自然（ナチュラル）な思考法だが、なぜか残念なことに仕事の現場で行なわれている思考プロセスとは異なっている（理由はあとで述べていく）。意識的にこの〝ナチュラル〟な思考プロセスができるようになることこそが、ストレスを軽減し、よりよい成果を上げる秘訣だと私は考えている。

## ナチュラルプランニングモデル

何かを達成したいとき、もっとも効率的かつ創造的に問題解決への計画を立てられるのが誰かご存知だろうか。それはあなたもよく知っている人物……そう、あなたの脳である。脳という器官はひっきりなしに計画を立てて物事を解決しようとする。服を着ているときも、ランチを食べているときも、買い物をしているときも、おしゃべりをしているときも、あなたの脳は常に計画を立てている。一見、この脳の働きは行き当たりばったりに思えるが、実際は次の高度な5つの

プロジェクトや状況を明らかにしてコントロールをとることが大事だ。「気になること」は頭の外へ追い出しつつ、有用かもしれないアイデアはきちんと書き留めておこう。

ステップを経て、具体的な行動へと結びついている。

①目的と価値観を見極める。
②結果をイメージする。
③ブレインストーミングをする。
④思考を整理する
⑤次にとるべき行動を判断する。

## わかりやすい例：夕食の計画

最近夕食を食べにいったときのことを思い出してほしい。あなたがそうしようと思った理由は何だったろうか。空腹を満たすため、友人との親交を深めるため、あるいは、お祝い、商談、デートといった、さまざまなモチベーションがあったはずだ。こうしたモチベーションが高まると、脳は「計画」を開始する。それがなんであれ、夕食を食べにいこうと思った理由が「目的」となり、計画のプロセスが始動しはじめる。次に、自分の「価値観」を考慮して計画の大枠が決められる。あなたはほぼ無意識のうちに、どういう夕食を食べたいかの条件を設定したはずだ。食べ物やサービスの質、料金、場所、快適さなどだ。こうした「目的と価値観」の見極めがまず脳の中で行なわれる。

この世でもっともこなれたプランニングツールは、あなたの脳である。

次にあなたが考えるのは何だろうか。おそらく「この前行ったあの店でイタリアンを食べよう」「窓際のテーブルを選ぼう」といったことだろう。また、いっしょにいる人の表情やその場の雰囲気、夕食後の状態まで想像した人もいるだろう。つまり「結果をイメージした」のだ。

目的と価値観を見極め、結果をイメージしたあとにあなたの脳は何を考えるだろうか。おそらく「何時にしようか」「店は開いているだろうか」「混んでいるかな」「天気は大丈夫かな」「着替えたほうがいいかも」「車のガソリンは大丈夫だよな」「どのくらい食べようかな」といった、さまざまな思考が浮かんできたはずだ。これが「ブレインストーミング」である。これらの疑問は、特定の結果を得ようとしているときに自然に起こってくる創造的な思考プロセスだ。あなたの脳は望んでいることと現状の間にギャップがあることを認識し、そのギャップを埋めるための手段を自動的に模索しはじめる。このときの脳は、かなり自由にさまざまなことを思い浮かべているはずだ。

そこで次のステップだ。十分な数のアイデアが浮かんできたら、あなたの脳は自動的にさまざまな基準で「整理」しようとする。目的を達成するにはどういう要素が必要か（いっしょに行く人、場所、時間、レストランの種類など）、どういう優先順位を考慮すべきか（2人で行くよりも誰かを誘ったほうがいいのではないか）、どういう順序で行なうべきか（まずは店に電話し、次に電車の時間をチェックしよう）といった具合だ。

ここまで思考が整理されたら、あなたの脳は「次にとるべき行動」について考えはじめることになる。「店に電話して予約を取る」といったものがそれにあたるだろう。



知的な思考を生むカギは、より知的な方法で考えることだ。

ここではわざと丁寧に見てきたが、この5つのステップは我々が日常行なっているあらゆる行動に関してごく自然に行なわれている。まず、何かが起こってほしいと望む。次いでその結果をイメージする。さらにそれに関するさまざまなアイデアを思い浮かべ、それらを整理する。そして、望んでいる結果を達成するのに必要な行動を決めるのである。あなたはこれらを、とくに意識することなく行なっているはずだ。

## 仕事の現場ではどうか？

ここで紹介した5つのステップはいかにも自然で、「当たり前じゃないか」と思えるかもしれない。ただ、ひるがえってあなたの仕事のやり方を考えてみよう。会社のＩＴ部門が新しいシステムを導入するときに同じような思考プロセスを経ているだろうか。会社の合併についてはどうだろう。

達成しようとしていることのそもそもの目的と価値観を見極め、関係者全員にきちんとそれを伝えられているだろうか。また、成功したときのことをイメージして、そのときに起こりうるさまざまな結果を思い描いただろうか。もしくはすべてのアイデアや可能性を洗い出し、結果に影響を与えそうなことを残らず考慮しただろうか。また、目的を達成するために次にとるべき行動を決定し、誰がそれに責任をもつかをきちんと決めただろうか。

あなたもおそらくそうだと思うが、私が指導した人の多くは、これらの質問に対して「きちんとはできていないかな……」と自信なさげに答える。少なくとも一部のプロセスが欠けているの

最近、「大成功」をイメージしただろうか。

である。

私はよくセミナーで、「現在、仕事で抱えている『プロジェクト』について、この5つのステップを当てはめてみてください」と参加者を促している。するとたった数分の作業であったにもかかわらず、そこで大きな成果が得られることがしばしばある。これまで苦労していたのが嘘みたいだと驚く人もいる。ある男性はセミナーのあとで私のところにやってきて、こう言った。

「感謝したいような腹立たしいような複雑な気持ちですよ。何カ月もかかると思っていた事業計画がたった今できてしまいました。もうやらないわけにはいきません」

あなたも、今すぐ試してみるといい。新しいプロジェクトや、なかなか進まないプロジェクトを一つ選び、その目的を考えてみてほしい。次に、それが成功したときの結果をイメージしてみよう。あなたをとりまく状況はどうなっているだろうか。財務状況は？ 知名度は？ 自由に想像してみよう。さらにブレインストーミングをして、出てきたアイデアを整理してみよう。そのうえで、次にとるべき具体的な行動を決めるのだ。どうだろう。望んでいる結果に向けてどうアプローチしていけばよいか、すこしははっきりしたのではないだろうか。

## 〝ナチュラルではない〟プランニングモデル

ここで、ナチュラルプランニングモデルの効果を実感してもらうため、私たちが仕事の現場で「普段」使っている〝ナチュラルではない〟プランニングモデルと比べてみることにしよう。

## 〝いいアイデア〟が悪いアイデアになるとき

「これについて何かいいアイデアがあるかな？」

ミーティングの最初によく聞かれる台詞である。

しかし、ここで問題なのは、出てきたものがいいアイデアかどうかを判断するには、目的が明確になっていなければならない点だ。まずは目的を定め、望んでいる結果をイメージし、それに関するあらゆるアイデアをかき集め、整理しておく必要がある。「いいアイデアはないかな？」は悪くない質問だが、思考プロセスが8割がた終わった時点でないと意味がない。いきなりアイデアを出せと言っても、創造力は空回りするだけである。

先ほど見たような、脳にとって「ナチュラル」な思考プロセスとは異なるアプローチで何かを達成しようとしても、なかなかうまくいかない。困ったことに多くの人がこのアプローチをとっているが、たいていはあやふやな結果に終わり、ストレスばかりが溜まっていく。さらに、チームでやっている場合は、自己主張やさまざまな思惑などもからんできて本来の議論ができなくなり、結局、いちばん弁の立つ人の独壇場になることも多い。自分1人の場合でも同じだ。目的を考えて結果をイメージし、さまざまな可能性を洗い出す前に「いいアイデア」を思い浮かべようとしても、ほとんどは不発に終わる。

何もわかっていない状態でアイデアが出てくるのを待っても、たいした成果は得られない。

# リアクション型プランニングモデル

こうした経験が積み重なってしまうと、どうせ成果が上がらないだろうから……という理由で参加者はミーティングをいやがるようになる（もしくはぎりぎりまでやろうとしない）。そうなるとどうなるだろうか。そう、〝危機的状況〟が発生するのだ。「え、まだやっていないの？ 君がとっくにやったと思っていたのに！」といった、組織内でよく遭遇するあれである。こうして切羽詰まったときに動き出すのが「リアクション型プランニングモデル」である。

追い詰められたときにあなたがまず考えることは何だろう。そう、〝行動〟することである。もっとがんばって残業し、もっと人数を増やして、何とか達成しようとするわけだ。そこには、ストレスが溜まりに溜まった人たちが投入されていくことになる。

しかし、そういう人たちが罵り合ったところで状況が好転したりはしない。やがて多少気の利く人間が「まずは問題を〝整理〟しよう」と声をあげ、みんなが問題点を指摘し、丸や四角でグループ分けをし、どう問題を整理すべきかをごちゃごちゃと議論しつづけるようになる。

しかしある時点で、それでは問題が解決しないことに気づく。そしてもっと気の利いた人が、建設的に考えないとだめだと指摘する。「よし、解決案について〝ブレインストーミング〟をしてみよう」となるわけだ。このあたりで部長がしゃしゃり出てきて、「誰かいいアイデアはないのか」とはっぱをかけはじめる。

「穴の中にいることに気づいたら、掘るのをやめることだ」――ウィル・ロジャー

「漫然とやるな。そこに立て」――ロシェル・マイヤー

そこまでやってもたいした進展がなければ、部長は「どうやらここらが君たちの限界だ」と宣言し、コンサルタントを雇う。コンサルタントに報酬に見合う能力があれば、やがて一つの疑問を提起するだろう。「で、結局何をしようとしているのですか?」。ようやく、〝目的〟と〝価値観〟にたどりついたわけである。

## ナチュラルプランニングのテクニック――5つのステップ

言うまでもないことだが、ここではっきりと指摘しておこう。プロジェクトや状況について考えるときに効果的な思考プロセスを身につけていると、物事をより素早く、好ましいかたちで進めていくことができる。脳の自然な思考プロセスから我々は何を学びえるだろうか。効果的に思考を展開し、よりよいアイデアを出すために、このモデルをどう活用すべきだろうか。

ここで、ナチュラルプランニングの5つのステップをどう活かすことができるか、それぞれについて詳しく見ていこう。

### 目的と価値観を見極める

「なぜそれをするのか?」という質問をして損をすることはない。この質問をすることによって、今の状況が前進したり、前向きのエネルギーが湧いてくることもよくある。

次の会議はなぜ必要なのか。このタスクの目的は何か。なぜ友人を夕食に招待するのか。なぜ

「目的を忘れたときに倍の努力をするのが狂信である」――ジョージ・サンタヤナ

代理店を使わずにマーケティング部長を雇うことにしたのか。この組織で生じている状況に対してあなたはなぜ何もしないのか。なぜこの予算が決められているのか……あなたの生活の中には無限の「なぜ?」が存在する。

そんなことは当たり前じゃないか、と思う人もいるだろう。そのとおりだ。ただし、何かを成し遂げようとする際に、適切な部分に焦点を当てつつ、創造的に物事を進展させ、協力を得るためには、「なぜ」それをするのかをしっかりと理解することが最たる指針となる。そしてこれは実際にはあまり実践されていない思考でもある。いったん物事にとりかかってしまうと、その形式にとらわれてしまい、本来の意図が忘れ去られてしまうことがよく起きるからだ。

さまざまな会社で優秀な人たちといっしょに何千時間も費やしてきた経験上言えることだが、「なぜ、それをするのか?」は、決して忘れてはならないことだ。会議が多すぎると不満を漏らす人たちに対し、私は「なぜ、この会議は開かれているのですか?」と聞かねばならない。「戦略ミーティングには誰を呼べばいいでしょうか」と聞かれたら、私は「そのミーティングの目的は何ですか?」と聞き返さねばならない。もしくは「休暇中も仕事を気にかけてメールをするべきでしょうか」と質問されたら、私は「休暇のいちばんの目的は何でしょうか?」と聞き返すだろう。「なぜ」それをするのかがわからないと、彼らの質問に対して適切に答えることができないからだ。

## 「なぜ」を考えることの価値

「なぜ」それをするのかを考えることのメリットをいくつか挙げてみよう。

・成功の基準が定まる。
・意思決定の基準ができる。
・必要なリソースがわかる。
・モチベーションが上がる。
・焦点が明らかになる。
・選択肢の幅が広がる。

ではこれらを一つずつ見ていこう。

### 成功の基準が定まる

現代社会では、誰もが「勝ちたい」と思っている。みんな勝負が好きで、勝ちたいと思っているか、少なくとも勝てる位置にいたいと思っている。だが、自分のしていることの目的がはっきりとわかっていなければ勝てる見込みはない。目的がはっきりすると、成功の基準がはっきりしてくる。選挙への出馬の決定であろうと書類のデザインであろうと、時間や労力を注ぐ際のいちばんの基準となるのがその目的である。

誰でも勝ちたいと思っている。ただ、何が目的かを把握していなければゲームに勝つことなどできない。

会議の目的が何だったのかがわからないと、その会議がうまくいったと納得することはないだろう。枕を高くして寝たいなら、「どうしてマーケティングの責任者を解任したのか」「あのやり手のMBAホルダーを新しい財務部長に雇ったのはなぜだね」と役員に聞かれたときに適切な答えを返せなくてはならない。

## 意思決定の基準ができる

予算を増やしてカタログを5色にするべきだろうか、それとも2色のみにしておくべきだろうか。新しいウェブサイトの制作に大手デザイン事務所を使うべきだろうか。娘を私立の学校に行かせるべきかどうか……。こういった意思決定はどうやって行なえばよいのだろう。

結局は、何が目的かによって決まる。達成したい目的からその投資が必要かどうかを考えればよい。目的がわからないとそもそも判断することができないのである。

## 必要なリソースがわかる

割り当てられた予算をどのように使えばよいだろうか。この先1年、小売業者としての存在感を最大限に発揮していくには、今の時点でどのようにキャッシュフローを活用すればよいだろうか。毎月の昼食会や講演の設定にもっと多くの予算を充《あ》てるべきだろうか。いずれのケースも、達成しようとしている目的、つまり「なぜ」がわからないと答えが出せないだろう。

難しい決断を下すための唯一の方法は、目的に立ち返ることだ。

## モチベーションが上がる

適切な理由がなければ、何かをする意味などないだろう。私がクライアントを指導する中でわかったことだが、「なぜ」それをしているのかを忘れている人が多すぎる。また、私が「なぜそれをしているのですか」と聞くだけで、すぐにやる気を取り戻す人が多いことにもいつも驚かされている。

## 焦点が明らかになる

何をするにせよ、本来の目的が何なのかに思いが至ると、いろいろなことがはっきりと見えてくる。数分だけ時間をとって主な目的を書き出してみるだけで、カメラのピントがぴったり合うかのように視界がはっきりとしてくる。プロジェクトや状況が混乱していると感じられるときには原点に立ち返り、ほんのすこしだけでも「なぜこれをしているのか?」と考え直してみよう。それだけでうまくいくことも多い。

## 選択肢の幅が広がる

逆説的だが、目的を考えると焦点が定まる一方、創造的な思考ができるようになって可能性の幅が広がってくる。カンファレンスにせよ、会社のパーティにせよ、管理職のリストラにせよ、根本にある「なぜ」をきちんと理解すると、望んでいる結果を導くにはどうすればよいかについて自由に考えられるようになる。私のセミナーでも、参加者にプロジェクトの目的を書き出して

「なぜ」それをしているのかをわかっていなければ、納得のいく仕事はできない。

もらうと、爽やかな風が通り抜けたかのようにすっきりした顔になる人も実に多い。

あなたは今やっていることの具体的な「目的」をしっかりと理解しているだろうか。目的にしっかりと焦点が向けられていれば、モチベーションが高まり、どうすればよいかがわかってくる。また、意思決定の基準ができて足並みが揃い、創造的な思考ができるようにもなる。こういった恩恵を存分に得られているのであれば、具体的な目的がわかっている証拠だ。しかし、目的を言葉にしてみても、たいていは曖昧で、なかなかこのような恩恵が得られないのが実情だ。たとえば、「よいチームを作る」は、目標としては大ざっぱすぎるだろう。「よいチーム」とは何なのかまで踏み込まねばならない。やる気のある人たちが健全なかたちで協力し合い、積極的に物事に取り組むチームだろうか？　予算内に収めることのできるチームだろうか？　つまり、どういう状態になれば目的を達成したことになるのかがわかっていないと、現実的な指針としては使えない。「どうなっていたら目的から外れているのか？」という質問にも明確な答えが出せなくてはならない。

## 自分の価値観

目的と同じぐらい大事なのが、あなたがもつさまざまな価値観だ。なかなか意識的に考えることはないが、価値観は必ず自分の中に宿っている。価値観が冒されると、生産性が阻害されてストレスを抱えることになる。



「シンプルで明快な目的と指針があると、複雑で知的な行動がとれる。複雑な規則と規制があると、シンプルで愚かな行動が導かれる」——ディー・ホック自分の価値観を知るには、次の文の「……」に何が入るかを考えてみよう。「……である限りは、みんな自由にやってくれていい」。あなたのチームの活動には、どのような方針が該当するだろうか。「予算内に収まっている限り」か。「クライアントが満足している限り」か。もしくは、「チームが健全である限り」か。

自分の価値観にそぐわない行動をとる人がいたり、それを許す人がいたりすると、大きなストレスの原因となる。こういった問題にわずらわされることがないとすれば何とも幸運な話だ。しかし、こういった困った状況があるのなら、建設的な話し合いを通じて自らの価値観を明らかにすることで、みんなの足並みをそろえ、不要な対立を防ぐことができる。まずは「どのような行動が自分の価値観にそぐわないだろうか。どうすればそれを防げるだろうか」と考えるとよいだろう。それが自分の価値観を定義する出発点となる。

目的を明らかにすると行動への活力と方針が導かれるのに対し、価値観について考えると行動の範囲と優れた行動に対する基準が定まっていく。

## 結果をイメージする

潜在能力も含めた、あなたがもっているすべてのエネルギーにアクセスするには、成功している状態がどういったものかを明確に意識しなくてはいけない。それはどのように見えるのか、どう感じられるのか。五感をフルに活用してイメージしておくべきだ。目的と価値観に焦点をあわせることで行動に対する推進力と規範が導かれるのに対し、結果をイメージすると具体的な最終成果物が見えてくる。「なぜ」ではなく「何」の部分だ。

「セミナーで教えた専門知識を、受講者が常に応用できるようになっている」「今年度における北東地域全体での市場占有率が2％向上する」「大学に進学したばかりの娘が、親からはどのような支援が受けられるのかをしっかりと理解している」。こうした具体的な成果物をイメージできるようにしておこう。

## 焦点を当てることの威力

望んでいる結果を思い描き、それに関して適切に焦点を当てることがいかに有益かについては、1960年代より多くの書籍で解説されてきた。この視点は、イメージトレーニングとしてオリンピックレベルのアスリートたちにも活用されている。彼らはエネルギーに満ち溢れている自分自身を強くイメージし、成功を思い描くことによって、無意識のレベルから最高のパフォーマンスを発揮できるようにしているのだ。頭の中でどこに焦点を当てるかが、あなたの感じ方やパフォーマンスに大きな影響を与える。これは何もゴルフコースの話だけではなくて、スタッフとのミーティングでも、人生の伴侶との重大な会話においても当てはまる。この理論はさまざまな場面で実践的に活用できるが、プロジェクトに関する思考プロセスにおいてもおおいに役立てることができる。

休暇なり、会議なり、始めてみたいプロジェクトなり、何かに重点的に焦点を向けていくと、それまで考えつかなかったようなアイデアや思考パターンが湧き出てくる。頭の中で何らかのイ

「最終成果物について考えれば目標が見えてくる。目標が見えてくれば自然と達成するための手段が見えてくる」――マクスウェル・モルツ

メージを強く思い浮かべると、それがあたかも現実であるかのように体も反応するからだ。

## 結果を明らかにする

イメージトレーニングが身体に与える影響を理解すると、シンプルながら深い示唆に満ちた原則にたどりつく。それは「結果をイメージできないと、どうすればそこへ到達できるのかが見えてこない」ということだ。

以前にも起きたこと、もしくは似たような経験をしたことがあれば、その結果をイメージすることはたやすいだろう。しかし、未知の領域や慣れない領域においては成功のイメージが湧きにくい。

私たちの多くは、望んでいる結果を達成する方法を誰かが教えてくれない限り、なかなか成功をイメージしようとしない。これまで述べてきたように、脳がどのようにアイデアや行動を生み出していくかを考えると、残念ながらこれは前向きの姿勢とは言えないだろう。

仕事でもプライベートでも成功していくには、結果を明確にイメージできるようになることだ。この能力は、習得して磨きをかけていくべき、もっとも重要な能力の一つでもある。何を達成しようとしているのか、仕事のそれぞれの分野について意識的に明らかにしていく必要がある。

このプロジェクトは完了時にどうなっているのか。プレゼンテーションが終わったあとにクライアントにはどう感じてもらい、何を理解し、何をしてほしいのか。3年後、自分のキャリアは

何かを実現させたいなら、まずそれを頭の中でイメージすることだ。

「私はいつもすごい人になりたいと思っていた。でもどういう人なのかを具体的に想像しておくべきだったのだ」――リリー・トムリン

どうなっているのか。理想のウェブサイトはどのようなデザインで、どのようなことができるものだろうか。息子との話し合いがうまくいった場合、彼らとの関係はどうなっているのか。

結果のイメージは単純な場合もあるし、そうではない場合もある。「コンピュータシステムの導入を完了させる」といった明白なものもあるし、細部に至るまで綿密に描きこまれた、まるで映画のような表現になる場合もある。

私が指導してきた経験からも、プロジェクトが成功したところを参加者に想像してもらうと、彼らのエネルギーが高まってきて、ユニークでポジティブな考えが次々と出てくることが多い。まずは「こうなったらすごいのではないか」と考えてみるのも悪くはないだろう。そうするうちに、答えが見えてくるものだからだ。

## ブレインストーミングをする

「なぜ」そのような結果を導き出したいのかが明らかになったら、次は「どのようにすればいいのか?」と考える番だ。思い描いた結果が現状と異なっていたならば、あなたの頭は自動的にこの思考に移っていくはずだ。これがブレインストーミングである。小さなアイデア、大きなアイデア、大してよくない考え、すごいアイデアなどが、ぽつぽつと頭に浮かんでくる。この思考プロセスはたいてい頭の中で自然と行なわれており、それだけで十分だったりもする。たとえば、上司に会いに廊下を歩いている間、何と報告すればよいかをあれこれ考える、といった思考だ。だが場合によっては、紙に書き留めるなどして、頭の外に出したほうがいい場合もある。そうす



「いいアイデアを得るには、多くのアイデアを出すことだ」──ライナス・ポーリング

ることで思考が大きく活性化され、生産的な結果が生まれることもあるからだ。

## アイデアを記録する

過去何十年かにわたり、創造的な思考を促す方法として、考えたことを図に描き出していくブレインストーミング法が紹介されてきた。マインドマップ、クラスタリング、パターニング、ウェビング、特性要因図などと呼ばれるものだ。こういった手法の考案者は「自分の手法はほかとは違う」と主張するだろうが、私たち利用する側にとってみれば、基本的な考え方はいずれも同じだ。つまり、どのようなアイデアでも自由に書き出してみて、そのアイデアが使えるか、それについて何をすればよいかを明らかにしていく手法である。こういった手法にはさまざまな利点があるが、何よりも効率性につながる。浮かんだアイデアを記録しておけば、もうそのアイデアを頭に残しておく必要がないからだ。

こういった概念や手法の中でもっとも普及しているのは、英国のトニー・ブザンが考案し、彼が命名した「マインドマップ」だろう。マインドマップでは、核となるアイデアを真ん中に書き、連想されることをそこから自由な形で周囲に派生させていく。たとえばオフィスを移転することになったら、パソコン、新しい名刺、いろいろな配線の変更、新しい家具、電話の変更、不用品の処分、箱詰めなどを考えつくだろう。こういった考えを図にしてみると、左ページのようになる。

頭は目標を達成するためのアイデアを欲しがるが、そのアイデアは最初はランダムに思い浮かぶ。

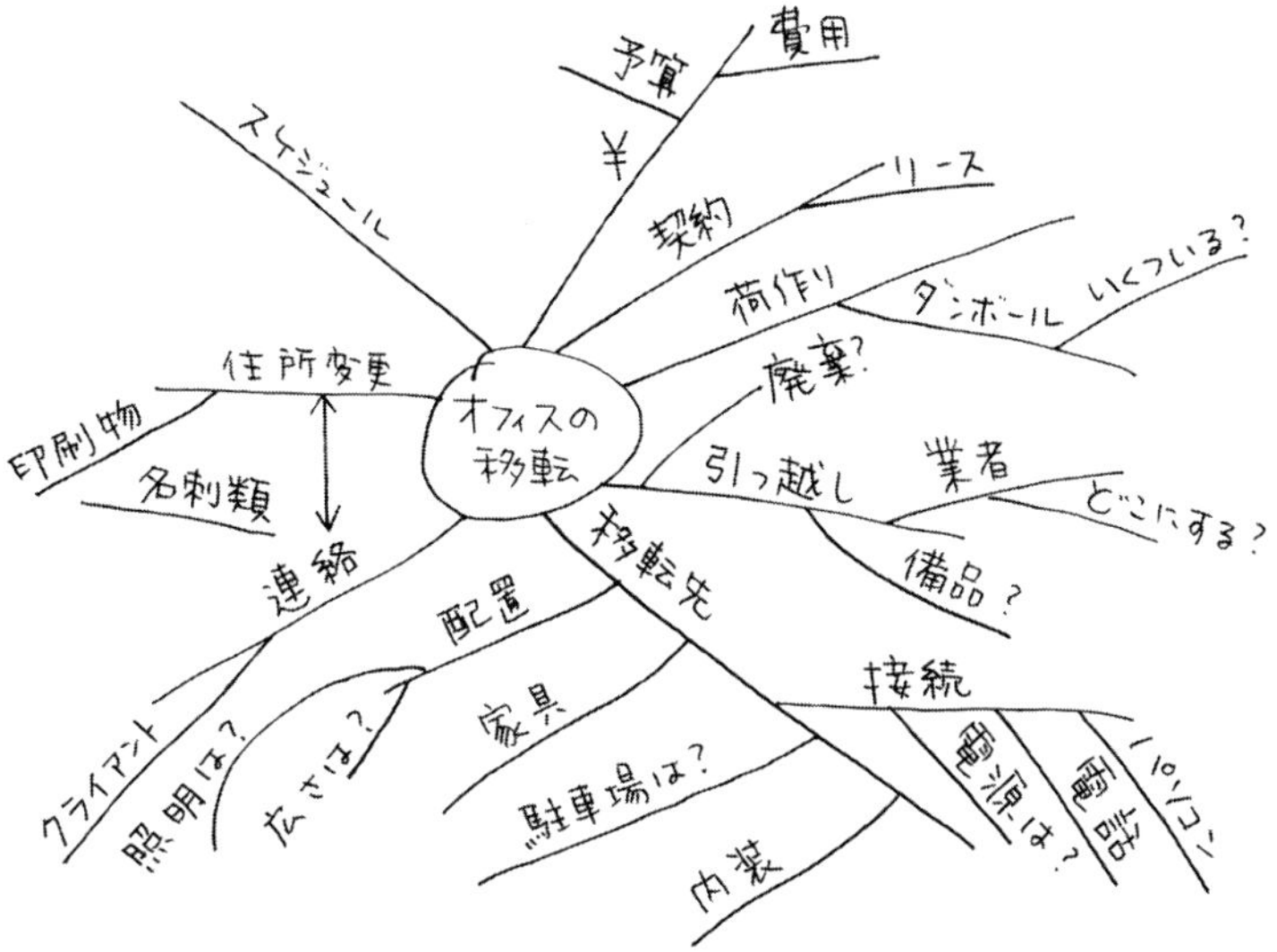

## 分散認知

ブレインストーミングのよい点は、元のアイデアをとっておけることに加え、それらを見直すことによって新たなアイデアが次々と浮かんできやすいことだ。頭が話しかけてくれるとしたら、次のような感じだろう――「うまく使ってくれそうな数だけしかアイデアは出さないよ。でも、何らかの確実な方法でそれらをとっておいてくれるならもっと出してもいいな。そうしてくれるならどんどん出すよ。はい、どうぞ！　そうだ、これもある。ああ、そういえばこれも！」

心理学者たちは、このような思考プロセスを「分散認知」と名づけている。頭から思考を追い出し、あとで確認できるように客観的な形式に置き換えること――つまり精神を外に拡張して「外部の脳」を作ることだ。私の高校の先生はこの理論を知らなかったはずだが、よく次の

「唯一のアイデアほど危険なものはない」――エミール＝オーギュスト・シャルティエ

ように言っていた。

「デビッド、君は大学に行って論文を書くことになるだろう。そのやり方を教えてあげよう。メモも引用も全部、別々の小さな紙に書き出してから自分の考えを整理するんだ。書いた紙を全部床に広げて、どう構成するのが自然かを考えてみるといい。それから、不足しているものがないかを考えるんだ」

エドモンドソン先生はまさに、ナチュラルプランニングモデルの骨組みを教えてくれていたのだ。

全体像が見えないまま、何のツールも使わずに一つのトピックについて考えようとしても、数分が限界ではないだろうか。30秒間だけ、今自分の抱えている大きなプロジェクトについて考えてみてほしい。ペンや紙を使ってアイデアを書き出してはいけない。そうなるとこれはかなり難しい作業になる。しかし、思考のためのツールがあれば何時間でも集中して考えることができる。だからこそ、パソコンやマインドマップ、あるいはテーブルの上にあるナプキンに考えていることを書き出してみたり、ホワイトボードと新しいマーカーが使える部屋で会議を開いたりすることが大事なのだ。

## ブレインストーミングのコツ

ブレインストーミングに代表される、独創的なアイデアを出していくためのテクニックにはいろいろあるが、基本原則は次のようにまとめられるだろう。

もっともひどいアイデアを出すことが、最良のアイデアを出す最善の方法であることもある。

・決めつけない、異議を唱えない、評価しない、批判しない
・質より量
・思考の分析や整理は最低限に

## 決めつけない、異議を唱えない、評価しない、批判しない

ブレインストーミングでは、短絡的にアイデアを評価したり批判したりする状況に陥りやすい。人にどう思われるかがすこしでも気にかかっていると自由な表現が阻害されて、「正しい意見を出さなければ」という考えが出てきてしまう。また、ブレインストーミングはプランニングプロセス全体の一つのステップであると理解してから行なうことが重要だ。「ブレインストーミングのためのブレインストーミング」になってしまうと、やる気が出てこないし、出てきたアイデアも的外れに感じられてしまう。ここで出たアイデアは次のステップで利用されるし、いずれ解決策にたどりつくのだと納得していれば、この作業に必要十分な労力を注ぐことができる。

なお、アイデアを批判してはいけないが、批判的な思考をしてはいけないという意味ではない。ブレインストーミングの段階においてはフェアな視点が必要だ。「そのアプローチではこの点に問題があるかもしれない」という意見があるなら表明してもよい。いちばん厳しくて批判的な意見が、もっとも優れたアイデアに転じることも多いものだ。自分がどのように感じているかを認識し、それを活用できるようにしておこう。肝心なのは、さまざまなアイデアを受け入れ、



プロジェクトのことがまだ気になるなら、もっと考えることだ。

幅広く拡散させていくことだ。アイデアを締めつけて思考を萎縮させてしまうのでは本末転倒である。

### 質より量

「まずはとにかく量を出そう」と心がけると、思考がどんどん広がっていく。いいアイデアがどんなものかは、実際にそれが出されるまでわからないことが多い。大きな店でいろいろな選択肢を考慮してから買ったほうが、自分の選んだものに自信をもてるのと同じことだ。たくさんのアイデアが出れば出るほど、選択の幅を広げるための好ましい下地ができてくるのだ。

### 思考の分析や整理は最小限に

思考を分析して評価し、整理することは、創造的で斬新なアイデアを出すのと同じくらい自由になされてよいものだ。だが、重要なことであるとはいえ、それを中心にブレインストーミングを進めてはいけない。

まずは、すべてを書き留めてブレインストーミングを続け、あとで不要なものを捨てて整理していけばいい。

## 思考の整理

ブレインストーミングを行なってたくさんのアイデアを出し、頭の中をすっかり空にできたら、自然とアイデアが整理されていることに気がつくだろう。私の高校の先生が言ったように、アイデアを全部頭から出して目の前に並べると、それらの関係性とその構造が見えてくる。今までのステップを経ることで、プロジェクトがおのずと整理されていくのだ。

プロジェクトが整理されていくには、それを構成する要素、物事が起こる順序、そして優先順位について認識していく必要がある。最終的な結果を達成するには何が行なわれなくてはならないか（構成要素）、それらはどの順番で行なわれなければならないか（順序）、プロジェクトの成功にいちばん重要なことは何か（優先事項）、といったことだ。

この段階では、封筒の裏を使って箇条書きにしてみたり、専用のソフトウェアを利用してみたり、さまざまなツールを活用してみるといいだろう。より客観的で厳密な管理をしていくには、プロジェクトの要素を階層的に表現できるツールや、何がどのような順番で起こるのかを把握できるガントチャートなどが必要だ。

創造的な思考はここで終わりではなくて、別の形をとってさらに続く。基本的な構造を認識することができたら、あなたの頭はそこに足りていないものを補おうとするだろう。たとえば、プロジェクトに関して必要となる三つの要件を並べてみたら、四つ目、五つ目の要件が思い浮かんできたりすることもある。

## 次にとるべき行動を判断する

プランニングの最終段階は、プロジェクトを実際に進行させるために必要な、物理的なリソー



生産性を高めるのに新しいスキルは必要ない。いつ、どこに行動を振り分けていくかを決める新たな行動様式さえ身につけられればいい。

スの配分だ。ここで考えるべき質問は「次にとるべき行動は何か?」である。

第2章で述べたように、(望んでいる結果を明らかにすることに加え)こういった現実的なレベルで考えることによって、実際にやらなければならないことが何なのかが明らかになってくる。私の経験では、プロジェクトプランニングのほとんどは、プロジェクトをリストにして、それぞれについて次にとるべき行動を常時把握することでまかなうことができる。このような地に足のついたアプローチをとると、さまざまな事柄を正しく見つめ直せるようになる。本当にこれをやりたいのか、責任者は誰だろう、これについてじっくりと考えただろうか、といった具合だ。行動を起こす必要があるプロジェクトの場合は、どこかの時点で次にとるべき行動を必ず判断しなければならない*。

「このプロジェクトについて具体的に何をしたらいいだろうか?」という質問に答えられることができれば、それについて十分に思考できたということだ。もし答えられなかったらナチュラルプランニングの前のステップに戻り、さらに考えを詰めていく必要があるだろう。

## プランニングをどこまでやるか

こうしたプランニングは、どこまで細かく詰めて、どの程度まで具体化すべきだろうか。答えは簡単だ。気になるプロジェクトが「気にならなくなるまで」である。

**頭の中に何かが残りつづけるのは、望んでいる結果と次にとるべき行動が明確になっていない**

*行動を起こす必要がないプロジェクトだったら、次にとるべき行動については考えなくてもよい。たとえば、将来の夢として描いているマイホームの設計などがこれにあたる。次にとるべき行動が存在しないものは「いつかやる/多分やる」に分類しておこう。

**か、それらのリマインダーを定期的に見直すことができるシステムで管理されていないことが原因である。**

私の経験からすると、プロジェクトの80％は単純なものだ。株のディーラーを探しているなら、友人に電話して名前を教えてもらえばいい。家で使うプリンターが欲しければ、インターネットで機種や価格を調べればいいだろう。プランニングモデルをきっちりあてはめてもいいが、こうした単純な作業は頭の中でさっと考えて行動し、完了させていけばいいだろう。

ただ、プロジェクトの残り20％のうち15％くらいは、頭の中だけで考えずに、手を使ってアイデアを書き出していく作業が必要だ。マインドマップやワープロといったツールでアイデアを出していくといい。会議の議題や休暇の日程、セミナーでのスピーチなどはこれで十分だ。

そして最後の残り5％は、プランニングプロセスのそれぞれのステップでじっくり思考し、完成度を高めていく作業が必要になる。何か明らかになっていない部分、もっと思いきった行動が必要なものに関しては、再度それぞれのステップをやり直してみると効果的だ。

## 自信がないとき

なんだかもやもやとした感じが残るときは、ナチュラルプランニングの手順をさかのぼっていくといい。方向性がはっきりしないまま「次にとるべき行動」ばかりに追い立てられているという人は多いが、そうしたときはそもそものアイデアに立ち返って「思考の整理」をしてみるといい。プランニングそのものが不明瞭な場合は「ブレインストーミング」で十分なアイデアを出し、もっと信頼できるプランにすることが突破口になるかもしれない。ブレインストーミングをしても思考がすっきりしないなら、「結果のイメージ」に戻るべきだろう。結果のイメージがはっきりしないなら、そもそもの「目的」を考えてみるとうまくいく。

## やる気が出ないとき

計画を立てたあと、どうにもぐずぐずしてしまうのならば、ナチュラルプランニングモデルを最初からやり直してみることだ。「目的」ははっきりしていても、結果の細部までイメージするのが面倒だと感じている人も多い。たとえば職場環境を改善したいと思っていても、具体的にどういう状態にしたいかがわかっていないこともある。そうしたときは、「望んでいる結果はどうなっているか」と自問し、細部までしっかりイメージしてみるとうまくいく。

イメージが明確なのに先に進まないという人は、「ブレインストーミング」で〝どのようにやるべきか〟を見直すといい。私のクライアントには、「新しい評価制度を導入する」といった比較的明快なプロジェクトを引き継いだものの、〝どうやるべきか〟を十分考えていなかったために作業が進んでいないという人がいた。

ブレインストーミングをしても立ち往生してしまうときは（理想を掲げたようなプロジェクトに多い）「思考の整理」に進み、それぞれのアイデアを評価して何が本当に重要なのかを見極めるといい。たくさんの会議を繰り返してアイデアはたくさん出たものの、どこから手をつけるべきかがはっきりしていないようなケースにはとくに有用だ。

何をすべきかの計画ができているのにプロジェクトが進まない場合は、「次にとるべき行動は何で、誰がやるべきか」を明らかにすべきだ。以前、年次総会の準備を引き継いだ女性幹部から「去年みたいにスタッフが連日徹夜をしなくて済むようにしたいのだけど……」と相談されたことがあった。そこで、彼女の計画をざっと聞いたあとに「今すぐ進められるのはどれですか」と尋ねてみた。すると、いくつかは今すぐ進められることがわかった。そして、それぞれについて次にとるべき行動を決めたところプロジェクトが前に進みはじめ、前年のような事態を回避することができたのだ。

前章と本章では、リラックスしつつも最小限の努力で最大限の生産性を発揮し、状況をコントロールしていくための基本的なモデルを紹介してきた。

GTDの基本はすでに述べたとおりである。「気になること」をすべて把握し、それぞれを見極め、その結果を整理して更新し、行動を選択していくというものだ。また、さらにうまくやりたいならばナチュラルプランニングモデルの5つのステップを意識的に適用していくこともできる。多くのプロジェクトはこのモデルを当てはめることによって、より生産的に進めていけるようになる。

これらのモデルはシンプルで、実行するのも簡単だ。しかも実行すれば、驚くような結果が得られる。とくに新しいスキルを学ぶ必要もない。あなたはすでに紙とペンを使って書くことができるし、結果をイメージしたり、次にとるべき行動を決めたりすることもできる。物事をカテゴリーに分け、確認し、直感的に選択することもできるだろう。うまくいったときのイメージを思い浮かべ、ブレインストーミングを行ない、考えを整理して次の行動を起こしていく能力は、誰にでも備わっているものなのだ。

ただし、やり方がわかっていてもすぐに結果を出せるとは限らない。ある程度の訓練が必要だ。より詳細な手法やテクニックを学習し、新しい習慣が身につくようにしていくべきだろう。第2部では、そのあたりを見ていくことにしよう。

# 第2部 ストレスフリー環境で高い生産性を発揮しよう

# 第4章

# さあ、始めよう

## 時間と場所、ツールの準備

第1部では、主にGTDの概念を説明してきた。ここからは具体的にGTDをどのように実践していくかを、さまざまな事例と共に紹介していく。ここに書かれていることを実践したあとには、これまでに経験したことのないような解放感と充実感が待っているはずだ。できるだけスムーズに日々の生活にGTDを取り入れ、さまざまなテクニックを最大限に活用できるよう、ステップごとに詳しく説明していこう。

ここからの詳細については、一度読んだだけではうまく飲み込めないものもあるだろう。GTDを完璧に理解して実践していくには、まるまる2日ほどはかかるだろう。そのための手順を説明していこう。より高いレベルでGTDを実践するための情報やアイデアも提示していくので、ことあるごとに見返してみるのもいいだろう。

## 導入編・徹底的にやるか、気楽にやるか――〝小ワザ〟から入るもよし

ＧＴＤを徹底的に実践しようかどうかまだ迷っているという人もいるだろう。しかし、それほど大袈裟に考える必要はない。多くの人がいちばん恩恵を受けるのは、ＧＴＤのちょっとした〝小ワザ〟である場合もある。自分に合った小ワザが一つ見つけられるだけでも価値があるはずだ。私が実施している2日間のセミナーでは、「2分ルールがすごいと思った」という感想をよくもらう。この種の小ワザは、脳のあまり賢くない部分をサポートしてくれるテクニックである。これらを駆使することで本当に頭を使うべき仕事に集中できるようになる。

もし、あなたが私と同じように、運動はしたいが毎日やるのは難しいと思っているタイプなら、自分の背中を押してくれる小ワザを使ってみるといいだろう。私の小ワザは「まずは服を着替える」である。やる気が起きなくても、運動用の服に着替えてしまえば、それだけで運動する気になってくる。逆に、普段着ている服のままだと、別のことをしたくなってしまう。

では、生産性に関する小ワザはあるだろうか。明日までにやらなければならない仕事を家に持ち帰った経験はあなたにもあるだろう。夜遅くまで仕事をして、その書類を翌朝に絶対に忘れてはならない、というときにあなたはどうするだろうか。忘れないように、玄関やカギの上に置いたりしたのではないだろうか。これはちょっとしたことではあるが、実に高度な「仕組み」である。あなたの脳の賢い部分は、朝はあまりうまく頭が働かないことを知っているので、書類を忘

「いい気分になる行動をするのは簡単だが、よい行動にしようとする気持ちをもつのは難しい」――Ｏ・Ｈ・マリアー

れないための対策をとったのだ。そのおかげで朝には「あれ、玄関に何かあるぞ……そうだ、こいつを会社にもっていかないと！」と気づくことができるのだ。

これは実にスマートなやり方だ。「玄関に置いておく小ワザ」と命名してもいい。**ＧＴＤも同じ考え方に基づいている。こうした「頭が自動的に反応する仕組み」をどう構築するかが重要なのだ。**

カレンダーを目の前に置いて、今後２週間の予定にじっくり目を凝らしてみてほしい。おそらく一つくらいは「ああ、だったらこれもやらないと！」というものを思いつくはずだ。こうしたものについて自然と行動を促す「仕組み」さえ作っておけば（カレンダーにリマインダーを書いておくだけでもいい）、頭がすっきりして気分もよくなり、高い生産性を発揮できるようになる。別に難しいことではない。これもちょっとした小ワザの部類に入るものだ。

１枚の紙と使いなれた筆記用具を用意して、今いちばん期待をかけているプロジェクトのことを３分間考えてみてほしい。少なくとも一つは「そうだ、これもやらないと」というものが思い浮かぶはずだ。頭に浮かんだことを紙に書き、そのアイデアが役に立ちそうな場所に置いておこう。そのときの気分はどうだろう。おそらくすこしだけ気分がよくなったのではないだろうか。あなたは10分前と比べて賢くなったわけではない。しかし、あなたの仕事や人生は、確実に一歩前進したはずだ。

ＧＴＤの達人になる秘訣は、適切なツールをしかるべき場所に設置することで、適切なタイミングで行動を起こしやすいように仕向けることである。これはあなたが思っているほど難しいこ

創造的で生産的な思考と行動を効率よく行なう秘訣は、適切なタイミングで適切な物事に注意を向けることだ。

とではない。

ここからは、こうした仕組みづくりの詳細について具体的にアドバイスしていこう。いずれも我々の経験から生み出されたものであり、GTDの実践におおいに役立つことだろう。

説明をしっかり読んで、すべて書かれているとおりに実践してみてほしい。全部をやったほうが効果が高いのは言うまでもない。これまでとは違うアプローチで、やるべきことがどんどん片付いていくことに、あなたはきっと驚くことだろう。

## まずは時間を確保する

GTDを始めるにあたっては、まとまった時間と作業ができる場所、さらにいくつかのツールが必要だ。作業を行なう場所は快適なところを選ぼう。そうすれば心理的な抵抗が少なくなり、作業がぐっとはかどるはずだ。一般的には、2日まるまる確保するのが理想的だ。なかなか時間がとれない人は、2日空くのを待つ必要はない。先延ばしするくらいなら短い時間でもやったほうがいいし、GTDの原理やテクニックの効果はそれで十分体感できる。「把握する」作業を完全にやると、6時間以上かかる場合もある。次に、把握したことのすべてを「見極める」作業を行なって「次にとるべき行動」を決定し、外部のシステムに預けるには、さらに8時間はかかるだろう。もちろん何回かに分けて「把握する」作業と「見極める」作業を実行することもできるが、最初にやるときは一気にやってしまうほうがラクである。



「恐れることなく思い切って大きな一歩を踏み出せ。小さな二歩で岩の裂け目を渡ることはできない」
——デビッド・L・ジョージ

私がビジネスパーソンを指導するときは、できるだけ週末や連休を利用する。外部からの邪魔が入らないからだ。平日に行なう場合は、何の予定もないことを確認し、なるべくＧＴＤに集中できる態勢を作ってもらう。電話を留守電にしたり、秘書に受けさせて休憩中に内容を伝えてもらったりもする。アフターファイブはあまりお勧めしない。気力が落ちていることが多いし、脱線しやすくなるからだ。[*1]

私がよく指導する経営者たちにとって、２日という時間の確保がいちばんの難関であることが多い。会議やら電話やらが常に入ってくる状況から自分を切り離すことが難しいのだ。週末を利用することが多いのはそのためである。

ただ、必要以上に面倒だと思わないでほしい。何も神聖な儀式を行なうというわけではない。単に大量の「気になること」を把握し、どうするかを判断するにはかなりのエネルギーがいるというだけだ。長い間放置されていたり、停滞していたりするものに取り組むならなおさらだ。この作業の途中で邪魔が入ると、かかる時間が倍になることもあるので注意が必要となる。最初の１回がもっとも重要だ。一定の時間を確保し、一気にこの作業を片付けられれば、大きな達成感と解放感を得ることができる。新たなアイデアと活力も湧いてくるだろう。最初にそこさえ突破できれば、それ以降は仕事の合間などに、より短い時間でシステムを維持できるようになる。

## 場所を確保する

まるまる2日使っても、生産性が高まってストレスから解放されれば、その何倍もの時間を節約したことになる。

---

*1 アフターファイブは通常業務中になかなか時間のとれない、こまごまとしたタスクに充てるのがよい。溜まった書類のファイリング、デスクの引き出しの整理、休暇のための情報をネットで調べる、領収書の整理などだ。

ＧＴＤを実践するには、まずは物理的な場所が必要だ。そこがあなたの整理システムの司令塔になる。職場にデスクがある人はそこで始めよう。在宅で仕事をしているなら自宅でやるといい。両方で仕事をしているならば、どちらにも同じような整理システムを作ることをお勧めするが、どちらか片方をメインで使うことになるだろう。もし、そういった場所がないというのであれば、何とかして作ってほしい。モバイル環境で仕事をしていたとしても、拠点となる場所がどこかにあるはずだ。まずはメインとなる作業空間を決めてから始めていくのが望ましい。

作業をするのに最低限必要なのは、机などの筆記ができる場所と、入ってくる書類などを受ける場所である。そして、多くの人にとってはパソコンなどのデジタルツールを置く場所も必要になるはずだ。仕事によっては、もっと広い場所を確保している人もいるだろう。主婦・主夫の場合はさほど広い場所は必要ないが、メモや郵便物、家族のさまざまな活動、家計などを処理するための専用スペースを確保することが重要だ。たいていの場合、キッチンや廊下、食卓、本棚などに雑多なものが散らばっており、何が何だかわからなくなっていることが多いからだ。

電話、携帯電話の充電器、パソコン、積み重ね式トレイ、そしてファイリングキャビネットや資料棚などが必要なら、机のサイズもそれにあわせて大きなものが必要となってくる。ほかにも、プリンターやホワイトボード、電話会議用の機器などをそろえている人もいるだろう。完璧主義者なら、ちょっとした運動器具や趣味の道具までそろえているかもしれない。

こうした機能的な作業空間は絶対に必要である。それがない人は、今すぐ確保してほしい。すべてを管理するこうした拠点がないと、ＧＴＤはうまく機能しない。



職場と自宅に自分専用の作業空間を確保しよう。移動時にも確保できれば申し分ない。

今すぐこうした空間を作れと言われたら、私ならまず板を買ってきてファイルキャビネット2台の上に渡し、その上に3段のトレイと、レポート用紙とペンを置く。これが私のGTDの基地となる（もちろん座るならイスも必要だ）。信じられないかもしれないが、このような最低限の機能をもった作業空間すらない企業の役員に、私は何人も会ってきた。

## 自宅にも拠点が必要

自宅の作業空間にも手を抜かないでほしい。実際にやってみるとわかってくるが、自宅にも職場と同じ整理システムが必要だ。私が指導してきた人の多くは、自宅が職場のように機能的ではなかったので、職場と同じ状態にするだけで大きな成果を得ることができた。あなたも同じタイプなら、週末を使って自宅の作業空間を整えたほうがいい。驚くほど整理がはかどるはずだ。

## 移動時の作業空間

出張が多い人やモバイルでの作業環境に慣れている人は、移動中のミニオフィスも欲しくなるはずだ。通常は、間仕切りのあるカバンやファイル、そしてちょっとした文房具などがこの役目を果たしてくれる。

多くの人は、移動中や外出先での「スキマ時間」を活用しきれていない。そのせいで、生産性を上げる機会をムダにしてしまっている。ＧＴＤの手法とそれにあった適切なツール、そして職場と自宅の整理システムがうまく連携していれば、こうした「スキマ時間」をきわめて有効に活用できるようになる。テクノロジーの進歩により、モバイル機器の性能が劇的に向上し、世界中どこにいても高速インターネットが利用できるようになった。このようなデジタルツールで人生を管理できるようになってきたのは間違いない。ただし高機能なツールが登場したことによって、情報の管理が難しくなってきたという側面もある。自分にあった適切なツールを慎重に選んでいこう。そうでなければ、現代のモバイル環境を有効活用できないどころか、生産性が低下し、さらなるストレスを抱え込んでしまう危険性もある。

## 空間の共有は避けよう

作業空間は自分だけのものでないといけない。少なくとも、書類や物理的なものを処理するスペースは自分専用のものを用意しよう。私が仕事で出会った夫婦の多くは一つの机を共有していたが、机を二つにするだけで効率が飛躍的に向上した。別々にすることに不安を覚える人も多い。しかし、実際にやってみると、机を共有していたときの細々としたストレスからすっかり解放されるようになる。ある夫婦は、キッチンにも奥さん専用のミニスペースを作り、リビングの子どもを見ながら彼女が仕事の処理をできるようにしてしまったぐらいだ。

会社によっては、ホテリングシステムと言って、従業員がどこでも好きな机を使って仕事ができるようにしているようだ。この場合、「自分の机」にこだわらずに作業ができる環境になっているため、オフィスの空間を有効活用できるというメリットがある。だがこのようなシステムが機能するには、従業員がどこかに「自分だけの場所」をもっていることが前提となる。実際にホテリングシステムを試して失敗したケースがあるが、それはこの前提が守られていなかったせいだ。

効率的な整理システムを運用していくには、自分だけの場所がなければ落ち着かないだろう。日々舞い込んでくる「気になること」を、どこでどのように処理していくかがコロコロ変わるようでは集中できるわけがない。「付箋紙はどこだっけ?」「あれ、ホチキスは?」となってしまうからだ。

慣れてくれば、どこであろうと最小限のスペースでやるべきことを見極められるようになる。しかしそれでも「自分だけの拠点」が必要だ。そこには使いなれたツールと、資料などを置く十分なスペースがなければならない。さまざまな資料を入れておくのに、少なくとも二つの引き出しが必要だろう。

デジタルスキャナーの普及やテクノロジーの著しい進歩を考えると、ありとあらゆる資料をクラウドに保存し、どこにいても必要なときに取り出せるようになる日がいつかは来るだろう。だがそれはまだ先の話だ。パスポート、ミラノへの旅行で残ったユーロ紙幣、一時的に保管しておきたい紙の文書など、紙が最適な媒体であるものはまだまだ存在している。それがなんであれ、こういった資料などをすべて保管しておいて、いつでもすぐに取り出せるようにしておこう。

## ツールをそろえる

ＧＴＤを完璧にやりたい人は、最初に基本的な道具をいくつかそろえておく必要がある。ツールは別に高価でなくてもかまわない。普通のものを使えばよい。いかにも「エグゼクティブ向け」のムダに高価なものは、実際にはあまり使えないケースが多い。

## ＧＴＤの基本ツール

一からすべてそろえるとするならば、机の上に必要なもののリストは次のような感じになるだろう。

・書類受け（３段以上）
・Ａ４の紙
・ペン
・付箋紙
・ペーパークリップ
・ホチキスと針
・テープ
・輪ゴム
・ラベルライター
・ファイル、バインダー

・カレンダー
・ゴミ箱、リサイクルボックス
・今使っているツール類。モバイル機器、パソコン、システム手帳、メモ帳など。

**書類受け**

入ってくる書類や出ていく書類の置き場所に使う。それらとは別に、作業中の仕事に関する参考資料や、「読まないといけない書類や報告書」などを入れておくトレイも用意しよう。上に積み重ねていくことができるもので、引き出しではなくて、そのまま書類を出し入れできるものが便利だ。

**A４の紙**

最初の「把握する」プロセスでは紙が必要になる。ある考えが浮かんだときに、それを一つにつき1枚の紙に書き出すだけで驚くような効果がある。ほとんどの人は1枚の紙にリストを作ってアイデアや考えをまとめがちだが、物理的に紙を分けておくと、そのあとのステップが格段に実行しやすくなる。いずれにしても、入ってきたものをいつでも書き留められるように、A４の紙を大量に用意しておくこと。

**付箋紙、クリップ、ホチキスなど**

付箋紙、クリップ、ホチキス、テープ、輪ゴムなどは、紙類をまとめて保管するのに役に立つ。デジタルツールに押されがちとはいえ、アナログツールはまだまだ健在である。整理にはこれらのシンプルなツールが有効だ。

**ラベルライター**

整理システムにおいてはこのツールが絶大な効果を発揮する。私がこれまで指導してきた多くのプロフェッショナルたちはラベルライターが手放せなくなり、「こんなに便利だとは知らなかった！」ともらしている。ラベルはファイルやバインダーなど、さまざまなものに貼ることができる。

単体でラベルを打てるもの、あるいはパソコンと連動してその場で簡単にラベルが作れるものがお勧めだ。うまく活用すれば整理が素早くラクにできるようになる。

**ファイル、バインダー**

ファイルやバインダー類も大量に用意しておくといいだろう。茶封筒をファイルがわりにしてもいい。ファイルを色分けする方法もあるが、煩雑になってしまって意外に使えない。こうしたファイリングシステムはできるだけシンプルにすることだ。



「やるべきこと」を見極め、整理する方法さえわかってしまえば、あとはリストを作って管理するだけである。

## カレンダー

済んでいないことを把握するだけならカレンダーはいらないかもしれないが、カレンダーに書く必要のある行動は必ず出てくるはずだ。のちに詳しく説明するが、カレンダーには特定の日時に〝必ずやらなくてはいけないこと〟を記録していくことになる。

現在はプロフェッショナルのほとんどが何らかのカレンダーをもっている。ルーズリーフ式のシステム手帳、モバイル機器のスケジューラー、会社全体で使うグループウェアのカレンダーなどがある。

こうしたカレンダーを整理の中心に据えている人も多い。特定の日時に関わる情報やリマインダーを管理するうえで、カレンダーが強力な武器となることは間違いない。ただ、カレンダーに情報やリマインダーを記入すればそれで終わりというわけではない。もっと広い視点から、GTDのシステムに組み込んでいく必要がある。

どのカレンダーにするか迷っている人は、次章をごらんいただきたい。今はとりあえず、手持ちのものでかまわない。システム全体の感覚がつかめてくれば、新しいカレンダーを選ぶ基準もわかってくる。

## ゴミ箱、リサイクルボックス

GTDを始めるといろいろなものが不要になるため、ゴミ箱を用意しておこう。私が指導したエグゼクティブの中には、オフィスのすぐ外に大きなゴミ箱を置くようになった人もいる。

## システム手帳、デジタルの管理ツール

システム手帳やデジタルの管理ツールを使うかどうかについては、判断のポイントがいくつかある。あなたがそもそもシステム手帳を使いたいと思っているかどうか。行動に関するリマインダーをどのように管理したいか。ＴｏＤｏリストをどこでどのぐらいの頻度で見直すか。そうした基準で判断していくべきだろう。

前のセクションで紹介したアナログの道具類は、「把握する」「見極める」「整理する」のステップを行なうときに使うことができる。「把握する」ステップでは、書類受けや紙を使っていく。インボックスを「見極める」ステップでは、２分以内にできることにいくつも対応することになるが、その際に付箋紙やホチキス、クリップなどが必要になるだろう。雑誌、記事、報告書など、２分以内で読めないさまざまな文書は別の書類受けに入れることになる。その他にも、ファイルに分類しておきたいものがたくさんあるだろう。あとはプロジェクトのリストを把握しつつ、カレンダーを活用したり、行動のリマインダーをまとめたり、連絡待ち事項を把握しておかなくてはならない。それらを行なっていくには、なんらかのリストや分類のための方法が必要になってくる。

多くのシステム手帳やデジタルの管理ツールは、電話番号や住所録といった情報を管理できるだけでなく、リストの管理ツールとしても優秀だ（カレンダーもある意味リストである。時間軸



生産性を高める小技の一つは、使いやすい整理ツールを使うことである。

に沿って項目が並んでいるというだけだ）。20世紀の後半から現在までに発売されたシステム手帳やデジタルツールは、おそらく数千種ほどになるはずだ[*2]。

どのツールでGTDを実践するかで迷っている人もいるだろう。今使っているツールがよいのか、それとも新しいツールを導入すべきだろうか。結論から言うとどちらでもよい。要は新しい習慣を身につけられればいいのだ。あなたにとって効率のいい方法を考えてみるとよい。デジタル情報をたくさんもっている人なら、デジタルツールのほうが便利だろう。多忙な毎日の中でかけなければならない電話のリマインダーはどこでどう見直すのが最適か、といったことも考慮すべきだろう。また、ツールのデザインや楽しく使えるかどうかなども大事なポイントだ。ただし覚えておいてほしいのは、ストレスフリーの整理術を実現するのはツールそのものではないということだ。どのようなツールを用いるかは成功のために非常に重要だが、それだけでうまくいくわけではない。**GTDを実践していくのはあなた自身であることを覚えておこう。優れたハンマーをもっているだけでは優れた大工にはなれない。優れた大工が優れたハンマーを使いこなしているのだ。**

システム手帳やデジタルの管理ツールを選ぶときには、その目的が〝リスト管理〟であることを忘れないようにしよう。リストは随時更新し、定期的に見直す必要があるので、それがラクにできるものを選ぶことだ。その条件さえ満たしていれば何を使おうとかまわない。あとはシンプルさとスピード、楽しく使えるかどうかで決めるといい。

スピーディで機能的なことに加え、“楽しい”の要素がないと使うのが面倒になる。

シンプルで手の届きやすい一般資料のファイリングシステムさえあれば、あとは好きなだけ情報を保管していくことができる。

---

＊2 初版の刊行以降、GTDの手法を取り入れたソフトウェアが数多く開発されている。こうしたツールは基本的にはTo Doリストやタスクを管理するツールであるが、高度な機能が実装されていたり、使いやすいようにインターフェースも工夫されている。

## ファイリングシステムの条件

整理システムは、シンプルかつ機能的であることが絶対条件である。ほかの人の仕事のやり方をチェックするときに私がまずやるのが、ファイリングシステムの評価だ。第2章で述べたように、資料をたんまりとしまいこんだファイリングシステムが仕事の流れを妨げていることが多いからだ。私が指導してきた経営者の多くも、ここを直すことで状況が驚くほど改善した。うまく機能するシステムがないと、物理的なスペースと頭のスペースがごちゃごちゃになってしまう。もしかしたら重要かもしれないと思えるあらゆる資料が、見極めも整理もされないまま残っていると、心が悲鳴をあげはじめる。そうなると、GTDの流れが滞《とどこお》り、パイプが詰まるかのように仕事が停滞してしまうのだ。

私は幾度となく、クライアントと近くの事務用品店に赴いてファイリングキャビネットと大量のファイル、ラベルライターを購入し、机やサイドデスク、ひどいときには床に散らばっているこまごまとしたものを整理した。この効果は絶大で、ひとしきり整理が終わると、仕事において集中的にやるべきことがはっきりわかるようになった。

ここでとくに問題になるのは、一般資料のファイリングである（特別な資料、契約書や財務関係書類などはそれぞれ個別のファイルに保管しておけばいい）。一般資料とは、記事、パンフレット、紙、メモ、印刷された各種文書などをはじめ、チケットや鍵、店の会員証、USBメモリーなど「資料」以外のものも含まれる。気になる情報や有用なものだが、専用のファイルを作るまでもないもの、もしくは、ソフトウェアの分厚いマニュアルやセミナーのバインダーのように単独で棚に置くほどでもないものがこれにあたる。

あなたがデジタルツール派ならば、紙のファイルやフォルダの類はもはや必要ないと思うかもしれない。たしかに将来的にはすべてがデジタル化し、パスポートや出生証明書、キッチン家電の取扱説明書、診療記録、いつか使う予定の外国の紙幣などを保管しておく物理的なファイルが不要になる可能性もある。だが実際にその日が来るまでは、こういった資料をきちんと整理しておくことができる物理的な場所が必要だ。

資料のファイリングを任せられる秘書やアシスタントがいれば、書類に「何々にファイル」という付箋を貼って渡しておけばいい。ただ、そうした幸運に恵まれていなかったり、そもそも誰かに任せるようなことができなかったりする場合（機密情報などを扱っている場合）は、やはりデスクやその近くに自分だけの整理システムが必要になる。

デジタルな情報が入ってくる場合でも同様に、次々と入ってくる一般資料を入れておく場所がパソコンやモバイル機器に必要だ。多くの人は、メールソフトの受信箱をとりあえずの置き場所として使っているが、これでは情報を管理できているとは言えない。「息子の学校行事のことが書いてあるのでこのメールをとっておかないと」と思ったら、受信箱に放置せずに「ロバート」「学校のスケジュール」といったフォルダをさっと作って入れておこう。便利なソフトウェアはたくさん登場してきているが、整理システムにどう組み入れていくかを考え、一般資料を無理なく適切な場所に振り分けられるやり方を確立していく必要がある。私は、一般資料を管理するためのアプリケーションを導入する際、3カ月間さまざまなやり方を試してみて、自分にとって最適な整理方法を確立した。そして、「クルーズコントロール（自動的に物事がうまくいっている状態）」の域に達するにはさらに3カ月かかった。今ではこのシステムのことについて深く考えることなく、ただ自然に使いこなすことができている

## ファイリングのポイント

それがアナログだろうがデジタルだろうが、手近なところに自分専用のファイリングシステムがあるのとないのとでは大きな差が出てくる。そうしたシステムがあれば、書類受けから気になっているものを取り出したり、メールを印刷したりしてそれについて判断し、適切な箇所に分類していくのに1分もかからないだろう。また、書類をスキャンして保存したり、情報をあちらからこちらへコピーしたりするようなデジタル処理についても同様だ。アナログ、デジタル共に、ファイリングシステムを整えることを強くお勧めしたい。人によっては紙の資料よりもデジタル資料のほうが多かったり、その逆の場合もあったりするだろう。だが、デジタル、アナログの両方において合理的なシステムを整えておけば、役立つかもしれない情報を逃したり、とっておきたい情報が誤った場所にいってしまったり、といった事態を避けることができる。

ファイリングシステムが非効率的で、整理に1分以上かかるようだと、その書類やメールは放置されてしまう。ファイリングシステムは、迅速かつ簡単に、しかも楽しく扱えることが重要だ。また、いつでも最新かつ完全な状態にシステムを維持しておくことも同じぐらい重要であ

る。これらの条件が満たされていないと、ファイリングが面倒なので、そもそも書類に目を通す気が起きなくなり、システムが機能しなくなる。今、そういう状況になってしまっている人も多いだろう。しかし、機能的なファイリングシステムを手に入れさえすれば、整理するのが楽しくなってきて、仕事の効率が飛躍的に向上する。実際、私はそういうクライアントをたくさん見てきた。

たった1枚の書類（あるいは走り書きのメモ）を保存するために新しいフォルダを作らなくてはいけない、といった場合でも、気楽にファイリングができなくてはならない。フォルダの作成と整理にはエネルギーがいるため、多くの人はフォルダを作らなかったり、キャビネットや引き出しに未整理のまま放置していたりする。出前メニューや列車の時刻表やらが引き出しに放り込まれてごちゃごちゃになっている人も多いかもしれないが、これではいけない。

ファイリングシステムは常時改善していこう。気軽に使えるようにするための、ちょっとした工夫はどんどん行なうべきだ。私が作り上げたシステムは大変機能的で、ほかの人にも好評である。私が気をつけているいくつかのポイントを以下に挙げてみよう。

## 一般資料のファイルは手の届く範囲に

ファイリングは手早く、簡単にできないといけない。紙1枚をファイルするためにいちいち席を立たなくてはならなかったり、デジタル文書を保存するためにパソコンのあちこちをいじらなくてはならなかったりするようでは、情報が整理されないまま積み上がっていってしまう。さらに悪いことに、整理が必要なものがそこにあるという潜在意識のせいで、書類受けそのものに手が伸びなくなる。私が指導した多くの人は職場を見直し、今ではイスを回転させるだけで手が届く引き出しに一般資料を整理できるようにしている。

## 整理システムは一つにしぼる

私は、アナログの一般資料を管理するために、AからZまでのラベルがついたシンプルなファイリングシステムを一つだけ使っている。プロジェクトや分野ごとに細かくフォルダを分けて整理してしまう人も多いが、あまりに数が多くなると置き場所を忘れて見つからなくなってしまう。このあたりはバランスが必要だ。留意すべきは十分な保存スペースがあるかどうか、そして必要なときにさっと情報を取り出せるかどうかである。あとは個々人のニーズにあわせて自由にすればいい。

たとえばフォルダをトピック、プロジェクト、人物、会社といった大きなくくりにして単一のシステムで管理すれば、保管場所は三つか四つになり、場所がわからなくなることはない。ガーデニングなら、「ガーデニング——植木鉢」「ガーデニング——アイデア」といったようにサブカテゴリーを作っておいて、それらをまとめて〝トピック〟のGのところに入れてもいい。サブカテゴリーはさらに細かくすることもできる。デジタル情報に関して言えば、技術の進歩により検索がぐっと簡単になり、キーワードによるタグ付けもできるようになって、欲しい情報がさっと取り出せるようになった。ただし、情報を保存する方法や媒体に関する選択肢が多すぎるため、こうした利点も複雑さと混乱を招きかねない。コンピュータの能力はたしかに素晴らしいが、その柔軟性の高さゆえ、自分にとって扱いやすい、シンプルな手法を確立することが余計に難しくなっている。デジタル情報においても、ぱっと見てわかる論理的な分類（理路整然としたいくつかのフォルダに分けるなど）がなされていると効果的だ。試行錯誤を繰り返して使いやすいシステムを構築していくべきだろう。

デジタル派の人にとっての最大の問題は、情報を保存しておくのがあまりにも簡単なために、「とりあえず保存しておこう」となってしまいがちなことだ。情報を集めておきながら、実際には有効活用できていないのである。膨大な情報をただ保管しておくのではなくて、常に有効活用できるようにしておくには意識的な努力が必要だ。私の経験からすると、「検索できるんだから整理しなくたって大丈夫」と考えるのはお世辞にも最適なシステムとは言えない。膨大な情報であっても、何らかの効果的な方法で分類し、全体をさっと俯瞰できるようになっていなければならないのだ。

## 必要なときに新しいフォルダを作れる状態にしておく

私は新しいフォルダを大量にストックしておいて、書類受けの中身を「見極める」ときに手を伸ばすだけで使えるようにしてある。新しい情報をファイルしたいときに手元にフォルダがないのは非効率的だからだ。

デジタル情報の場合、分類のためのフォルダがさっと作れるように、活用しているアプリケーションの操作方法を確認しておこう。

## 中身が詰まりすぎないようにする

引き出しは4分の3以上にならないようにしよう。これ以上になったら危険信号だ。いっぱいになってしまうと、もう入れられないという潜在意識のせいでデスクに放置しがちになる。私の場合、引き出しが窮屈になってきたら、電話で待たされている時間などを使って不要なものをどんどん捨てることにしている。デジタルツールの場合は、ストレージの容量を確認し、必要に応じて要《い》らないファイルを処分していこう。

溜め込んだ情報を減らすことに抵抗を覚え、キャビネットを増やそうとする人もいる。しかし、考えてみてほしい。これらの情報は使いたいときにさっと使えるから価値があるのであって、それができないのなら置いておく意味はない。

整理システムをより機能的にしたいなら、あまり使わない資料は別のところに保管しておいてもよい。すでに終了したプロジェクトのメモや過去のクライアントのファイルはあとで必要になるかもしれないが、仕事場以外の場所に保管しておけば十分だ。

## ラベルライターでファイルに名前を付ける

物理的な資料の量がどれほど少なかったとしても、それらは意識的に扱っていくべきだ。ラベルを使うとファイルの機能性はぐんと向上する。誰が見ても何の資料かすぐにわかるし、遠くに



自分で名前をつければそれをコントロールすることができる。名前をつけなければあなたがコントロールされることになる。

あってもカバンの中に入っていても簡単に判別できるからだ。キャビネットの引き出しを開けたときに、アルファベットのラベルがついたフォルダが綺麗に並んでいれば、整理をするのが楽しくなるはずだ。

ラベルのついたファイルがなぜそれほど効果的なのかは、今世紀中にでも脳科学者が何らかの理屈で証明してくれるかもしれない。それまでは私の言うことを信じ、ぜひともラベルライターを用意してほしい。自分専用のものを購入し、手元に置いていつでも使えるようにしておくといいだろう。ラベルライターを人から借りようなどと考えてはいけない。もし、ファイルを作るときにラベルライターがなければ、書類は無残にも積み上がっていくはずだ。ホチキスのような定番アイテムだと思ったほうがいいだろう。

## 年に1回はファイルの大掃除をしよう

不要なものを定期的に処分することで、ファイルが掃き溜めになってしまう状態を防げるし、必要かもしれないと思ったものが入れやすくなる。どうせ数カ月に一度は見直すことになるので、そのときにどれを残してどれを処分するかを決めるといい。デジタル情報の場合も同じだ。前述したように、私は電話の待ち時間に不要なファイルを捨てるようにしている（電話会議で延々と長話に付き合わされたときなどにお勧めだ）。

また、私はすべての会社に「ゴミ出しの日」を設けるよう勧めている。この日は全従業員がスニーカーとジーンズで出社し、電話を留守電にして、すべての「気になること」の大掃除を行な

仕事の現場では、ファイル作成に60秒以上かかるようなものは積み上げられていく。

---

＊3 この大掃除はクリスマスイブや、連休に近い営業日にやるといいだろう。ほとんどの人が休日モードに入っているので、楽しい気分で作業することができる。

うのだ。[*3]

大きなゴミ箱をいくつか用意し、1日がかりで掃除をするわけだ。個人でやる日もカレンダーに書いておくといいだろう。こちらは休日や年末などがお勧めだ。

## 最後に必要なこと

作業時間と場所を確保し、基本的なツールもそろったはずだ。準備が整ったところで、次にやるべきことは何だろうか。

充分な準備をして最大限の効果を得たいなら、あと一つだけやるべきことがある。ほかから邪魔が入らないように、GTDだけに集中できる態勢を作ることだ。

必要な電話や秘書への指示は先に済ませておくか、いつそれをやるかを決めて目につくところにリマインダーを置いておこう。すべてのエネルギーをGTDに振り向けられるようにすることが重要だ。

私の指導に少なくないお金を払ってちゃんと時間を確保したつもりの人でも、1日指導しているとほぼ例外なく別のことをやらなければならなくなる。「そうだった、今日はこのクライアントに電話で報告しておかないと」「チケットが買えたかどうか夫に聞かなくちゃ」といったことを思い出すのだ。やり手の人たちでさえ、このようなことを忘れて毎日仕事をしているという事実は、私たちの社会がまだ未成熟だということを物語っているのではないだろうか。



意味が異なるものが同じ場所に積み上げられていると、その中身が何であるかを見るたびに考えなくてはいけない。それにうんざりしてあなたの頭はそれについて考えなくなってしまう。

さて、ここまではクリアできただろうか。次章では「気になること」のすべてを、実際に一つの場所に集めてみよう。

## 第５章

# 把握する

## “気になること”のすべてを把握する

第２章では、「把握する」のステップにおけるごく基本的なやり方を説明した。この章では「気になること」のすべてを一つの場所（インボックス）で把握していく方法をより具体的に見ていこう。「把握する」作業は、「水のような心」に至るための最初のステップであり、ＧＴＤにおいてはとりわけ重要な部分だ。やるべきことが少々明らかになっただけでもかなり気分が違ってくるが、これを１００％に至るまでやってしまおう。そうすれば、仕事全体をより高いレベルから見渡せるようになり、驚くような解放感を得ることができるだろう。

私がクライアントを指導する場合、この作業にかかる時間は通常1時間から6時間程度である（過去に1人だけ、20時間かかったケースがある。さすがにきつかったので「だいたいやり方はわかったでしょう」と言って切り上げてもらうことにした）。仕事とプライベートのあらゆる分野でこのステップを完全にやろうとすると、思っていた以上に時間がかかることも少なくない。

しまいこんであるものすべてをチェックし、自宅やガレージなど、あらゆる場所に関してこの作業を行なう必要があるからだ。

ただ、最低でも2時間くらいかければ、めぼしいものはほとんど把握することができるはずだ。そこまでやってしまえば、あとはメモ程度のリストを作っておいて別の機会にやることもできる。メモには「ボート置き場を総点検する」「廊下にあるクローゼットをチェックする」などと書いておけばいい。

実際には、完全にすべてを把握できている状態を常に保つのはまず不可能である。たいていの人はさまざまなことに携わっているので、どうしても取りこぼしが出てきてしまうからだ。ただ、仕事やプライベートで気になっているあらゆることを〝大掃除〟する習慣をつけたかったら、100%やるつもりでいたほうがいい。

## 心の準備はできただろうか

次の「見極める」ステップの前に、この「把握する」作業を必ず行なわなくてはいけない。それは次のような理由による。

1. 取り組まなければならないことの全体量を把握することができる。
2. 何をどこまでやれば終わり、ということがわかる。

気になっているものをすべて把握できていないと、自分と世界の関わり方に自信をもつことができない。

3．まだどこかに気になることがあるかもしれないという意識があると、次に行う「見極める」作業と「整理する」作業に集中できなくなる。注意が必要なものがすべて1カ所にあるとわかっていれば、安心してそれらの作業に集中できる。

整理できていないことを一気に1カ所に集めるのは大変だと思う人もいるだろう。ほとんどのことは〝それほど重要ではないこと〟なのに、把握する意味があるのだろうかと疑問に感じる人もいるかもしれない。しかし、そのような意識があるからこそ、それらは放置されてきたのである。最初に気づいたときに緊急性がないと感じ、今でも大きな問題が生じていないせいで、まだ片付けていないわけだ。いつか必要になるかもしれないと財布の中に入れてある名刺、部品が足りなくて引き出しの底に眠っているデジタル機器、置き場所が悪くて使いにくいプリンター。これらは「気になること」のリストから外すかどうかさえ決められていないものだ。こうしたものがあると「もしかしたら重要なものなのかもしれない……」という潜在意識に束縛され、エネルギーを無駄に消費してしまうことになる。これらについてどうするかを明確にしない限り、永遠にこうした不安から逃れることはできない。

では、さっそく「把握する」ステップをはじめよう。紙の束を用意し、書類受けの位置を確認しておこう。

今していないことについて安心感をもつには、していないことのすべてを把握していないといけない。

## 「把握する」ステップの実行

### 物理的に集めて把握する

最初にやるのは、実体のある身の回りのもので、あるべき場所やあるべき状態にないものを探し、インボックスに入れることである。これらは未完成のものだったり、何をすべきかを判断しなければならないものだったりする。これらをすべてインボックスに放り込み、のちの「見極める」作業に回せるようにしておく。

### 場所や状態を変える必要のないもの

インボックスに入れるかどうかを判断するためのいちばん確実な方法は、入れる必要がないものを知ることだ。通常、場所や状態を変える必要のないものは、以下の4種類である。

・備品
・資料
・装飾品
・設備

### 備品

日常的に使うので常に用意しておかないといけないものだ。文房具、名刺、切手、ホチキス、付箋紙、メモ帳、ペーパークリップ、ボールペンの替え芯、電池、ときどき記入する必要がある専用の用紙、輪ゴムなどがこれにあたる。職場の引き出しの一つにデンタルフロスやティッシュ、ミントなどの「個人的備品」を入れている人もいる。

### 資料

必要な情報として手元に置いておきたいものである。ソフトウェアのマニュアルや外食店の出前のメニュー、子どものサッカーのスケジュールなどがある。また、社内の内線番号のリスト、電話番号や住所、プロジェクトやあるトピックに関連した情報、辞書や事典、会社の記録をまとめたバインダー、とっておきたい書籍や雑誌なども含まれる。

### 装飾品

家族の写真、工芸品、ボードにとめておく小物など。プレートや記念品、植木なども含まれる。

**設備**

電話、パソコン、プリンター、スキャナー、ゴミ箱、オフィス家具、時計、充電器など。

上記の4種類に分類されるものはあなたのまわりにもたくさんあるはずだ。基本的には、それらについて行動を起こす必要はない。こういったもの以外はすべてインボックス行きだ。ただ、この4つに分類すべきかどうか迷うものもあるだろう。**そんなときは、「現在望ましい状態にないので何らかの行動を起こしたいと思っているかどうか」で判断するといい。**何かしらの行動を起こしたいものは、すべてインボックスに入れてしまおう。

たとえば、ほとんどの人は引き出しや棚、パソコンのファイルなどに、古くて役に立たない資料や情報、別の場所に保管すべき資料などを放置している。これらはインボックスに入れるべきだ。備品の引き出しが満杯になっていたら、もう使えないものや整理しないといけないものがあるか確認してみよう。飾っている子どもの写真は古すぎないだろうか。見飽きたポスター、とっておかなくてもいい記念品はないだろうか。適切な場所に設置されていないオフィス家具、セットアップがいまいちなパソコン、しなびた植木などもあるかもしれない。それがなんであれ、あるべき場所やあるべき状態にないものはすべてインボックスに入れていく必要がある。

### 「把握する」ステップで起こりがちな問題

気になることを把握する作業を行なっていると、次のような事態に直面することがある。

・インボックスの受け皿である書類受けに入りきらない。
・処分や整理を始めてしまい、把握する作業が進まない。
・すでに何らかのかたちで「把握する」と「整理する」が済んでいるものが出てくる。
・目の前に置いておきたい重要なもので、インボックスに入れたくない。

## 大きすぎて書類受けに入らなかったら?

書類受けに入れるのが物理的に不可能なものは、Ａ４の紙にメモを書いて入れておくといい。たとえば、それがオフィスのドアに貼ってあるポスターなら、「ドアのポスター」と書いて入れておけばいい。

このとき、必ず日付も書いておくようにしよう。こうしておけば、いつのものかすぐわかるからだ。アシスタントに渡す付箋紙や、留守電メッセージや電話の内容を書いたメモなど、自分が書いたものには日付を書く癖をつけておくと、何かと役に立つはずだ。デジタルツールの場合、日付を記録できる機能があればそれを利用するとよいだろう。

## 厚みのある書類は?

書類受けを占拠してしまいそうな分厚い書類が出てくることも多いだろう。そのようなものは書類受けのまわりに積んでおこう。床に置いてもかまわない。これらもすべて、「見極める」ステップと「整理する」ステップで適切に処理されていく。ただし、これらがインボックスの中身であるとわかるように、何か目印を付けておくこと。

## ゴミは？

見つかったものがゴミならもちろんすぐに捨てることだ。私のクライアントの中には、引き出しの中のものを捨てたのは初めて、という人もいた。

捨てるかとっておくか迷ったときは、とりあえずインボックスに入れておいて、「見極める」作業のときに判断すればいい。いちばんまずいのは判断に迷って「把握する」作業が滞ってしまうことだ。インボックスに入れておけば、あとで必ずチェックするわけだし、この種の判断は「見極める」ステップで行なうほうがスムーズにできる。「把握する」ステップの目的は、すべてをすみやかにインボックスに集め、〝臨戦態勢〟を整えることにある。

## 整理したくなったら？

職場や家のさまざまな場所をチェックしていると、整理したいという衝動が湧いてくることも多い。十分な時間があるならそれでもかまわないが、そうなると最低でも1週間は必要だろう。整理したい衝動が湧いてきたら、その場で整理せずにちょっとしたメモとしてインボックスに入れるようにしよう。たとえば、「キャビネットの四つの引き出しを総点検する」「オフィスのクローゼットを片付ける」といった具合だ。

細かい部分にとらわれてしまうと、作業はいつまでたっても終わらない。この作業はあなたが想像している以上に時間がかかるので、なるべくすみやかに行ない、次のステップに移れるようにしよう。

## すでにリストがあって、整理が済んでいるものはどうする？

自分で独自の整理システムを構築し、すでに整理されたリストを保管している人もいるだろう。しかし、そのワークフロー管理が完全に自分のものになっているのでなければ、それらのリストも見極める必要があるものとしてインボックスに入れることをお勧めする。システムは一つにしぼり、すべてを同じ基準で判断していくことが重要だ。*

## 重要なものが出てきたときは？

「把握する」作業をしていると、「あ、忘れていた。今すぐやらないと！」という書類やメモが出てくることが多い。２日前にかけるはずだった電話のメモや、とっくにやっておかないといけないはずのものが出てきたりする。そうしたものは、ほかのものといっしょにしてインボックスに入れることに抵抗があるだろう。また忘れてしまうかもしれないからだ。

そうしたときにはまず、本当にこの作業が終わるまで待てないかを考えてみよう。もし待てないのなら、その場でやってしまって頭から追い出してしまうといい。この作業が終わってからでもかまわないものはインボックスに入れてしまおう。インボックスの中身は「把握する」ステッ



*すでに何らかのかたちでＧＴＤを実践したことがあるが、整理したリストが更新されていなかったり十分に利用されていなかったりする場合、そのリストを印刷してインボックスに入れておくとよい。新しいシステムに古い情報を混ぜるのは好ましくないだろう。

プが終わりしだい見極めていくので、また埋もれてしまうという心配はない。

すぐにはできないが、どうしてもリマインダーが目に入るようにしておきたいものは、手近なところに「最優先コーナー」を作って積んでおいてもいい。ベストなやり方とは言えないが、とりあえずはこれでいいだろう。「把握する」作業の中で気になることに向き合うと、必ず何らかの不安材料が出てくるものだ。うまく対応していけるようにしよう。

### まずはデスクの上から

準備ができた人は、デスクに載っているものを眺め、先に挙げた四つの種類に当てはまらないものをどんどんインボックスに入れていこう。インボックス行きのものはたくさんあるはずだ。デスクの上そのものをインボックスにしてしまっている人は多いが、そこに書類が積まれていたら仕事にならない。まずはそこから始めて、残らず片付けていこう。おそらく次のようなものが出てくるはずだ——郵便物、走り書きしたメモ、報告書、雑誌、付箋紙、名刺、レシピ、会議のメモ……。


「これはここに積んだままにしておこう」という心の声に耳を貸してはいけない。その声に従った結果が今の状態だ。全部インボックスに放り込もう。私の経験からすると、デスクの上の見慣れたものをインボックスに入れてみて、気分爽快にならなかったという人は1人もいなかった。

デスクの上を片付けていて文房具やツール類が目に入ったら、そのまま使うべきかどうか考えてみよう。モバイル機器や電話、パソコンは今のものでいいだろうか。デスク自体はどうだろ

それについてどうするか考えなくてはいけない……とわかっていると、それを避けてしまうものだ。

う。新調したいものがあれば、メモに書いてインボックスに入れていこう。

## デスクの引き出し

次は引き出しだ。一つずつ片付けていこう。注意や行動が必要なもの、そこに入れておくべきではないものはあるだろうか。その場でこの作業ができればそれに越したことはないが、もし時間がなかったり、あまりに多くのものがそこにあったりする場合は、単に「引き出しを片付ける」とメモに書いてインボックスに入れておこう。

## サイドデスクなどの上

サイドデスクやカウンター、キャビネットの上に片付いていないものが載っている人は、それらもインボックスに入れていこう。雑誌や郵便物、報告書、雑多なファイル、今携わっている作業に関する参考資料などがあるはずだ。もう用が済んで単に放置しているだけの資料があれば、ファイルのキャビネットや本棚に戻してあげよう。この作業は数秒で終わる。ただし、それらに関してするべき作業が残っていないかを考えること。そういうものがあればインボックスに入れて、のちの「見極める」作業に回していこう。

## キャビネットの中

お次はキャビネットの中身だ。キャビネットは、大きな備品や資料、使用頻度の低いものを入れておくのにこの上なく便利である。壊れた備品や、古い書類・資料が見つかるかもしれない。私のクライアントの場合はたいてい、記念品としての意味しかなくなったものがごろごろ出てくる。保険会社のある部長は、長年溜まった表彰状の類が、ちょっとしたゴミ箱がいっぱいになるほど出てきた。

ここでも今は手に負えないものが出てきたら、例によってメモしてインボックスに入れておこう。

## 床、壁、棚

壁のボードに貼ってあるもので行動を起こしたいものはあるだろうか。逆に、壁に貼っておく必要がなくなったものはないだろうか。写真や工芸品、記念プレート、装飾品はどうだろう。書棚もチェックしよう。読まない本や寄贈したほうがいい本はないか。カタログ、マニュアル、バインダーで用済みのもの、もしくは何かしらの行動が必要なものはないだろうか。床に積んであるものがあれば、インボックスの横に移動させるといいだろう。

## 設備、家具、取り付け品

職場の設備やオフィス家具、あるいは空間そのものに関して、変えたいところはあるだろうか。すべてがうまく機能しているか考えてみよう。照明は今のままでいいだろうか。行動を起こす必要があるものを見つけたら、どうすればいいかはもうおわかりだろう。メモしてインボック

記念品の類は、今でも必要かどうか考えてみるべきだろう。

スに入れてしまおう。

## その他の場所

どこまで範囲を広げるかにもよるが、ほかにも「把握する」作業をしたい場所がある人もいるだろう。頭を完全にすっきりさせたいのなら、あらゆる場所について作業を行なっていこう。

私が経営者を指導するときに、彼らの自宅や会社以外の仕事場まで出向いて「把握する」作業を手伝うこともある。その効果は素晴らしいもので、彼らは非常に喜んでいた。「それほど重要ではないだろう」と放置していたせいでストレスになっていたものをたくさん発見できたからだ。

## 「把握する」作業は、「不用品大処分」ではないことに注意

「必要最低限のもの以外は何もかも捨てる」ことを「把握する」作業であると勘違いしてしまう人が非常に多いのだが、そうではない。逆に、捨てることに抵抗があるのならば、なるべくとっておくべきだ。そうでないと「捨ててしまったものが実は必要なものだったかもしれない……」という考えに支配されてしまうからだ。こうした雑念にとらわれないように、何を捨てて何をとっておくべきかを適切に判断し、システマチックに整理していくべきである。私自身は、デジタル写真などはとっておくほうだ。**要は、保管スペースが十分にあり、関連するプロジェクトやとるべき行動の足を引っ張らないように適切な分類ができてさえいれば、何をとっておいてもよ**



「さほど重要ではないこと」を放置してエネルギーや集中力を奪われないようにしよう。

**いのだ。**あなたは、溜まりに溜まった雑誌のバックナンバーや大学時代の授業ノートなどをとっておきたいタイプだろうか？　ちょっとしたおもちゃや工芸品、小道具をオフィスに置いておいて創造力を掻き立てたいタイプだろうか？　もし、そうなら自由にするといいだろう。それが適切なかたちで配置されており、それについてすることは何もないという、整理された状態になっていれば何の問題もない。

## 頭の中での「把握する」作業――意識の大掃除

物理的なものを「把握する」作業が終わったら、頭の中に残っている「気になること」も把握したくなるはずだ。今、インボックスに入っていないもので、気になっていることはあるだろうか。

ここで大量に用意しておいたメモ用紙の出番である。私がお勧めするやり方は、心にひっかかっている考えやアイデア、懸案事項を、1枚の紙に1件ずつ書き出していく方法だ。1枚の紙に長々とリストを書くのも悪くはないが、そのあとの「見極める」作業を考えると、個別に書いていったほうが効率がいい。

頭の中にある「気になること」のすべてを集めて把握して紙に書き出していくには、20分から1時間くらいかかるだろう。おそらく、小さなことや大きなこと、プライベートなことや仕事に関することがランダムに浮かんでくるに違いない。

**ここで大事なのは、量に重点を置くことだ。取りこぼすくらいなら、やりすぎたほうがいい。**

不要なものはあとで捨てられる。最初に「オゾン層を守るために何かできないか」という考えが浮かんできて、次に「キャットフードが切れそうだ」という考えが浮かんでくるかもしれない。それらをすべて記録しておこう。分厚い紙の束がインボックスに載るかもしれないが、気にすることはない。

## トリガーリスト

頭の中をすっきりさせるには、「気になること」を思い出すきっかけ（トリガー）があると便利だ。以下のリストを用いて、忘れていることがないかチェックするといい。意識の奥に眠っていることも、ちょっとしたきっかけで掘り起こされることがある。何か思い浮かんだら、紙に書いてインボックスに入れていこう。

## 「気になること」を思い出すためのトリガーリスト

### 仕事について

- やりかけのプロジェクト
- 着手すべきプロジェクト
- 考慮すべきプロジェクト
- 責任を負っていること、約束していること
  上司、共同経営者
  同僚
  部下
  ほかの従業員
  社外
  顧客
  他社
  専門家

ベンダー

**連絡**

社内・社外

連絡または返答が必要な機器・ツール

電話

ボイスメール

メール

テキストメッセージ

手紙

ソーシャルメディアの投稿

**執筆・提出**

報告書

評価・レビュー

提案

論考

販促

マニュアル・指示書

概要文書

書き直し・編集

進捗状況報告書

コミュニケーションの履歴

**セッティングが必要な会議・面談**

**決定事項を知らせるべき相手**

**読むべき本や記事**

**財務**

キャッシュ

予算

予測・展望

損益

バランスシート

収支予測

与信枠

銀行

売掛金

未払金

小口現金

投資家

資産管理

**プランニング・組織**

会社の戦略や目標

現行のプロジェクト

事業計画

マーケティングプラン

財務計画

組織内の取り組み

予定されている行事

会議・面談

プレゼンテーション

カンファレンス

組織編成

設備の変更

新しいシステム・設備の導入

旅行
休暇
出張

**組織開発**
組織図
再編成
役割
職務記述書
設備
新システム
リーダーシップ
変革の取り組み
後継者育成計画
風土

**マーケティング**
キャンペーン
資料
PR

**管理**
法的問題
保険
人事
人員計画
方針・手続き
トレーニング

**人材**
雇用、解雇、昇進
人事評価
コミュニケーション
人材開発
待遇
社員アンケート
士気

**セールス**
顧客
潜在顧客
見込み客
販売プロセス
研修
関係構築
報告
顧客との関係の維持
カスタマーサービス
モバイル機器

**システム**
電話
パソコン
ソフトウェア
データベース
テレコミュニケーション
インターネット
ファイリング・資料

在庫
ストレージ

**オフィス・職場**

オフィスの空間
家具
設備
装飾
電気・水道
備品
メンテナンス、清掃
セキュリティ

**会議**

予定されている会議
セッティングするべき会議
報告会議

**教育、研修**

トレーニング、セミナー
習得事項
調査事項
習得・熟練の必要なスキル
読むべき本
リサーチが必要なこと
資格・学位取得
キャリア計画
履歴書
パフォーマンスに関する目標

**制服**

**連絡待ち事項**

情報
他者に任せたタスク・プロジェクト
プロジェクトの要件
返信・応答
メール
手紙
提案
電話
招待
要請
弁済
保険
注文品
補修
チケット
他者による決定

## プライベートについて

**やりかけのプロジェクト**

**着手すべきプロジェクト**

**社会の組織に関するプロジェクト**

サービス

市民活動
ボランティア
宗教関連
他者との約束
恋人、夫、妻
子ども
親
家族
友人
専門家
借りている物
負債

**連絡または返答が必要な機器・ツール**

電話
メール
メッセージカード、手紙
礼状
テキストメッセージ
ソーシャルメディアの投稿

**予定行事**

誕生日
結婚記念日
結婚式
卒業式
レセプション
行楽
休日
長期休暇
旅行
外食
文化的行事
スポーツイベント

**管理**

自宅用の備品
設備
電話
モバイル機器
音声・動画メディア
ボイスメール
パソコン
ソフトウェア
インターネット
ファイリング・記録
データストレージ・バックアップ

**娯楽**

本
音楽
ビデオ
旅行
訪ねたい場所
訪ねたい人
ネットサーフィン

写真
スポーツ用品
趣味
料理
レクリエーション

**財務**

請求書
銀行
投資
ローン
税金
予算
保険
住宅ローン
家計簿
会計士

**ペット**

健康
トレーニング
用品

**法務**

遺言書
信託
遺産
その他の法務

**家族のプロジェクト・活動**

恋人、夫、妻
子ども
親
親戚

**家関連**

不動産
補修
建設
改修
大家
冷暖房
水道
電気
屋根
庭仕事
駐車スペース
ガレージ
壁
床
天井
装飾
家具
家電
電灯、配線
キッチン用品、設備
洗濯機

不用品処分、整理、掃除
収納
業者

**健康**
医者
歯医者
眼科医
専門治療
健康診断
食生活
食事
運動

**能力開発**
講座
セミナー
教育
コーチング、カウンセリング
キャリア
創作

**交通手段**
車
自転車
メンテナンス
修理
通勤

**衣服**
仕事用
カジュアル
フォーマル
スポーツ
アクセサリー
鞄
修理
仕立

**雑用**
買い物
店
ホームセンター
生活用品
食料品
贈答品
薬局
銀行
ドライクリーニング
修理屋

**地域**
近所
隣家
奉仕活動
学校
市民活動
選挙

- 連絡待ち事項
  - 注文品
  - 補修
  - 催促
  - 借り物
  - 情報
  - 出欠の返事
  - 家族・友人に任せたプロジェクトやタスク

## インボックスにあるもの

仕事とプライベートで気になっているあらゆることを頭から追い出していくと、インボックスにはありとあらゆるものがうず高く積まれていくはずだ。これらに加え、留守電のメッセージ、受信箱にあるメール、システム手帳やデジタルの管理ツールにあるタスクリストも同様にインボックスに入れるものとして扱うべきだ。

留守電メッセージの内容は紙に書き移し、インボックスに入れることをお勧めする。最近見直していないシステム手帳があれば、それも入れてしまおう。ＴｏＤｏリストがあれば、それも印刷してインボックスに入れるといいだろう。ただし、メールだけはソフトウェアに残しておいたほうがいい。量や機能性を考えると、そのほうが効率的だ。

## インボックスは一時的な保管場所

すべてを把握することができたら、次のステップに進もう。**インボックスに入ったものがそこに残りつづけていれば、それが片付いていないという意識が生じて頭の中に逆戻りしかねない。**

すべての完了したことと完了していないことの境界が明確になったときに「把握する」作業は完了する。

多くの人が「把握する」作業に抵抗を感じる最大の理由の一つは、次に説明する「見極める」ステップと「整理する」ステップの優れたノウハウをもっていないことにある。

次章では、そうしたノウハウを伝授していこう。

第6章

# 見極める

## インボックスを空にする

気になることすべてを「把握する」作業が終わったら、インボックスを「見極める」作業に移ろう。「インボックスを見極めて空にする」というのは、その中にあるプロジェクトや、しなくてはならない行動をその場ですべて完了させるという意味ではない。それぞれについて分析し、どういう性質のものか、何をしたらいいかを見極めるということだ。

左ページのフローチャートを見てもらうと、このステップの概要がつかみやすいだろう。このチャートの中心部が「見極める」ステップとなる。また、このチャートの周辺部は次章で説明する「整理する」ステップであることにも注意してもらいたい。

この章では、フローチャートの中心部にある、インボックスから「次にとるべき行動」までの流れを解説していこう。インボックスで把握された「気になること」をこのとおりに見極めていけば、「整理」が自然とできていくことがよくわかるだろう。たとえば、インボックスから一つ

## GTDのワークフロー【見極める】

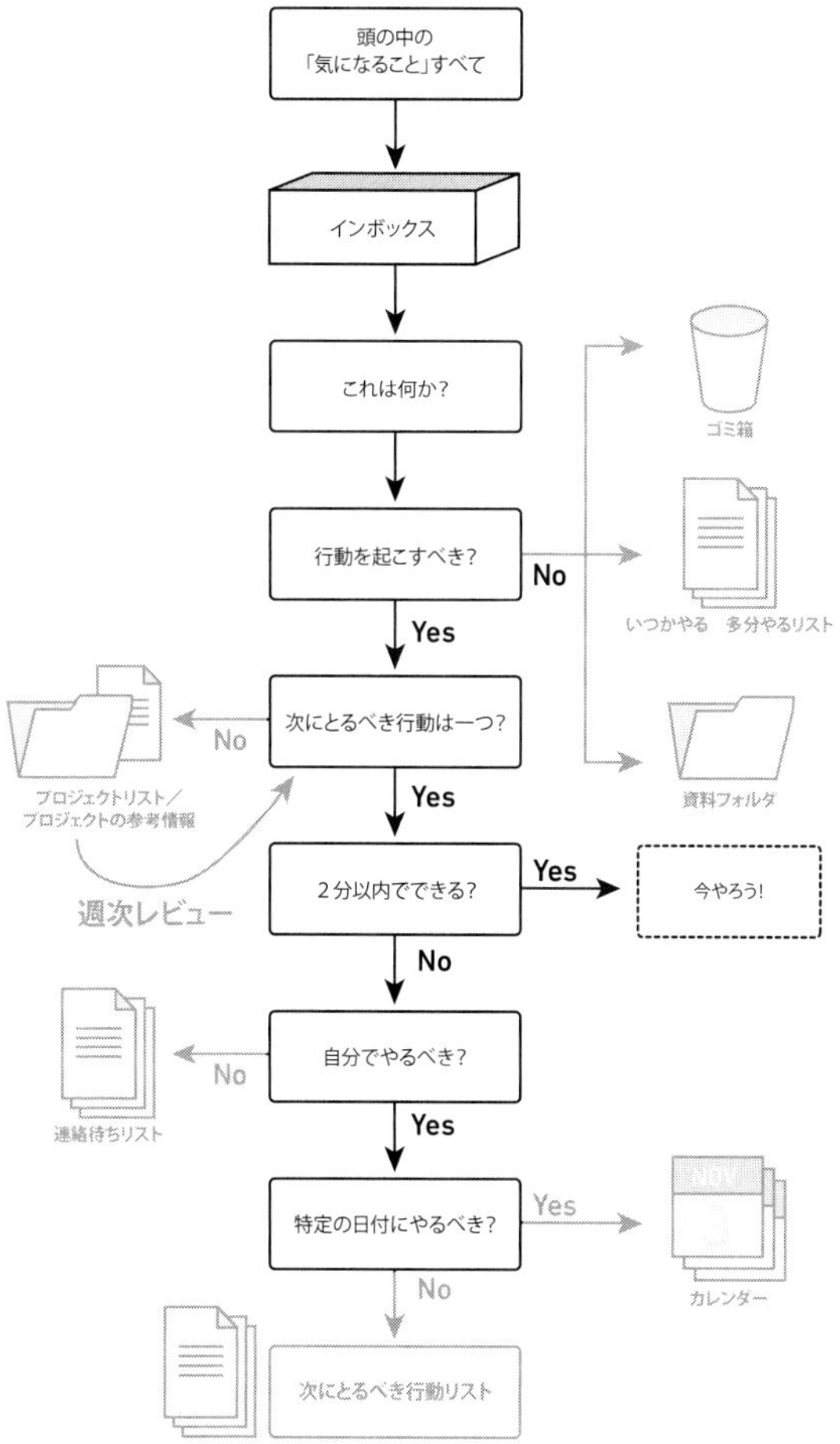

取り出したときに、「アンドレアに連絡事項。彼女が出社する月曜日に電話」と書かれていたとしよう。これについては「あとでやる」に分類されるとすぐわかるので、カレンダーの月曜日の欄に書き込むことになる。

このように「見極める」作業と「整理する」作業は密接に結びついているので、インボックスの見極めにとりかかる前に、本章と「整理する」ステップを扱った次章を先に読むといいだろう。そうでないと二度手間になるものが出てきてしまうからだ。クライアントを指導しているときも、「見極める」ステップにおける判断の作業と、実際に整理システムに組み込むための「整理する」作業との間で行ったり来たりするケースは必ず出てくる。

リマインダーのシステムとして、どんなツールを使うべきか迷っている人もいるかもしれないが、あまり深刻に考えることはない。最初は紙に書くだけのアナログな方法でも、全然かまわない。システムさえ動きはじめてしまえば、いつでも好きなときに高度なツールに切り替えていくことができるからだ。

## 「見極める」ステップでの指針

「見極める」作業を習得するいちばんの近道は、実際にやってみることだ。ただし、守るべきルールがいくつかある。

・いちばん上のものから見極めていく。
・一度に1件ずつやる。
・インボックスに戻さない。

## いちばん上のものからやっていく

いちばん上がどうでもいい郵便物で、そのすぐ下に大統領からの私信があったとしても、いちばん上から始めることだ。まあこれは冗談だが、〝すべてを平等に見極めていく〟のがこのステップの絶対原則である。闇雲に時間をかければいいというものではない。必要なのは内容を吟味し、どんな行動が必要かを判断することだけだ。一つ残らず「見極める」作業を行ない、インボックスをできるだけ早く空にすることが目的になる。

## 「見極める」作業では緊急性を考えない

ほとんどの人は、インボックスやメールの受信箱を見極めるときに、緊急性の高そうなものや面白そうなものから手をつけようとする。もちろん、そのほうがいいこともあるし、私自身もそうすることはある。ミーティングから帰ってきて、あと15分で長い電話会議が始まるようなときがそうだ。恥をかきたくないので、クライアントからのメールをチェックしておかないといけないからである。



「見極める」作業は闇雲に時間をかければいいというものではない。

しかし、インボックスの見極めは、あくまで上から1件ずつやっていくのが基本だ。このルールを守らないと、見極めたいものだけが恣意的な順序で処理され、必ず放置されるものが出てきてしまう。そうなるとこのシステムの機能性が失われ、せっかくインボックスに入れたものがデスクやその周辺に逆戻りしたり、メールが受信箱に残りつづけたりする。多くの人が緊急性に目を奪われてしまいがちなので気をつけよう。

## 入れた順番にやるか、最後に入れたものからやるか

普通に考えれば、インボックスに入れた順で見極めていくのが筋だろう。しかし、それにはインボックスをひっくり返さないといけない。結論から言うと、どちらでもたいして違いはない。要は一定時間内にすべての見極めが済めばいいのである。ただ、メールに関しては、新しいものからやっていったほうが効率的だ。やりとりを重ねたあとの最新の結論が書かれているし、まだ結論が出ていないメールに返信してしまうという事態を避けることができるからだ。

## 一度に1件が原則

インボックスを処理していると、手に取ったものをどう見極めるべきか迷ってしまい、ふと奥にあるものに気づいてそちらを先にやってしまいたくなることがある。たとえば、それについてとるべき行動がはっきりしていて、一瞬で見極められるものを見つけた場合などだ。しかし、これには気をつけないといけない。「見極める」ステップで、処理が簡単なものや重要そうなも

の、面白そうなものを優先させてしまうと、先に手にしていたものをデスクの横に置いてしまいたくなるからだ。

ほとんどの人はインボックスの中身をすべて取り出し、めぼしいものから手をつけようとする。大きなものを先に片付けたいという気持ちはわからないではない。しかし私の指導では、いちばん上にあったもの以外はすべて戻させるようにしている。そうすることで「見極める」作業に必要な集中力と判断力が持続し、途中で邪魔が入った場合でも（実際によくある）、インボックスの中身が散乱した状態で席を立つのを避けられるからだ。

## マルチタスクが許されるケース

一度に1件という原則には例外がある。人によっては、1件に絞ると考え込んでしまう場合があるのだ。そういう人の場合、2件または3件をいっしょに見極めてもらう。すると、それぞれに必要となる行動の判断がラクになり、時間が短縮されることもある。

ただし、これはあくまで例外である。複数の「気になること」を同時に見極めていても、すべての判断を1分ないし2分以内に行なうようにしよう。

## インボックスには戻さない

インボックスからの流れは一方通行でなくてはならない。そこから取り出したものについてどうすべきか悩み、もとに戻してしまわないようにしよう。それについて必要となる行動と、どこ



インボックスは保管場所ではなくて、「見極める」作業のための一時的なスペースである。

に分類すべきかをその場で判断し、絶対にインボックスに戻してはならないのだ。最近の認知科学では「選択をするたびに脳がすこしずつ疲れていく」ということがわかってきた。「インボックスから取り出したけどもとに戻してしまおう」という選択自体にも脳のエネルギーが必要になってくる。どちらにしても脳のエネルギーを消費するのだったら、きちんとその場で判断を下していくほうが賢明だし、効率的だろう。

## 「見極める」作業のポイント――「次にとるべき行動は何か」

一度に1件という原則はおわかりいただけたと思うが、その1件1件について、次にとるべき行動を決定していかなければならない。一見簡単そうだが（実際慣れてくれば簡単である）、これをやるには集中して頭をすばやく回転させる必要がある。行動が自明ではないものも多く、それらについては何をすべきかを考えなければならないからだ。

あなたが最初に手にしたものは、誰かに電話をかける必要があるものだろうか。何かを書いたり、インターネットで情報収集したり、何かを買ってこないといけないものだろうか。秘書に話したり上司にメールしたりするものもあるだろう。それらの行動がわかれば、次の選択肢もわかってくる。しかし、何もする必要がないものだったときは、どうすればよいだろうか。

### 行動の必要がないとき

「気になること」についての思考は自然には生じない。運動や家の掃除と同じように、意識的にする行動なのだ。

インボックスの中には、行動を起こす必要のないものが一定量混じっているはずだ。これらは次の三つのタイプに分かれる。

・ゴミ
・保留にするもの
・資料

## ゴミ

これまでの説明どおりにやってきた人は、すでに大量のゴミを捨てているはずだ。しかしインボックスを見てみると、それでもまだ必要のないものもたくさん入っているのが普通だ。このステップで捨てるものがたくさん出てきても驚く必要はない。

身の回りにあるすべてのものを「見極める」作業をしていると、やるべきことと、やるべきでないことの違いを意識できるようになる。ある財団の理事は実際に見極めてみて、永遠に返信することのないメールを何千通も溜め込んでいたことに気がついた。今では、GTDのおかげで「済んでいないことのダイエット」ができたと喜んでいる。

「見極める」作業をしていると、これはとっておくべきか迷うものも出てくる。これらについては、次のいずれかの方針を決めておくといい。



「ヌーディストビーチにいる蚊のような気分だ。やりたいことはわかっているのに、どこから手をつけていいかわからない」――スティーブン・ベイン

・迷ったときは捨てる。
・迷ったときはとっておく。

どちらでもかまわない。いずれの方針を選んでもうまくいくはずだ。家やオフィスのスペースを考慮しつつ、直感で判断すればいい。それまでのシステムが不完全だったせいで迷ってしまう人は多いが、行動が必要なものとそうでないものの区別ができて、整理システムがきちんと機能していれば、モノはいくらでも保管しておける。あとは物理的なスペースと出し入れの問題だ。デジタルにしてもアナログにしても、どれくらいのスペースなら使ってもよいと思えるだろうか？　それを考えればよい。

それぞれについてどれだけ保管しておくべきなのかは専門家に聞けばよい場合もあるだろう。特定の会計書類をいつまで保管しておけばいいかは公認会計士が教えてくれる。ポイントは、行動が必要なものとそうでないものをきっちり区別することだ。行動する必要がないことがはっきりわかったら、あとは個人的な好みや保管スペース、出し入れのしやすさを考慮しながら判断すればよい。

デジタル領域においては、事態はやや複雑だ。パソコンやクラウドの容量が飛躍的に増えつづける現代では、好きなものを好きなだけとっておけるスペースがある。検索機能も進化しつづけている。ただ、デジタルデータの場合、深く考えずに保存してしまうことも多いので、活用されないままのデータが増えつづける可能性が非常に高い。データが膨大な量になってしまい、重要

情報が多すぎると、情報が少なすぎる場合と同じ結果になる――必要な情報を必要なときに必要なかたちで手にすることができないからだ。

な仕事に有効活用できなくなってしまうのだ。こうした状態に陥らないためには、定期的に中身を確認して古い情報を処分することだ。また、インボックスに入れる段階で「これは本当にとっておく必要があるだろうか」「これは本当に役に立つだろうか」「必要になったときにはネットで見られるだろうか」と、より意識的に考えるといいだろう。

## 保留

インボックスの中には、「今は何もする必要がないが、あとで行動する必要が出てくるかもしれない」というものもあるはずだ。いくつか例を挙げてみよう。

・商工会議所からの講演案内。興味はあるが、講演は2週間後で、その日には出張に出ているかもしれないので行けるかわからない。
・3週間後の役員会の議題を書いた紙。前日に目を通しておく以外、とくに行動すべきことはない。
・愛用しているソフトウェアのアップグレードのお知らせ。新しいバージョンが必要かどうかよくわからない。1週間くらい考えてみたほうがよさそうだ。
・来年度の年次営業会議で提案してみたいこと。現時点で行動の必要はないが、会議が迫ってきたら見直してみたい。
・行ってみたい水彩画教室に関するメモ。今のところは習いにいく時間はとうていとれないのだが……。

これらには次の二つの選択肢がある。

・「いつかやる／多分やるリスト」に加える。

・カレンダーに記入するか、備忘録ファイルに入れる。

「保留」の目的は、とりあえずそれを頭の中から追い出して、リマインダーを設定しておくことで「時期が来れば思い出せる」という安心感を得ることにある。これについては次章の「整理する」で詳しく解説していこう。今のところは付箋紙に「いつかやるかも」「10月17日に再チェック」などと書いて、あとで選別するために「保留」のトレイに入れておくといいだろう。*

**資料**

インボックスからは、それについて行動を起こす必要はないものの、いつか何かの役に立ちそうな参考情報の類もたくさん出てくる。インボックスや受信箱を見極めていく作業で、とっておきたいものやあとで参照したいものが出てきたら、どんどん資料としてファイルしていくといい。

ただ、くどいようだが、60秒以内で楽しく整理ができて、座ったままで手が届くようなファイ

*この時点では、「保留」のトレイを用意して、「整理」までの一時的な保管場所にすると便利だ。このトレイはあとで別の用途に再利用すればよい。

リングシステムがないとＧＴＤはうまく機能しない。仕事の現場で気軽にファイリングができないと整理せずに積み上げてしまい、見極める作業もどんどん面倒になっていく。

資料としてとっておきたいものが出てきたときは、必要ならばラベルをつけて、さっさとファイリングシステムに入れてしまおう。秘書がいるなら、指示を書いた付箋紙をつけてその作業を任せてもいい。私がＧＴＤの指導を始めた当初は、ひとまず「あとで資料ファイルに入れるもの」としてどこかに積んでおくよう指示していたが、今ではもう勧めていない。その場でシステムに入れないと放置される可能性が高いとわかったからだ。今やらなければ、あとでやることはまずないと思ったほうがいい。

資料としてとっておきたいデジタルデータに関してはさまざまな選択肢がある。あとで必要になったときに読みたいメールの場合、メールソフトの保存フォルダの利用をお勧めする。多くの人は、行動を起こす必要のない雑多なメールを受信箱に入れたままにしており、整理されない書類棚のような状態で放置している。これではシステムがうまく機能しない。テーマやトピック、人物、プロジェクトごとのフォルダを必要に応じてさっと作り、その場でメールを入れられるようにしたいものだ。

とっておきたい添付文書、メールの内容、写真や画像などは、自分に合った整理方法を確立しておくとよい。最近では、複数のデバイスからアクセスできる便利なアプリが数多く登場している。こういったアプリは種類が豊富にあるだけでなく、バージョンアップも頻繁に行なわれるため、これが最善だという絶対的なものはない。各自でいろいろと試してみて、どれが最適かを



今は決めないという判断をしてもよい。ただしそれをシステムに組み入れて、頭から追い出す必要がある。

判断すべきだ。そして、定期的にデータを確認して整理し、必要なときに最新の情報がすぐに使える状態にしておくといいだろう。

## 行動の必要があるとき

インボックスから取り出したものが、行動を起こす必要があるものだった場合はどうすべきだろうか。ここがGTDのいちばんの醍醐味とも言えるだろう。この場合、どんな行動をとるべきなのかをはっきりさせなければならない。もう一度説明しておこう。「次にとるべき行動」とは、現状を望んでいる結果に近づけるために必要な、目に見える物理的な行動である。

これを決めるのは簡単でもあり難しくもある。「次にとるべき行動」は、たいていすぐに思い浮かぶはずだ。しかし、ちょっと分析してみないとそれが正しい行動かどうかわかりにくいことも多い。一見単純に見えるものであってもだ。実際の例で見ていくとわかりやすいだろう。

・ガレージの片付け
・確定申告
・会議
・友人の誕生日
・プレスリリース

「はじめと終わりがはっきりしているわかりやすい仕事は、そうではない曖昧な仕事とのバランスをとってくれる。シンプルさは尊い」——ロバート・フルガム

・人事評価
・管理体制の変更

これらのタスクやプロジェクトは一見明快に思えるが、ちゃんと考えないと次にとるべき行動を見極めることはできない。

・**ガレージの片付け**

これは簡単だ。中に入って片付けるだけでいい……。ん？　待てよ、大きな冷蔵庫があったな。あれを最初に何とかしないと。ジョンがキャンプで使いたがるかもしれないから聞いておいたほうがいいな。

［次にとるべき行動］↓ガレージの冷蔵庫が欲しいかジョンに電話して聞く

次は何だろう。

・**確定申告**

何々財団の収益の報告書がないと無理だな。あれがないと先に進まない。

［次にとるべき行動］↓財団の収益報告書を待つ

よし、次だ。

・**会議**

サンドラがプレスリリースの資料を作成するのか聞いておかないと。

［次にとるべき行動］↓サンドラにメールしてプレスリリースの資料のことを聞く

と、こんな具合だ。「ジョンに電話する」「報告書を待つ」「サンドラにメールする」などの具体的な行動を、インボックスの中にある行動が必要なものすべてに対して決めていこう。

**行動ステップは、次にとるべき物理的な行動でなければならない**

目に見える物理的な行動、という点がポイントだ。「会議をセッティングする」で、会議に関して次にとるべき行動が決まったと思い込んでしまう人は多い。しかし、これは物理的な行動にはなっていない。問題はどうセッティングするかだ。最初にとるべき行動は、電話やメールかもしれない。もちろん相手も決まっていないといけない。それらをその場で決めることだ。**今やらなくてもいつかは決めなければならないし、そもそも私たちがここでやろうとしているのは、そ**

**れらについて考えずに済むようにすることなのだ。**次にとるべき物理的な行動を決めておかないと、そのことが意識にのぼってくるたびにもやもやした気持ちになり、ますます行動から遠ざかってしまう。

すべての行動についての分析が済んでいれば、やるべきことがわかっているので、電話やパソコンの前に来たときに、すみやかに行動に移すことができる。

「次にとるべき行動は……これについて何をするかを決めることだ」という考えが浮かんできた人もいるかもしれない。これには気をつけるべきだ。「決断」は、物理的行動とは呼べない。ただ、「決断」に至るための物理的な行動は必ず存在する。その99%は、判断をするために必要な情報の収集だ。「スーザンに電話して意見を聞いてみる」のような受け身の行動に限らず、「新しい組織についてアイデアを出してみる」のように自分自身で導き出す行為もこれに含まれる。いずれにしても、次の具体的な行動を決めない限り、プロジェクトが前に進んでいくことはない。

## 行動ステップが決まったら

次にとるべき具体的な行動が決まったら、あなたの選択肢は次の三つのどれかになる。

- 実行する（2分以内にできるとき）。
- 誰かに任せる（ほかにふさわしい人がいるとき）。
- あとでやる（すぐに実行できなくて人にも頼めないものは、行動の選択肢の一つとして整理シ



次にとる物理的な行動がはっきりしていないということは、あなたがまだ充分に思考していないということだ。

ステムに移しておく）。

**実行する**

「次にとるべき行動」が2分以内にできることなら、その場でやってしまおう。たとえば、30秒以内に読んで返事することができるメモがあったときは、即座に実行しよう。1分か2分でカタログをチェックできるときは、目を通して捨てるなり、人に渡すかなりしてしまおう。そのカタログから買いたい物があるなと思えば「資料」として保管しておけばいい。何かのプロジェクトの「次にとるべき行動」が、留守電に簡単なメッセージを残すというものなら、今すぐやってしまおう。

優先順位が高いものでなくても、いつか行動するつもりならここでやってしまうことだ。2分以内という基準を設けているのは、2分以内でできるならその場でやってしまうほうが、整理したあとにやるより時間を節約できる可能性が高いからだ。要するに効率の問題だ。行動する価値のないものは迷わず捨てて、行動が必要でいつかやるつもりのものは、効率を基準にして今やるかどうかを判断していこう。

**この「2分ルール」が習慣になると、あなたの生産性は劇的に向上する。**あるクライアントは、このルールのおかげで自分で使える時間が1日あたり1時間も増えたと喜んでいた。彼は毎日何百通ものメールを受け取るハイテク企業の幹部で、平日のほとんどの時間を会社の目標達成のために費やしていた。メールの多くは部下からの報告で、把握しておかないといけないもの

決断するために必要な行動を見極めよう。

だったり、彼の返事や許可がないと前に進まなかったりするものだった。しかし、本人はより大きな目標について考えていたため、受信箱のメールを「あとで読む」に分類し、何百通も溜まってから週末にまとめて処理していた。26歳の若者なら、そういう無理も利くだろう。しかし、彼は30代で、小さな子どもたちもいる。週末に仕事をやるのはそろそろ限界だった。私が指導したとき、彼の受信箱には８００通を超えるメールが溜まっていた。大半は捨てられるもので、残りのかなりの部分は資料としてファイリングした。また、2分で行動できるものも多く、それらについてはその場でどんどん実行していった。1年後に彼と話してみると、彼は私の教えたことをきちんと守りつづけていた。メールの受信箱は、常に1画面以内に収まっていた。メールに対応するまでの時間が劇的に短くなったおかげで、担当部門のワークフローそのものまで大きく変わったという。

これはかなり劇的な効果があった例の一つだが、シンプルな「見極める」習慣を身につけるだけでも、これだけ大きな変化が出てくる。とくに、毎日大量の「やるべきこと」が入ってくる人ほど、驚くほどの効果が期待できる。

2分というのはあくまで目安にすぎない。インボックスの見極めにもっと時間を割ける人なら、5分や10分に設定してもいい。インボックスをすみやかに空にして午後のスケジュールについて考えたいときは、1分や30秒に短縮することもできる。

このステップに慣れるまでは、何度か時間を測ってみてもいいだろう。2分で終わると思っていたらそうでもなかった、ということもある。たとえば、誰かに電話で伝えることがあったとし

も少なくない。留守電ならすぐに済むかもしれないが、本人が出た場合は2分を大きく超えてしまうことよう。

2分でできる行動はシステムに移す必要はない。その場で実行して終わりだ。ただ、その行動が終わっても望んでいる結果が得られなかった場合、さらに次の行動を明らかにし、同じように見極める作業を進めていこう。

インボックスを「見極める」ステップでは、ぜひ2分ルールを実践してみてほしい。2分でできる行動が意外に多いことに驚くだろう。重要なプロジェクトの場合でも、2分で完了する行動は結構あるものだ。私のクライアントの中には「長々と放置されていた雑務が一掃されてすっきりしました」と喜ぶ人も実に多い。

**誰かに任せる**

「次にとるべき行動」が2分以上かかる場合は、自分でやるのがベストかどうかを考えてみよう。答えがノーなら、ほかに適任の人や部署に回すといい。

任せるのは部下だけとは限らない。カスタマーサービスなどの別部署や上司、共同経営者などに引き継ぐケースもあるはずだ。

人に任せるときの物理的な行動には次のようなものがある。

・メールを送る。

2分でできることは意外にたくさんある。重要なプロジェクトも例外ではない。

・メモを書いて渡す。
・テキストメッセージかボイスメールを送る。
・今度会ったときに話すという予定をリストに加えておく。
・直接会って話すか、電話、テキストメッセージ、インスタントメッセージで伝える。

どのやり方でも用は足りるが、右から順に検討していくといいだろう。通常はメールがシステムにもっとも速く組み込まれるし、電子的な記録も残る。受け取った側が自分の都合に合わせて対応できるのもメリットの一つだ。

同様にメモもすぐにシステムに組み入れることができるし、物理的なリマインダーとしても利用できる。また、メモもメールと同じく、受け取った人は自分の都合にあわせて対応することができる。

テキストメッセージやボイスメールも実用的で、多くのプロフェッショナルが常時活用している。ただし、これについては送った側も受け取った側もそれを覚えておく必要があるし、言ったことが正確に伝わらないこともある。テキストメッセージは文字数が少なくなりがちで、解読が難しいケースも多いので注意が必要だ。

その次の選択肢は、今伝えるかわりに予定表に書き込んだり、その人と次に会うときに使うファイルにリマインダーを入れておく、というものだ。デリケートな問題や突っ込んだ内容のときはこの方法でないとまずいこともあるが、その日が来るまで待たなければならないのが難点で

「いくら考えても、行動しなければ意味がない。手は目よりも重要だ……手は意識の最先端だ」——ジェイコブ・ブロノフスキー

ある。

最後の選択肢は、直接会って話すか電話で伝えるパターンだ。これは自分も相手も今やっていることを一時中断しないといけないのであまり望ましくない。すぐには伝わるものの、お互いのワークフローが滞るうえ、紙の記録が残らないというデメリットもある。

## 人に任せたことの記録をとる

ほかの人に引き継いだ行動の結果を知るには、そのことを覚えておく必要がある。次の「整理する」の章で説明する「連絡待ちリスト」がこれにあたる。

このリストをどこで管理するかは人によって違うだろう。システム手帳のリストに書き込むなり、紙のファイルに1枚ずつ書くなり、ソフトウェアの「連絡待ちリスト」に入れるなり、そのうち自分なりのやり方が固まってくるはずだ。信頼できるシステムがまだ完成していない人は、とりあえず紙に「ボブからの連絡待ち」などと書いて、「保留」のスペースに置いておこう。

ほかの人に引き継ぐものについては、必ず日付を書くようにしよう。整理システムの中でも、とくに日付が重要となるのがこのカテゴリーだ。「3月12日に指示したはずだ」といったように、あとで確認したくなるケースが出てくるので、日付を書くことをぜひとも習慣にしてもらいたい。

## あとでやる

インボックスの見極めで明らかになった「次にとるべき行動」のほとんどは自分自身がやるべきもので、なおかつ、2分以上かかるものだろう。顧客への電話や、内容に一考を要するメール、兄に贈るプレゼントの購入、ネットからダウンロードして試す必要のあるソフト、配偶者と相談したほうがいい娘の進学問題などだ。

これらの行動についてはカテゴリー別に分類し、必要なときに参照できるようにしておかないといけない。とりあえず今は必要な行動を紙に書いて「保留」のスペースに積んでおこう。

この章の説明どおりにやってきた人は、大量のゴミを捨て、たくさんのファイルを作り、2分でできる行動が片付き、多くのことを人に引き継いだはずだ。一方で、特定の日や不特定の日に自分でやる行動と、ほかの人からの連絡を待つためのリストなども出てきただろう。こうした「誰かに任せる」ものや「あとでやる」ものは、「保留」のトレイにとりあえず分けておいたはずだ。これらについては、適切なかたちでシステムに組み込んでいくことになる。このあたりは次の「整理する」の章で具体的に説明していこう。

## 現在抱えている「プロジェクト」を知る

インボックスを空にする最後のステップは、個々の行動を「プロジェクト」という、より大きな視点でとらえることである。

**本書で言う「プロジェクト」とは、達成するのに一つ以上の行動ステップが必要なもので、なおかつ1年以内に達成できる事柄のことである。**あなたが明らかにした「次にとるべき行動」を眺めてみてほしい。「車の防犯アラームのことでフランクに電話する」「会議の資料に関して同僚にメールする」のように、それに関してより大きな目的があるものがたくさんあるはずだ。車のアラームはフランクに電話すればそれで終わりというわけではない。同僚にメールしたあとも、会議に関していろいろとやることがあるだろう。

私が「プロジェクト」という言葉を広い意味で用いる理由もそこにある。**行動ステップを完了しても「やるべきこと」が終わらないときは、まだ行動が残っていることを示す目印を残しておかなければならない。**それが「プロジェクトリスト」だ。具体的には、「休日にパーティを開く」「一部のソフトウェア生産ラインを売却する」「報酬体系を決める」といったものである。このリストは、優先順位を判別するためのものではない。「済んでいないこと」をすこし上の視点から見渡し、すべてを把握しておくためのものだ。

プロジェクトのリストを作るのは、インボックスを「見極める」作業のときでも、「次にとるべき行動」のリストを作成したあとでもかまわない。いずれにしても、いつかは作って管理していく必要がある。このリストを確認することで、今自分がどの場所にいるか、どこに向かっていきたいのかが見えてくる。

さて、「整理する」準備はできただろうか。いつでもオーケーという人は、さっそく次章に進んでほしい。

あなたは今現在、30件から100件程度のプロジェクトを抱えているはずだ。

第7章

# 整理する

## 最適な受け皿を用意する

視点を広く保つには整理システムをきちんと設定して、「これは覚えておかなくては……」というプレッシャーから解放されなくてはならない。

ＧＴＤによる統合的な整理システムが実践できるようになると、想像もしていなかったような大きな効果が現れてくる。気になっていたさまざまなことが頭の中からすっぱりと追い出され、「済んでいないこと」にわずらわされなくなる。また、直感的な判断によって目を向けるべきものにさっと集中することができるようにもなるだろう。ただしこの恩恵にあずかるには、頭の中の整理システムよりもうまく機能する、物理的な整理システムを確立しなければならない。

**「整理ができている」というのは、物事がその「意味」に応じて適切な場所に収まっているという状態だ。**たとえば、何らかの情報を資料としてとっておきたいと思ったら、「資料入れ」にそれを入れれば整理は完了だ。簡単なことのように思えるが、ここで大事なのは「それが何を意味するか」が見極められているかどうかである。第６章ですでに触れたように、その意味が自明でないものも多い。また、意味を明らかにしてからも、さらにそれらを細かく区別することによって、創造性と効率性を向上させることが可能だ。

この章では、インボックスで「見極める」作業を行なったものを振り分けていく「整理」のステップと、そのためのツールについて解説していく。インボックスの中身を見極めていくと、整理する必要があるリストが次々に出てくる。それらを収めるための場所やツールが必要なわけだが、最初から完璧なものを目指す必要はない。自分にとってベストだと思う場所に組み入れていく作業を繰り返していくうちに、どんなものが必要なのかが自然とわかってくる。GTDのステップを何度も経験していくことによって、整理システムが進化していくのだ。自分にとって物事が何を意味するかは変わるものではないが、物事を管理するための整理システムの構成はどんどん変化させていってもかまわない。

ここでもう一度、ワークフローのフローチャート（203ページ）を見てほしい。この外側に配置されているのが、「整理」作業が済んだものを分類するカテゴリーである。

## 基本カテゴリー

「整理する」ステップにおいて管理していくのは、主に次の七つのカテゴリーとなる。

・「プロジェクトリスト」
・「プロジェクトの参考情報」

「あなたが自分でシステムを作って使わないかぎり、ほかの人のシステムに使われることになる」――ウィリアム・ブレイク

・「カレンダー」に記入する行動や情報
・「次にとるべき行動リスト」
・「連絡待ちリスト」
・「資料」
・「いつかやる／多分やるリスト」

## 区別はきっちりつける

これらのカテゴリーは、重複しないようにきっちり区別することだ。それぞれが異なる種類の「やるべきこと」であり、特定の時間に特定の方法でリマインダーの機能を果たすことになる。これらの区別が曖昧になったとたん、「整理する」ことのメリットの大部分は失われてしまうので十分に注意しよう。

そしてまさしくこの理由によって、整理をする前に「把握する」「見極める」を済ましておくことがいかに大事かがわかるだろう。**多くの人は「整理」を単に「整理整頓する」ことだと思っているので、それについてどうすべきかが見極められていないものを単に並べ替えただけになってしまっている。**しかしGTDのステップに沿って進めていけば、把握しておくべきことがはっきりし、合理的な分類方法で整理が行なわれていく。このステップをきっちりやらずに意味の異なるものを混同していたり、見た目が似ているからという理由だけで同じ場所に入れていたりす



各カテゴリーは視覚的、物理的、心理的に区別されていなければならない。

ると、それを見るたびに「これはどうすればいいのかな……」と悩むことになり、いずれは考えるのがいやになって放置してしまうことになる。

たとえば、単にとっておきたい資料と読みたい本がごっちゃになって積み上げられていると、本が読まれる可能性は低くなる。「次にとるべき行動リスト」に、本来カレンダーに記入するべき行動が入っていたら、気になってしまってしょっちゅうリストをチェックするハメになる。しばらくやるつもりのないプロジェクトは「いつかやる／多分やるリスト」に入れておかないと、本来エネルギーを振り向けるべき「プロジェクトリスト」がうまく機能しなくなるだろう。同じように、「連絡待ち」のものが「次にとるべき行動リスト」に混じっていた場合も、チェックするたびに余計なことを考えるハメに陥ってしまう。

## 必要なのはリストとファイル

「見極める」作業を行ない、把握しておくべきものがすべて明らかになってしまえば、あとはリストとファイルさえあればリマインダーも資料も参考情報も整理されていく。リストは、「プロジェクト」「いつかやる／多分やる」「連絡待ち」「次にとるべき行動」を記録しておくのに使う。一方、ファイル（パソコンの場合はフォルダ）は、資料や現在手がけているプロジェクトの参考情報をまとめておくのに必要になる。

長年リストを使っていながら、効果的にそれらを管理するノウハウをもっていない人が実に多い。そうした苦い経験があるので、ＧＴＤにも及び腰になっている人もいるだろう。うまくリス

「複雑さのこちら側にある単純さに興味はない。複雑さの向こう側にある単純さには命を賭けてももいい」――オリバー・ウェンデル・ホームズ

## GTDのワークフロー【整理する】

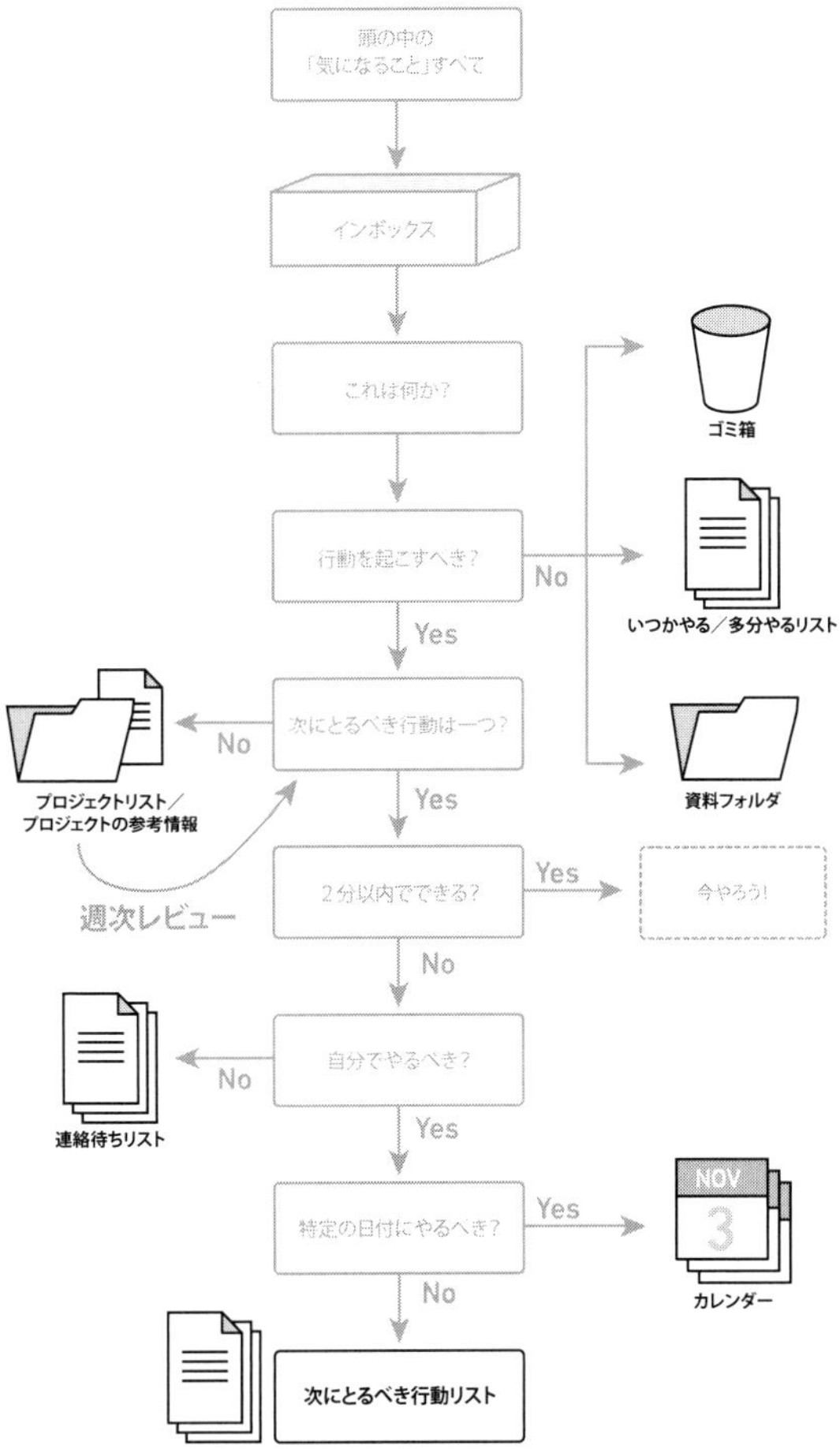

トを使いこなせていないのは、不適切なものをリストに入れていたり、いつまでも手をつけないものがそこに残っていたりするからだ。そのせいでリストの機能性が失われているのである。何をどのリストに入れるべきかをきちんと理解していれば、リストはきちんとその効力を発揮してくれる。

**すでに述べたように、リストに優先順位を組み込む必要はない。これをやってしまうと、状況が変わるたびに並べ替えたり、書き換えたりしないといけなくなる。**多くの人が整理にストレスを感じるのも、ここが原因だ。リストが事前にしっかり整理されていれば、眺めただけでさまざまな要因を直感的に判断できるようになり、優先順位は自然とはっきりしてくる。リストは、現在手がけていることのすべてを集めておいて、いつでも見直して更新できるようにしておくためのものであって、優先順位を管理するためのものではない。

## 行動のリマインダーを整理する

インボックスが空になっていれば、「保留」スペースには自分がやるべきもので、かつ2分以上かかるもののリマインダーが積み上がっているはずだ。人によって20件から70件程度があるだろう。そこには人に引き継いだ事柄のリマインダーも積まれているだろうし、カレンダーに記入したり、「いつかやる／多分やる」のファイルに入れたりするべきものもあるはずだ。

これらは自分が納得できるかたちで適切なカテゴリーに分類し、時間ができたときにやるべき行動の選択肢として見直せるようにしておかないといけない。フォルダでもリストでも、アナログでもデジタルでもいいので、物理的にもっとも理にかなった方法で分類しておくべきだ。

## カレンダーに記入するべき行動

「整理する」という観点からは、行動は基本的に2種類に分かれる。特定の日付や時間にやらないといけない行動と、時間ができたときにやる行動だ。カレンダーに組み入れるべき前者の行動は、「10時から11時の間にジムに会う」といったように時間が決まっているものと、「レイチェルが提案に目を通しているか火曜日に電話して確かめる」といったように日付だけが決まっているものがある。

インボックスの中身を見極めているときに直接カレンダーに書いてしまったものもあるはずだ。たとえば、人間ドックについて次にやるべき行動が予約することだと気づき、2分以内にできそうなのでその場で電話した場合は、予約の日時をカレンダーに書き込んでいるだろう。

しかし、カレンダーでTo Doリストを管理してきた人の多くは、それまでの癖で、月曜日なら〝月曜日にやりたいこと〟をカレンダーに書いてしまう。そして、そこには絶対に月曜日にやるべきことだけではなくて、火曜日以降にずれ込むかもしれない行動まで書き込まれてしまうこともある。そのような誘惑にはくれぐれも気をつけよう。カレンダーは「聖域」であり、その日に絶対やるべきこと以外を書いてはいけない。

ここまで整理できれば、あとは「日付や時間は決まっていないが、時間ができたときになるべく早く実行すること」が残ることになる。

## なるべく早く実行する行動を、状況ごとに整理する

**これは長年の経験からたどりついた結論だが、「時間ができたときにとるべき行動」のリマインダーは、その行動に必要な〝状況〟で分けておくのがいちばん効率的である。**具体的には、実行に必要な道具や場所、人ごとに分類していくのだ。たとえば、パソコンが使える状況でないとできない行動は、「@パソコン」のリストに分類する。外出先でやることならば「@買い物・お使い」のリストに入れる。共同経営者のエミリーと直接話す必要があるなら、「@エミリー」のファイルやリストに入れておくといい。

どこまで状況別に分けるかについては、リストにどれだけの行動があるか、そして行動をとることができる環境がどれだけあるかによる。

やや珍しいケースだが、「次にとるべき行動」が25件しかないのであれば、一つのリストで管理してもいいだろう。その場合、「釘を買う」「人事のことで上司と話す」「ミーティングのアイデアを考えておく」といったものがいっしょに並ぶことになる。しかし、50件、100件とある場合は、全体を見渡すことが難しいだろう。時間ができたときに、いちいち状況別にふるいにかけるという作業を行なうのではあまりに非生産的である。休憩中で電話がかけられそうなときに、電話に関する行動がすぐに見つからないと不便だ。何かで外出したときには、買い物やお使いに関するリストがないと何かをやり残す可能性が出てきてしまう。

## 「次にとるべき行動」の基本カテゴリー

以下に挙げるのは、次にとるべき行動の分類に使われることが多いカテゴリーである。あなたが使ってみたいと思うものもあるはずだ。

・@電話
・@パソコン
・@買い物・お使い
・@会社
・@自宅
・@場所を問わず
・@協議事項（人または会議）
・@読む／評価

### @電話

かけなければならない電話のリスト。電話ができる状況であれば片付けていくことができる。携帯電話をいつも使っている人にはとくに有用だ。外回りや出張のとき、休憩中、空港のロビーで待っているとき、子どもを迎えに行って学校から出てくるのを待っているときなどの空き時間に利用できるはずだ。「@電話」のリストがあると電話をかける作業に集中できるし、かける相

それぞれの行動を、いつどこで、どのような状況下で実行できるかをじっくり考え、リストに整理していこう。

手もぱっと見て直感的に選んでいける。

できれば名前の横に電話番号を書く癖もつけておくといい。いちいち番号を調べずに済めば、より多くの電話を片付けることができる。スマートフォンでこのリストを管理している場合、番号をタップするだけで電話ができたりもするので便利だろう。

### @パソコン

パソコンをよく使う人――とくにノートパソコンを持ち歩いている人や、職場と自宅の両方にPCがある人は、それが使えるときにとるべき行動をリストにしておけば便利だ。パソコンを使う仕事や書く必要があるメール、作成すべき文書などがリストになっていれば、やるべきことをそこからぱっと選んでいくことができる。

私はよく飛行機に乗るので、これとは別に「@オンライン」「@オフライン」のリストも作っている。Ｗｉ－Ｆｉが使えない飛行機の中ではインターネットや会社のサーバーにつなげることができない。そのため、オフラインでできるものだけが分けられているとさっと作業に取りかかることができる。

職場のみ、あるいは自宅のみにパソコンがある人は、「@パソコン」ではなくて「@会社」「@自宅」に入れたほうがいいかもしれない（ただし、パソコンが必要な作業であることがわかったほうがよい）。一方で、パソコンだけでなくてスマートフォンやタブレットでも仕事をすることができる場合、「@パソコン」ではなくて「@デジタル」というカテゴリーを作ったり、

「高度なものの先にある単純さを探し求めなければならない」――ジョン・ガードナー

「@場所を問わず」に分類してもいいはずだ。

## @買い物・お使い

外に出ているときにやりたいことは、一つのリストにまとめておくのが合理的だろう。車でどこかに行くときなどにこのリストがあると大変便利だ。「銀行の貸金庫においてある株券を出す」「仕立に出したスーツを取りにいく」「妻に花束を買う」などがこのリストに分類される。

さらに、各項目についてサブカテゴリーも作っておくと便利だ。ホームセンターで買う物が思い浮かんだときは、「@買い物／ホームセンター」という項目に入れておけばいいわけだ。これはアナログでもデジタルでも好きなツールで実現できるだろう。*1

## @会社

会社勤めの人だったら、職場でないとできないことがあるだろう。出社したときにこのリストが見えるところにあると便利だ。私の場合、物理的に会社にいなければできない、「オフィスの整理棚の中身を処分する」「ボリュームのある文書を印刷してスタッフと見直す」といった項目が並んでいる。

最近では、ネットワークを通じたリモートワークを採用する会社も増えてきた。その場合、「@会社」は「@会社関係の仕事ができるとき」と読み替えてもいいのかもしれない。また人によっては複数のオフィスで仕事をすることもあるので「@会社A」「@会社B」と分けてもいい



注意を向けるべき行動をシンプルに整理していこう。そうすることでもっと多くの仕事が片付くはずだ。

*1 生産性に関する技術として期待したいものの一つに「場所に基づくリマインダー」がある。モバイル機器のGPS機能を使うことで、ホームセンターにいたらそこで買うものを教えてくれる、といったことを可能にする技術だ。ただし現実的に考えるとまだまだ不確定な要素が多いので、あくまでも統合的な整理システムのオプションとして使うべきだろうが。

だろう。

**@自宅**

自宅でしかできない行動もたくさんある。こちらもリストを作ったほうがいい。このリストに並ぶ項目は、単に実行して終わりというものも多い。「新しい水彩画を掛ける」「旅行用品を整理する」「服を冬物に替える」などがここに分類される。

私と同じように自宅にも仕事場がある人の場合は、家でしかできない仕事も「@自宅」のリストに入れるといい。仕事場は自宅のみという人は、「@会社」のリスト自体が不要だ。

また、別荘やボート、お気に入りのコーヒーショップやカフェなど、個人的に複数の場所を仕事場にしている場合もあるだろう。「@スタバ」も行動リストのカテゴリーとなりえることを覚えておこう。

**@協議事項**

「次にとるべき行動」の中には、人と話し合ったり、委員会やチーム、スタッフ会議で決めたりするべきことも多い。来年の企画は共同経営者と相談しないといけないし、配偶者のスケジュールを確認したい場合もあるだろう。メールでは説明が難しいことを秘書に口頭で任せたり、経費に関する変更を次のスタッフ会議で知らせなくてはいけない、といったこともあるだろう。

この「@協議事項」は人物や会議ごとに分けてリスト化しておくと便利だ（「上司と話すこと

リスト」を持っている人は、すでにこの方法を実践していることになる）。このリストは状況にもよるが、３件から15件程度必要になってくるだろう。

人物に関しては、上司、共同経営者、アシスタント、配偶者、子どもなどのリストを作っておくのがお勧めだ。人によっては、弁護士、フィナンシャルアドバイザー、会計士なども必要かもしれない。会議に関してはスタッフ会議、プロジェクト会議、役員会、委員会、保護者会などのリストを作って、そのときに話し合うべきことを書いておくといいだろう。

一時的に相談したい相手用のリストが欲しくなることもあるだろう。家や土地に関する仕事を業者に任せる場合などがこれにあたる。その場合は、そのときだけ使うリストを作るといいだろう。その日の仕事の仕上がりで気になる点があったら、リストに書き込んでいくといい。もちろん、必要なときにさっと取り出せるようにしておこう。この種のリストは大変有用なので、手軽に「@協議事項」に加えられるようにしておくことが重要だ。

## @読む／評価

「次にとるべき行動」が〝読むこと〟である場合もあるだろう。２分ルールを守っていれば、さっと目を通せるものについてはすでに見極めが済んでいるはずなので、ゴミ箱や資料ファイルなど、しかるべき場所に整理されているはずだ。

読むのに２分以上かかるものは、「@読む／評価」というラベルを貼った積み重ね式トレイに入れておくといい。これもリストの一種だが、できれば「@書類」「@雑誌」などの種類別に保管していくと便利だ。

「@読む／評価」のカテゴリーは通常かなりの量になる。2分ルールを守るのが重要なのもそのためだ。さっと読めるものが片付いていれば、時間があるときに本当に読みたいものを読んでいくことができる。このカテゴリーは整理をきっちりしておかないと、読む気が失せて手に負えなくなってしまう。

すぐ手が届く場所に読むべきものを置いておければ、会議が遅れているときや講義の合間、電車や飛行機での移動中などのスキマ時間を有効活用できるようになる。「@読む/評価」を消化できる機会はあなたが考えているよりもたくさんある。このカテゴリーを整理している人と整理していない人では、時間の活用の仕方で大きな差が出てくることを知っておくべきだ。

デジタル情報に関しては、日々大量の情報が舞い込んできているはずだ。これらの多くは仕事や人生にとってさほど重要ではないが、興味深かったり、面白そうだったりするものだろう。そうしたものをまとめておくためのカテゴリーもあると便利だ。メールソフトに「@読む／観る」のフォルダを作ったりして、勧められた動画やブログ、記事などのリンクが書かれたメールをとっておくとよいだろう。

## 「@連絡待ち」の整理

ほかの人に任せて連絡待ちをしている事項についてもきちんと整理をしておこう。これについては自分でやるわけではないので、必ずしも具体的な行動になっている必要はない。それに関して最終的に望んでいる結果（プロジェクトの内容）、誰から連絡を待っているかさえわかっていればいいだろう。友人に予約を頼んでいる演劇のチケットや、スタッフに注文してもらっているスキャナー、クライアントからのフィードバックなどがこれにあたる。このリストは必要な頻度で確認し、進捗状況をチェックしたり、もっとうまくいく方法がないかを評価していく必要がある。とくに管理職の人にとっては、ほかの人に任せてあることのすべてを把握できていると大きな安心感につながるので、仕事に対して前向きに集中できるようになる。

「@連絡待ちリスト」についても、いつでもさっと取り出して見直せるようにしておこう。プロジェクトによっては、完了するまでにほかの人との間で何度もやりとりをしなくてはならないものがある。たとえば、ある販売店に電話をかけて改善点について意見を聞きたかったとしよう。これは「@電話」のリストに分類される行動だが、電話が終われば向こうの反応を待つしかないので、「@連絡待ちリスト」に入る。そのあとに販売店から上がってきた意見は評価が必要だから「@読む／評価」のトレイ、または「@パソコン」のリストに移動する。評価の結果、その意見のとおり改善すべきだと判断したら、上司の承認を得なければならない。これもまた「@連絡待ちリスト」に入ることになる。

このリストは、それに関する責任者と話すときに手元にあると大変有用だ。早い段階で「そういえば、ゴンザレスの提案書はどうなった？」と確認できたほうがいいからだ。期限をすぎて切迫した状況になってから確認するのでは、合理的とはとてもいえないだろう。

また、このリストについては依頼した日付と決められた期日をあわせて書いておくことが重要だ。フォローアップの際に「3月20日に頼んだじゃないか」「提案書を出してから3週間になるぞ」と言えたほうがずっと有意義である。私の経験上、さっと日付を書き加えておくだけで、このリストは絶大な効果を発揮する。

ほかの人に任せたことすべてが「@連絡待ちリスト」に入っているとわかっていれば、大きな安心感を得ることができるだろう。

## それ自体をそのままリマインダーにするもの

「気になること」は思いつくたびにメモしておき、「見極め」や「整理」が済んだらそのメモは捨ててしまえばいい。上司とのミーティングでとったメモは、それに対してとるべき行動がはっきりして、適切な整理が済んだらとっておく必要はない。

ただし、ある種のものはそれ自体がリマインダーとなり、いろいろメモに書き出すよりも効率的な場合がある。紙ベースのものや、一部のメールなどにこの手のものが多い。

## 紙ベースのアイテムのワークフロー管理

紙ベースのアイテムの中には、そのまま行動のリマインダーにできるものがある。典型的なのは、「@読む／評価」に入る記事や出版物、書類などだ。こうした雑誌などに関して、わざわざ「〜を読む」とメモしてリストに加えていく必要はない。そのまま「@読む／評価」のトレイに入れておけば、それ自体が行動のリマインダーになってくれる。

行動に必要なメールや書類はほかのものときちんと分けておこう。

もう一つ例を挙げておこう。まとめて払ってしまえる請求書がある場合は、ファイルやトレイに「請求書」のラベルを貼ってそこに入れておけばいい。経費精算で使う領収書も、その場で処理されなかったものは「領収書」のファイルや封筒にまとめて入れておけばいいだろう。

業種や職場の状況によっては、書類やメモをそのまま整理システムに入れたほうがいい場合もある。たとえばカスタマーサービスの担当者には、決まった書式で意見が大量に送られてくるかもしれない。その場合、行動が必要なものに関しては、それらをそのまま専用のトレイやパソコンのフォルダ、または物理的なファイルで管理していくのがベストだろう。

リマインダーをリストに記入するか、元の文書をそのままトレイやファイルに入れるかの判断は、そのあとに使いやすいかどうかでも判断するといい。それらのリマインダーをデスク以外でも使う可能性があれば、リストにして持ち運べたほうが便利だろう。デスクでしか使わないなら、トレイやファイルで管理したほうがいいはずだ。

いずれの方法を取る場合でも、リマインダーは次の行動がすぐわかる明確なカテゴリーに分類しておく必要がある。次にとるべき行動が電話をかけることなら「@電話」に入れ、情報を評価してパソコンに打ち込む必要があるなら「@パソコン」に入れるわけだ。

一方、うまくいっていない整理システムの特徴として、とるべき行動の違いを考えずに分類してしまう、というものがある。似たようなものだからという理由だけで一つのトレイに入れてしまってはいけない。「顧客からの依頼」といった具合に、よく考えずに一つのトレイに入れても

整理をする主たる理由は意識の負荷を減らすためだ。「これについてはどうすればいいんだっけ?」について常に考えてしまうようではいけない。

混乱するだけだ。その中には電話をかけるものもあれば、送られてきたデータを評価しないといけないものもあるだろう。また、誰かからの連絡待ちの場合もあるはずだ。**このように「次にとるべき行動」がごっちゃになっているとすぐに手がつけられなくなってしまう。**

私の整理システムでは、ほぼすべてのリマインダーをリストで管理していて持ち運びが可能になっている。ただし、「@読む／評価」については職場にトレイを置いているのと、出張時に持ち運ぶことができるプラスチックのファイルで管理をしている。雑誌はデジタルで読んでいるものもあるが、紙のものを手元に置いておくと機能的だし、見た目にも楽しい気分になるのでおすすめだ。

## メールのワークフロー管理

紙ベースのものと同様、なんらかの行動をとるべきメールもそれ自体をリマインダーにしたほうがいいだろう。とりわけ、メールがたくさん届く人で、頻繁にメールチェックしなくてはいけない人にあてはまる。こうしたメールは、カテゴリー別の行動リストに書き込む代わりに、そのままメールソフトで管理するといいだろう。

私のクライアントの多くは、ＧＴＤを導入してからメールソフトで専用のフォルダをいくつか作るようになった。こうしたフォルダは受信箱に放置されていることが多い、なんらかの行動をとるべきメールを「整理する」ために使える。[*2]

最初に作ってほしいのは、完了までに２分以上かかるメールのためのフォルダだ。２分以内の

*2 それほどメールが溜まらない人の場合は、メールをそのままリマインダーとして受信箱にとっておくだけで十分だろう。受信メールが１画面に収まりきらないぐらいの量ならば、フォルダに分けて整理していくほうがいいだろう。

ものは、例によってその場で実行していく。フォルダ名の頭に何らかの記号をつけておくと、ほかのフォルダと区別できるし、一覧のいちばん上に来てわかりやすいだろう。「@行動」といったフォルダにそれらのメールを入れておくといい。

次に作っておきたいのが「@連絡待ち」のフォルダだ（この名前で作れば「@行動」と並んで表示される）。こちらには、把握しておきたいほかの人の作業についてのメールを入れておくといいだろう。誰かに何かを依頼したときのメールもこのフォルダで管理できる。何かを依頼したり誰かに任せたりするメールを送信する際にCCやBCCを使って「@連絡待ち」のフォルダにも入るように設定しておくと便利だ。

## メールの受信箱を空にする

今述べたような方法で、メールの受信箱は常に空にしておくべきだ。そうすれば気分がすっきりとしてきて、あなたの整理システムがうまく機能しはじめる。逆に受信箱にメールが残っていると「やるべきことがあるよ！」というシグナルになる（ちょうど留守電があることを知らせるランプのようなものだ）。ほとんどの人は受信箱になんとなくメールを残しているが、それだと画面を見るたびに「やることがこんなにある……」とうんざりしてしまう。メールの一覧が1画面に収まりきっていればそれなりに機能するものの、現代ではほとんどのプロフェッショナルが大量のメールを受け取るので、やはり整理用のフォルダを作ったほうがいいだろう。

受信箱を空にするときにすべての行動を終わらせる必要はない。もう要らないものは削除し、行動を起こす必要のないものは資料として保存し、2分以内でできるものはその場で実行して、2分以上かかるものやほかの人に任せるものはそれぞれのフォルダに移動させよう。これをやっておくと、「@行動」のフォルダを開いただけで、時間があるときにやるべき行動のリストを見直して更新することができる。いちいちスクロールや検索をして処理すべきメールを探さなくてもいいし、大事なものを見逃しているかもしれないという不安に悩まされることもなくなる。

## リマインダーの保管場所が複数あるときの注意

整理システムのいちばん重要な役目は、リマインダーをいつでも見られるようにすることである。それができてはじめて、そのときにとるべき行動を的確に選択していくことができる。「@電話」や「@パソコン」に分類したリストと同じように、メールソフトの「@行動」フォルダも扱っていくべきだ。折をみて定期的にチェックすることを習慣にしてもらいたい。

「次にとるべき行動」のリマインダーを、ファイルやリスト、メールソフトなど、複数の場所で管理することは問題ない。ただしそれらのすべてを定期的に、または必要に応じてすぐに見直して更新できるようにしておくことが条件となる。どこか一つでも見直さない場所が出てくると、システムが本来の役目を果たしてくれないからだ。この観点から言うと、デジタル情報にはとくに注意しておこう。データが画面上で見えなくなったとたん、それに対する行動が起こされなくなってしまうことが多いからだ。こういった事情もあるので、デジタル派だった人の多くが、より信頼できるアナログなツールに戻っていたりもする。紙のシステム手帳だったらリマインダー

受信箱に1000件のメールが残っている人と空になっている人では、エネルギー効率に大きな差がある。

が目に入ってくるので、きちんとその機能を果たしてくれるからだ。

何もかも忘れて友人と遊んだり、のんびり散歩したりするには、すべてのリマインダーがしかるべき場所に収まっていて、必要なときに見直せる状態になっていなければならない。それらを見直すのに時間がかかるようでは困る。いつでもすみやかにリマインダーをチェックできることが絶対条件だ。

## プロジェクトのリマインダーを整理する

やるべきことや実現したいと思っていることで、複数の行動ステップが必要なものは「プロジェクト」としてリストにまとめていこう。これはカレンダーや「連絡待ちリスト」、「次にとるべき行動リスト」に記載された具体的な行動を、すこし上の視点から眺めた「望んでいる結果」である。このリストを作って管理しておくことで、全体像がよりはっきり見えてくる。

一般的に、1人が抱えているプロジェクトの数は、本人が思っている以上に多いものである。まだリストを作っていない人は、さっそく作ってみよう。デジタルの管理ツールやシステム手帳を使ってもいいだろうし、ファイルに「プロジェクト」というラベルを貼って、そこで管理してもいいだろう。




紙のデータは、デジタルデータよりも実用的な場合がある。

## プロジェクトリスト

「プロジェクトリスト」は、望んでいる結果を一つ上のレベルから俯瞰したものであり、個々の行動リマインダーの全体像を理解するのに役立つ。したがって、ここでは優先度や規模、緊急性などを考える必要はない。「済んでいないこと」を並べたものになっていれば用は足りる。プロジェクトリストは日々の仕事において頻繁にチェックすることもない。あなたの注意は通常、「カレンダー」や「次にとるべき行動」にある具体的な行動リマインダーと、急に降りかかってくるタスクに向けられることになる。すでに説明したように、実行できるのは「プロジェクト」そのものではなくて、達成までに必要な個々の行動ステップだ。ただし、一つ上の視点からプロジェクトを認識しておくことは、状況をコントロールしつつ目の前のことに集中するために極めて重要だ。

「プロジェクトリスト」は、最低でも週1回は必ず行なう「週次レビュー」においてその真価を発揮する。この週次レビューにより、各プロジェクトの行動ステップが決まり、やるべきことの全体像が見えるようになる。また、ときどきこのリストを眺めることで、すべてを管理できているという自信を深めることもできる。仕事の量が問題になったときでも、自分が責任を負っている分野が一覧できるので、ほかの人にうまく振り分けることも可能になるだろう。

## 網羅的なプロジェクトリストの価値

すべてを網羅した最新のプロジェクトリストをもつことで、一つの樹木から森全体の管理へとステップアップしていくことができる。

「プロジェクト」について理解し、うまく管理することができるようになれば、心の中にある細々としたストレスからすっきりと解放されることになる。このレベルでシステムを維持していくことこそが、ストレスフリーの整理術を実現するにあたって、もっとも重要なことの一つと言える。その理由のいくつかを次に挙げていこう。

・コントロールを保ちつつ、対応すべき物事に集中できる。
・緊張を和らげる。
・週次レビューの核となる。
・人間関係がうまくいく。

## コントロールを保ちつつ、対応すべき物事に集中できる

ことの大小にかかわらず、しなければならないと自分に言い聞かせたことが意識の中にひっかかっていると、心からリラックスして生産性を発揮することができない。やるべきことを個々の行動だけでなく、一つ上の視点からもすべて把握し、定期的に見直せていないと、「運転免許を更新しなくては」といったことが「年次総会の議題を決めなくては」という重大なことと同じくらい頭のスペースを使ってしまうこともありえるからだ。



"プロジェクト"がわかりやすいかたちで現れることは稀だ。ちょっとした状況が予想外に大きな事態に変わることも多い。

## 緊張を和らげる

小さなことや目に見えにくい些細なことは、それがストレスの要因であることがはっきりとわかりにくいため、対処するのが難しい。「なんとなく気になる」「漏れがないだろうか」といった心配から解放されるには、〝プロジェクト〟のリストが必要だ。単に行動だけを管理していると見えてこないこともある。娘を保育園に通わせる段取りがついたと思いきや、入園手続の書類に不備があることが判明したり、通園の状況が変わったり、といったことも起こりうる。クライアントに合意された請求書を送ったつもりだったのに、そんな内容は聞いていないと言われる場合もあるだろう。個々の行動ではなくて、一つ上の視点から「何がしたかったのか」を把握しておくことで、こうした予想外の状況にも対応できるようになる。

## 週次レビューの核となる

すでに述べたように、より重要な物事をきちんと管理していくには週次レビューが不可欠だ。そしてそのためには、すべてを網羅したプロジェクトリストも重要となる。子どものために飼う犬についても、次回の年次総会についても、きちんと対応できているか（あるいはできていないか）を週に1度は確認しなければならない。だがこの視点から物事を考えるには、プロジェクトリストがきちんと更新、管理されていることが前提となる。

## 人間関係がうまくいく

相手が上司でもスタッフでも、共同経営者でも家族でも、誰かと話をするときに、その人に関して自分のやるべきことがリストになっていると非常に有益だ。人間関係において時間やお金、労力などの配分で悩むことも多いだろう。そうしたときにこうしたリストがあって、それをもとに交渉することができればストレスを効果的に解消することができるはずだ。仕事や人生においてやるべきことがプロジェクトのリストとしてまとまっていれば、相手が経営者でもスタッフでも人生の伴侶でも、非常に有意義で建設的な対話をすることができるようになるだろう。

## 見落としているプロジェクトを見つけるには

見落としているプロジェクトは、主に次の3箇所にある。

- 現在の活動
- 一つ上のレベルの関心事や約束事
- 現在の問題、課題、機会

### 現在の活動

カレンダーや次にとるべき行動のリスト、職場などを見渡してみると、把握しておくべきプロジェクトが見つかることが多い。

スケジュールに書き込まれている開催予定の会議（あるいは開催済みの会議）に関して、会議に出席する以外にやらなければならないことがあるだろうか？

そう考えてみたところ、次の電話会議ではクライアントと今後のことを話す予定だったと思い当たる。ほらあった！「クライアントのために提案可能なプランを考える」というプロジェクトだ。次は……息子の学校の保護者会があるな。そうだ、時間割の件で先生に相談しなくちゃいけないことがあったぞ。ほかにはないだろうか。そういえば、もうすぐ出張だったな。それと、カンファレンスの予定はどうだろうか……。

このように、現在の活動から見落とされたプロジェクトを残らず把握していくといいだろう。「次にとるべき行動」に関連するプロジェクトが隠れている場合も多い。私が指導した経験からも、「資金集めのイベントの件でマリオに電話する」という行動を「@電話」のリストに入れてはいるが、「資金集めの計画を詰める」というプロジェクトがあることに気づいていないようなケースが多々あった。また、わかりそうなものなのだが、読まなくてはならない提案書や契約書がブリーフケースに入ったままだったり、記入しなくてはならない銀行の書類が自宅のデスクに放置されていたり、ハンドバックには修理に出さなくてはならない腕時計が入っているのに、それらが「プロジェクト」だと気づいていないこともある。こういったものを取りこぼすことなく、すべてを「望んでいる結果」に関連付けて把握できるようにしておこう。

## 一つ上のレベルの関心事や約束事

自分が負っている責任や目標、ビジョン、価値観を一つ上のレベルから見渡したときに、小さな関心事や約束事を取りこぼしていることに気づく場合もある。

仕事上の目標や会社の戦略計画を進めていくにあたって、ほかにも対応すべきプロジェクトがないだろうか。私が管理職のクライアントを指導していて長期計画を見直してもらうと、必ずそれに関連するプロジェクトが一つは見つかる。また、人生を長い目で見たときに、行動を起こすべきなんらかの事柄はないだろうか。成長する子どもや老いていく両親、自らの退職のこと、配偶者の希望、始めてみたい趣味などを考えてみよう。するとたいてい何個かのプロジェクトが見つかるものだ。こうした思考ができるようになると、人生をうまく管理できているという安心感を得ることができる。

## 現在の問題、課題、機会

見落としているプロジェクトを見つけやすい場所はほかにもある。きちんと対応すべきプロジェクトとして認識しておかないと集中力の妨げになると思われる、次の三つの分野である。

- 問題
- プロセス上の課題
- 能力開発の機会

「問題」はどういうときに〝プロジェクト〟となるのだろうか。答えは、「常に」である。現状をそのままではよしとせずに、「問題」としたととらえた時点で、それに対して何らかの行動を起こそうと考えているからだ。実際に問題を解決するための方法があるかどうかは別として、こうした「問題」もプロジェクトとして把握しておこう。たとえば「息子の学校での問題を改善する方法がないか調べてみる」「家の補修に関するトラブルを解決する」「共同経営者との間で報酬についての問題を解決する」といったものだ。こういった「問題」についてもきちんと考えて書き出しておこう。そして次にとるべき行動を判断してリストで管理していくのだ。こうするだけでどれほどストレスが減り、生産性が上がるか、あなたはきっと驚くことになるだろう。

また、仕事でもプライベートでも、物事の進め方、ワークフローなどのプロセスの中にもプロジェクトが潜んでいるはずだ。業務上のシステムや手続きについて不満はないだろうか。ファイリングや保管の方法、コミュニケーション、採用、評価などについて、納得できないところはないだろうか。経費精算や、銀行とのやりとり、投資のプロセス、または友人や家族との連絡方法などにおいて、改善すべきところはないだろうか。こうした改善の余地がある事柄もプロジェクトとして把握しておこう。

さらに、自分の能力や創造性を高めるために学んでみたいこと、体験してみたいと思うこともあるだろう。イタリア料理を習ってみたい、絵画を習ってみたいという願望がないだろうか。写真教室やソーシャルメディアマーケティングのオンラインコースを受講できたらいいなと思ったことはないだろうか。こうした「いつかやってみたい」と思えるプロジェクトは、とりあえず「いつかやる／多分やる」のリストに入れておくといい。ただ、ＧＴＤに慣れてきてその効果が実感できるようになってきたら、これらについても望むべき結果と次にとるべき行動を定義しつつ、プロジェクトリストで管理していこう。そうすることでより豊かな体験を日々の生活に取り入れていくことができるようになるだろう。

## 一つのリストで管理するか、サブカテゴリーを作るか

プロジェクトに関しては、たいていの人は一つのリストのほうが便利だと感じるようだ。優先順位を気にする必要がないので、実際にはこれで十分である。

ただ、そこにある量によってはサブカテゴリーがあってもかまわない。必要な頻度ですべてを見直すことさえできればいい。たいていは週次レビューで一気にやってしまうので、どちらでも同じことだ。

## プロジェクトの下位分類

プロジェクトリストは、次のようにより細かいカテゴリーに分けたほうが便利なこともある。一つずつ見ていこう。

### 仕事／プライベート

仕事とプライベートでプロジェクトリストを分けるとやりやすいという人も多い。もしそうしたいなら「プライベート」のリストも「仕事」のリストと同じようにきちんと見直して更新して

いくことが重要だ。プライベートのプロジェクトだから週末にやればいいや、と思ってはいけない。平日に片付けられるプライベートな行動も多いはずだ。仕事でストレスを感じてしまう理由の一つは、プライベートの行動をおろそかにしているためであることも少なくない。

## 誰かに任せた仕事

管理職や役員の役職についている人は、責任を負っているプロジェクトを部下などに任せているケースもあるだろう。それらは「連絡待ちリスト」に入れてもいいが、「プロジェクト――委任」のリストで管理していくこともできる。あとは定期的に見直して、そこに書かれているものがきちんと前進しているかを確かめればいい。

繰り返しになるが、プロジェクトをすべて把握し、最新の状態に保てていることが大事なのであって、それらをどう分類するかはたいして重要ではない。どちらにしても仕事や人生で大事なことは変わっていく。それにあわせて整理システムにおける分類方法も柔軟に変えていけばいい。

## サブプロジェクト

プロジェクトの中には、それ自体に複数の行動が必要なサブプロジェクトが含まれている場合もある。たとえば新しい家に引っ越して大幅なリフォームを行なうときは、「テラスの造り替え」「キッチンのリフォーム」「ホームオフィスの設置」といったサブプロジェクトが考えられるはずだ。これらをまとめて「新しい家のリフォーム」としている人もいれば、サブプロジェクトとしてそれぞれを独立させている人もいるだろう。

どちらの方法を採用しても構わない。要は、高い生産性を維持していける頻度でプロジェクトの各要素を見直して更新できればいいのだ。大きなプロジェクトのままプロジェクトリストに入れた場合は、サブプロジェクトのリストを「プロジェクトの参考情報」としてどこかに置いておき、そのプロジェクトを検討するときに参照できるようにしておこう。

こうした分類に関しては、あまり悩む必要はない。とりあえずどちらかの方法で分類しておいて、週次レビューを通じて違和感を覚えるようなら、別のやり方を試せばいい。いずれにせよ、どちらのほうがよいということではない。大事なことはプロジェクトのすべてが認識されていて、それらについて起こすべき行動のリマインダーがどこにあるかを把握できていればいいだけだ。*3

## プロジェクトの参考情報

プロジェクトの参考情報とは、プロジェクトについて考えたり、行動を起こしたりするときに助けとなる情報や資料を指す。これらは行動に関するリマインダーとは区別しておかないといけない。



プロジェクトとサブプロジェクトをどのように分類するかは好みの問題だ。欲しい情報がさっと見つかること、適切な頻度で更新ができることが重要だ。

---

*3 これを書いている今現在、私はカリフォルニアからヨーロッパへ移住しようとしている真っ最中である。この何カ月もの間、プロジェクトリストに「アムステルダム移住」という一つのプロジェクトを入れていた。時期が近づいてきて対応しなくてはならないことが増えてきたので、先週、このプロジェクトを15個のサブプロジェクトに分類した。「オランダの銀行口座開設」「サンタバーバラに美術品の倉庫を確保する」といったもので、これらについても毎週チェックしていくことになるだろう。

## 参考情報自体をリマインダーにしない

分厚い書類やファイルの束、あるいは溜まったメールやデジタル文書などの参考情報はそのままでは「プロジェクト」になったり、「次にとるべき行動」になったりはしない。こうした参考情報はプロジェクトについて考えたり、実際に行動を起こす際にひっぱり出して使うものになる。次にとるべき行動が誰かに電話をすることなら、その参考情報を見ながら話す、といった具合だ。

また参考情報はどこに置いてもかまわない。現在関わっているプロジェクトに関するものだったらすこしだけ目立つ場所に置いておいてもいいだろう。ただ、他のリストとごっちゃにならないように、週次レビューではきちんと区別をつけられるようにしておこう。

先ほどの新しい家に引っ越す例ならば、ファイルに「リフォームの参考情報」というラベルを貼り、そこにテラスやキッチン、ホームオフィスに関する計画や注意点のメモをまとめて入れておくといい。そして週次レビューでプロジェクトリストに「新しい家のリフォーム」という項目が見つかったら、そのファイルを引っ張り出し、すべてのメモに目を通してから「次にとるべき行動」がないかチェックするのだ。もし「次にとるべき行動」が見つかったら、その場で実行するなり依頼するなりして整理システムに組み入れていこう。そこまでやったらファイルの中身は戻して、実際の行動をとるときや、次の週次レビューで参照できるようにしておけばいい。

## プロジェクトに関してひらめいたアイデアを整理する

第3章で、行動を起こす必要がないプロジェクトについても自由にアイデアを出しておいたほうがいいという話をした。これらのアイデアも「プロジェクトの参考情報」の一種だ。次の休暇でやりたいことがひらめいたり、プロジェクトを達成するうえで重要な事柄に気づいた場合などがこれにあたる。車を運転しながらニュースを聞いているときや、プロジェクトに関係があるものを読んでいるときにそうしたアイデアが浮かんできたら、参考情報として保管しておいて、必要なときにひっぱり出せるようにしておくべきだ。これらはプロジェクトに紐づいたかたちで管理していくことが重要となる。メモやメール、データベースや紙の書類やルーズリーフなどを活用していくといいだろう。

## メモ

タスク管理ソフトの多くは、リストやカレンダーにメモ（コメント）を付けられるようになっている。「プロジェクトリスト」をソフトウェアで管理している場合は、アイデアが浮かんだプロジェクトのメモを開いてそこに書き込むといい。「プロジェクトリスト」を紙に書いている人は、そのプロジェクトの横に付箋紙を貼るといいだろう。やるべきことを1枚の紙で管理しているならそこに貼ればいい。いずれにしても、プロジェクトを見直して更新する際にはそのメモにも目を通せるようにしておこう。そうでないと、その情報が有効活用されることはないだろう。

## メール、データベース

テクノロジーの進歩により、プロジェクトに関する情報やアイデアを整理するために使えるツールやソフトウェアが数多く登場してきている。参考情報となりうるメールは、適切な名前でフォルダを作って入れておくこともできる。あるプロジェクトに関して参考となるメールが多すぎる場合はさらに複数のフォルダに分けてもいいだろう。「ジョンソン・パートナーシップ——現行」「ジョンソン・パートナーシップ——履歴」といった具合だ。また高機能なデータベースソフトウェアを使ってより大量のデータを整理してもいいかもしれない。今世紀、こうしたツールが飛躍的に進化した。使い方を無限にカスタマイズできる、クラウドベースのシンプルなノートアプリや、グループでファイルを共有できるプロジェクト管理ツール、ちょっとしたマインドマップから大規模な執筆作業や調査をまかなえるアプリケーションなどもある。

ただし、プロジェクト支援のためのデジタルツールが豊富にあることの難点は、有用かもしれない情報があちこちに散らばってしまいがちなことだ。これでは元も子もない。どこに何があるのかわからなくなってしまうと、必要なときに適切な視点から見直すことができなくなってしまう。また、どこに何のデータを入れるかのルールが定まらない場合も多いだろう。そうなると結局は「頭の中で整理しておかないと……」となってしまいがちだ。参照情報をまとめるツールはうまく使いこなしていきたいところだが、プロジェクトリストを適切な頻度で見直せるようにしておくことがもっとも大事である。

プロジェクトやテーマ、トピックに関して浮かんできたアイデアは、すべてとっておくといい。

## 紙の書類

ファイルキャビネットにプロジェクトごとのフォルダを用意しておくと、紙ベースの参考情報を収納するのに便利だ。アナログではあるが、優れたやり方であることはまちがいない。シンプルで使いやすく、資料のファイリングにはもってこいである。会議で配られたものをまとめておきたいときなども、簡単に整理することができる。プロジェクトプランニングをしているときや会議のときは、デジタルデータであっても物理的にファイルにまとめてあったほうが便利な場合もある。私の場合はプロジェクトに役立ちそうなメールやスプレッドシート、ウェブページなどは印刷しておいてその場で参照できるようにしている。

## ルーズリーフ

ルーズリーフ式の手帳やバインダーは、一つのプロジェクトに対して、1ページでも複数のページでも自由に割り当てられるのが強みだ。私は長年、持ち運べるくらいの大きさのバインダーを愛用し、最初のページに「プロジェクトリスト」を、その後ろに「プロジェクトの参考情報」を綴じている。新しいルーズリーフも入れてあるので、プロジェクトの計画や具体的な内容、思いついたことをいつでも書き留めることができる。デジタルツールにかなり押されてはいるが、整理システムの中でルーズリーフを利用するのは、複数の視点から思考を整理していくのに大変有益である。



大量のデータがあちこちに散らばってしまいがち、というのがデジタル世界にありがちな問題だ。

右に説明した方法はいずれも、プロジェクトに関する思考の整理に効果を発揮する。ポイントは、書き込んだことをそのプロジェクトに必要な頻度で確認し、やるべき行動が忘れられていないかを常にチェックしていくことだ。

これらの書き込みは、不要になったり現実的でなくなった時点で捨てたり削除したほうがいい。でないとシステムの〝鮮度〟が落ちてしまう。これらのアイデアはすべてを活用するわけではなくて、思考するときに参考にする情報にすぎない（実際に使うアイデアはごく一部にすぎない）。プロジェクトに関するアイデアを集めることは大事だが、古くて価値のなくなったものはできるだけ削除するように心がけよう。

## 行動をとる必要のない情報を整理する

行動をとるべきことと、そうでないことは明確に分けておくべきだ。大きな価値があったとしても、行動を起こす必要のない情報をそこにまぎれこませてはいけない。行動する必要のないものをシステマチックに管理することは、行動を起こす必要があることを管理することと同じくらい重要である。そうでないと、システム全体の効率に支障が出てくるからだ。

行動を起こす必要のないものは大きく三つのカテゴリーに分かれる。資料となるもの、今は行動する必要がなくても潜在的に行動する可能性があるもの（いつかやる／多分やる）、そしてまったく行動を起こす必要がないもの（ゴミ）だ。

## 資料

仕事やプライベートであなたのところにやってくるものの大半は、いわゆる「資料」である。これらについて行動を起こす必要はないが、さまざまな理由でとっておきたい情報だ。ここで求められる判断は、どれをとっておいて、どこにどれだけのスペースを割り当て、どんな形式で保管するかである。その大部分は、物理的・法的制約や好みなど、会社や個人の事情で決まってくる。

ほとんどの人は、入ってきた「気になること」がそのままになっている。つまりそれについて行動が必要かどうかを見極めきれていないのだ。その見極めさえついていれば、「資料」は「行動を起こすべきこと」と切り離され、それ以降、気にならなくなる。あとは、それらを保管する場所をどれだけ確保するかを決めるだけだ。GTDがいったん機能しはじめれば、物理的、電子的な保管場所はどれだけ大きくなっても大丈夫だ。

### さまざまな資料システム

「資料」はその種類や形態もさまざまなので、整理する方法も多岐にわたる。一般的なものを簡単に見ていこう。

**・一般資料のファイリング――紙、メール、データ保存**

・専門資料のファイリング
・連絡帳ソフト
・文書管理システム

## 一般資料のファイリング

くどいようだが、「気になること」を「見極めて」「整理する」には、優れたファイリングシステムが不可欠である。できればインボックスの中身を「見極める」段階で、1枚の紙から手軽にファイルできるシステムが準備されているとよい。それがまだという人は、第4章を参考にしてすみやかにファイリングシステムを作ってもらいたい。

多くの場合、一つから四つの引き出し、複数のフォルダ、そしてたくさんのフォルダを作ることができるデジタルストレージが必要となるだろう。*4

ウェブそのものが、デジタル情報が詰まった巨大なファイルキャビネットのようになっている現代において、個人的なライブラリを作っておく必要があるだろうか、と思う人もいるだろう。その気持ちはわからないでもないが、やはり個人のシステムに取り込んで整理しておきたい情報も膨大にあるはずだ。情報を管理し、整理していく方法が増えつづけているが、行動を起こすべきものとそうでないものをきっちりと区別し、自分にとって使いやすいシステムで資料を管理していくことが不可欠である。

## 専門資料のファイリング

---

*4 ちょっぴりグルメな私は、ひいきにしたい世界中のレストラン（行ったことのある店、話に聞いた店）の情報をデジタルの管理ツールで整理している。たとえば、「場所―ロンドン―レストラン」と開いていけばリストが見られるようになっている。「行ってみたいレストラン」という一つのトピックに対して、何百ものフォルダとサブフォルダがパソコン内に入っているのだ。

50以上のファイルや大量の文書を入れておきたいトピックに関しては、独立したコーナーや引き出しを用意して、その中でアルファベット順（もしくは五十音順）に整理しておくといい。たとえば、企業合併を担当していて大量の文書を保管する必要があるときは、ファイルキャビネットを二つか三つ用意して調査データを入れておきたくなるだろう。庭いじりやヨット、料理などを趣味にしている人も、専用の引き出しが欲しくなるかもしれない。

ある分野の参考情報がほかの分野と一部重なっている場合は、専門資料と一般資料のどちらに入れるか迷うケースもあるかもしれない。垣根に関する面白い記事を見つけたときに、「庭いじり」の専用キャビネットと、「家」関連の一般資料のどちらに保管するべきかという問題だ。こうした場合、基本的には一般的な資料として分類するほうがいい。専門資料へファイリングするのは例外だと思ってほしい。

## 連絡帳ソフト

とっておきたい情報には、自分とつながりのある人に関する情報も多いだろう。そういった人たちと連絡を取るための情報も保管しておく必要がある。携帯と会社と自宅の電話番号、メールアドレスなどだ。その人の誕生日や家族の名前、趣味、関心ごとなどを覚えておきたい場合もあるはずだ。その人が部下ならば、雇った日や評価を行なった日、その人に求めているもの、教育に役立ちそうな情報なども保管しておきたいかもしれない。

デジタルの管理ツールやシステム手帳で最も活用されているのは、おそらく「連絡帳」（とカレンダー）だろう。これらも「資料」に属する情報で、それに対して行動を起こす必要はまったくない。ただ、将来必要になったときにさっと参照できなくてはならない。

それについてどういう行動を起こしたいのかさえ決めておけば、連絡先の整理はさほど難しいことではない。ただし、連絡帳ソフトをリマインダーとして使わないように注意しておこう（行動を起こすべきことがそこに入っていてはいけない）。顧客情報と行動に関するリマインダーが精妙に組み込まれたＣＲＭ（顧客管理）ツールを利用しているのでない限り、これでは機能しない。知人に関するすべての行動が完全に見極められ、行動のリマインダーリストに入っていれば、連絡帳ソフトにはデータの保存場所という以外の役割はないのだ。

結局、資料のためのシステムで考えなければならないのは、どこにどれだけ保管するか、どんなツールを使えばアクセスしやすいかということに尽きる。昨今ではモバイル機器でいつでもクラウドストレージにアクセスできるようになったので便利ではあるが、アクセスのしやすさと選択肢の多さによる混乱も生じやすい。目的の情報をさっと取り出せるように、自分だけのシステムを組み上げていこう。

## 文書管理システム

本気で調べればほとんどのことがわかる時代になった。どれだけの情報をどれだけ手近に、どのような形式で保管しておくかは、個人のニーズや、どのようなツールを利用しているかで変わってくる。

整理や生産性の問題に比べれば、こちらはそれほど深刻な問題ではない。プロジェクトと、とるべき行動のすべてが整理システムで管理されていて、きちんと稼働していることが大事なのであって、資料を保管・参照するためのシステムは好きに作っていけばいい。

いつでもどこでも参照したいものは、常に持ち歩いているモバイル機器やノートに入れておくといい。会議やミーティングなどで必要になる情報は、ブリーフケースやリュック、カバンなどに入れればいいだろう。職場で参照するものなら、ファイリングシステムやパソコンに入れておこう。また、普段は必要ないが、たまに必要になる情報もあるだろう。これらは部門ごとのファイルや、どこかの倉庫、あるいはクラウドのストレージに保管しておけばいい。インターネットですぐに参照できるものについてはとくに何もする必要はない。オフラインで必要になるなら、印刷してファイルに入れておくといいだろう。

資料の整理がうまくいっているかどうかを決める一つ目のポイントは、行動の必要があるものとそうでないものがきちんと分けられているかどうかである。二つ目のポイントは、その情報をどう使うかを考慮し、どこでどのように保存すればよいかを判断することだ。この二つさえきちんとできていれば、いくらでも情報を保管・管理していくことができる。万人にとっての「完璧なシステム」など存在しない。情報を収集・維持するための時間と、その労力から得られる利益がどの程度かを、個々人がそれぞれに判断してシステムを構築していけばいいだろう。

まずは本当にとっておきたい情報から始めて、使い勝手を考慮しつつ、最適な保存場所を決めていこう。小難しい理論や緻密な設計などは必要ない。まずはシンプルにそこから始めてシステムを作り上げていくのだ。慣れてきたらすこしずつシステムを拡大し、日々の生活にあわせて細かくチューニングしていけばよい。何が最適か迷ってしまうこともあるだろうが、ポイントは定期的にシステムを見渡して再評価し、必要な場合には大胆に軌道修正することだ。

## いつかやる／多分やる

行動を起こす必要がないものの二つ目は、後日検討し直す可能性があるものだ。いつか旅行してみたい場所や読んでみたい本、来年度中に取り組んでみたいプロジェクト、伸ばしてみたい才能やスキルなどがこれにあたる。こういったものを把握しておくには、それらを何らかの方法で保管しておく必要がある。

こうしたものはいくつかの方法で管理していくことができる。「いつかやる／多分やるリスト」に入れたり、カレンダーに記入してリマインダーにしたり、紙ベースの備忘録ファイルに入れていくといいだろう。そうすればそれらの「気になること」を頭の外に追い出しておくことができる。

### 「いつかやる／多分やるリスト」

「把握する」作業で気になることを頭の中から追い出していると、その中には本当にやるかどうか迷ってしまうものもあるはずだ。「スペイン語の勉強」「子どもに馬を買ってやる」「何々山に登る」「推理小説を書く」「別荘を買う」といったものだ。

こうしたものは、「いつかやる／多分やるリスト」に入れておくといい。リストに書き込んでいるうちに、もっとアイデアが浮かんでくるかもしれない。思いついたものはすべて入れてしまおう。

驚くべきことに、このリストに書いておいたことが、いつのまにか実現してしまうこともよくある。「いつかやる／多分やるリスト」を意識していれば、仕事にも人生にも、さまざまな素晴らしい可能性が開けてくる。意識してイメージすることが人の認識や能力に及ぼす影響力を考えれば、これは驚くことではない。**やるかもしれないと認識していれば、チャンスがめぐってきたときにそれが実現する可能性がぐっと高まってくる。**私自身、そういうことを何度も経験している。フルートを吹けるようになりたい、海で帆船を操縦できるようになりたいという夢をこのカテゴリーに入れておいたら、いずれも現実となった。

なお、「いつかやる／多分やる」に入れたいものはインボックスだけから見つかるわけではない。創造的な思考をしているときや現在抱えているプロジェクトリストを確認しているときにも思いついたりするので、きちんと管理できるようにしておこう。

## 創造的な思考に身を任せてみよう

時間やお金が充分にあって、気持ちにゆとりができたらぜひやってみたいということは何だろうか。こういったものも「いつかやる／多分やる」のリストに入れてみよう。たとえば、次のようなものが考えられるだろう。

・家に関して買いたいもの、作りたいもの
・始めたい趣味
・習得したいスキル
・創造的な活動
・欲しい洋服やアクセサリー
・買いたい小道具やガジェット
・旅行したい場所
・参加してみたい団体
・してみたい奉仕活動
・体験してみたいこと、見てみたいもの

**現在のプロジェクトを再評価する**

より高い視点（仕事における責任、目標、個人的なやるべきこと）からプロジェクトリストを見直し、現在のやるべきことの中で「いつかやる／多分やる」に移せるものがないかを考えてみるのもいいだろう。数カ月先まで考えてみて、今はやる余裕がないけれど、近いうちにやってみたいと思えるものもあるはずだ。

「いつかやる／多分やる」は、ゴミ箱に入れるべきではない。これまで経験したことのないクリエイティブなものや興味深いものが眠っている可能性があるからだ。

「いつかやる／多分やる」は、サブカテゴリーに分けると便利な場合もある。時間やお金に余裕ができたらすぐに実行したい家庭内のことと、「ネパールで登山をしたい」「恵まれない子供のための基金を設立したい」などの壮大なことは同じカテゴリーで管理しなくてもいいはずだ。このあたりは、さまざまな分け方を試してみて、その分類の仕方で気力が失せるか、それとも気力が湧き出てくるかで判断するといいだろう。

## 行動を検討してみたい「いつかやる／多分やる」

おそらく、「いつかやる／多分やる」に分類した興味がありそうなことの中には、何らかの行動について検討してみたいものがあるだろう。こういったものをリストに集めてみるのもなかなか楽しい。たとえば次のようなことだ。

・食べたいもの、飲みたいもの、行ってみたいレストラン
・子どもといっしょにすること
・読みたい本
・ダウンロードする曲
・観たい映画
・贈り物のアイデア
・チェックしたいウェブサイト



「いつかやる／多分やる」カテゴリーを管理できるようになると、創造的な思考が広がってくる。今すぐやると決めることなく、「できたらいいなあ」という素晴らしい活動をイメージできるようになるからだ。

・週末に旅行したい場所
・その他のアイデア――どこにも分類できないもの

このようなリストは、「資料」と「いつかやる／多分やる」の中間のようなものだ。お勧めのワインやレストラン、本などをリストとしてまとめておいて、必要なときに見たいと思ったら「資料」だし、定期的に見直していつかやってみたいことのリマインダーとすることを考えると「いつかやる／多分やる」ことともいえる。

いずれにしても、人生に豊かさをもたらしてくれる可能性のあるものを手軽に集めて整理しておけるシステムがあれば、頭の中やデスクをすっきりした状態に保っておくのに役に立つ。これがGTDを実践すべきもう一つの理由でもある。

## 〝あとで判断する〟ものを積み上げない

「いつかやる／多分やる」と「あとで判断する」は大きく違う。たまに「あとで判断しよう」というものを「いつかやる／多分やるリスト」に片付けて安心している人がいる。しかし、こういう人は、「時間ができたときにどうするか判断しよう」と自分に言い聞かせて、とりあえずそこに置いているだけだ。このようなやり方はお勧めできない。私の経験からすると、そのような人があとで〝判断〟をすることはほとんどない。

「あとで判断する」に投げ入れてしまったものについては、さっさと「見極める」作業をしておくべきだ。「@読む／評価」に回したり、「資料」としてファイリングしたり、あるいはカレンダーに記入したり、備忘録ファイル（247ページ参照）に入れたりして適切に整理し、定期的に確認していこう。また、中には「次にとるべき行動」がまぎれ込んでいることもあるだろう。

## あとで検討してみたい行動をカレンダーに記入する

カレンダーは後日検討してみたいことを記入しておくツールとしても活用できる。私が指導したほとんどの人は、カレンダーをうまく使いこなせていなかった。うまく活用できていれば、書き込めることはもっとたくさんある。

カレンダーには三つの用途があるが（77ページ参照）、その一つが特定の日に関わる情報の置き場所としての使い方だ。ある特定の日に検討したいものを書き込むことによって、そのことから頭を解放することができる。たとえば、次のようなものがあるだろう。

- 検討してみたいプロジェクト
- 検討してみたいイベント
- 検討してみたい決断

### 検討してみたいプロジェクト

今は考える必要はないが、将来検討する価値があるプロジェクトは、適当な日付を選んでそこにリマインダーを置いておくといい。時間単位ではなくて日単位のスペースに記入しよう。そしてその日が来たら、行動を起こすべきものとして「プロジェクトリスト」に入れるといい。典型的な例を見てみよう。

・ある程度、時間的な猶予があるもの（新商品の発売、資金集めのイベントなど）
・予算報告、年次会議、イベント、その他の会議など、ある時期が来たら準備が必要なもの（たとえば来年の営業会議の企画、子どもの新学期の準備などを、適当な時期にプロジェクトリストに入れる）
・誰かに対してやることがある日（誕生日、記念日、年中行事の贈り物など）

**検討してみたいイベント**

セミナーやカンファレンス、講演、文化的行事など、ある時期が近づいたら行くかどうか決めたいこともある。これらについては、その「時期」を決めておき、カレンダーにリマインダーとして記入しておこう。たとえば、「明日、商工会議所の朝食会」「フットボールのチケット発売日」「気候変動に関する特集番組午後8時から」などがあるだろう。

**検討してみたい決断**

重要な決断の中には、今すぐ決める必要がない、あるいはまだ決めたくないものもあるかもしれない。その決断に何らかの判断材料が必要なら、「次にとるべき行動」か「連絡待ち」リストに登録して、判断材料を入手するべきだ。そうではないものに関しては頭の中だけで考えればいいが、まだ決断しなくて大丈夫という安心感をもつには、後日また考えられるようにしておかないといけない。カレンダーにそのリマインダーを置いておけば、その目的を達成することができる。

これに該当するのはたとえば次のようなものだ。

・雇用／解雇
・合併／買収／売却／分離
・転職／転身
・戦略転換

「時期が来たときに思い出せれば、今は気にしなくてもいい決断はないだろうか」と考えてみてほしい。そういうものがあれば、カレンダーにこの種のリマインダーを書いておこう。

**備忘録ファイル**

「今は行動を起こす必要はないが将来必要になるかもしれないもの」を管理するスマートな方法の一つに、この「備忘録ファイル」がある。*5



システムに組み込んでおけるなら、決断を見送ると決断してもかまわない。

*5 「未定ファイル」「延期ファイル」「未決ファイル」「フォローアップファイル」などと呼んでもいい。

一種のカレンダーではあるが、将来思い出したいことのリマインダーをそのまま放り込んでおける物理的なファイルである。将来の決まった日に自分に届けたいものを投函する私設ポストのようなものだが、とにかく便利で、私自身、何年も使ってきた。テクノロジーの進化で、このようなリマインダーもソフトウェアやモバイル機器で簡単にデジタル化できるようになったが、アナログ式のほうが使いやすい場合も多々あるだろう。私自身の整理システムでも、アナログ式で物理的に管理したほうがいいものがまだいくつも残っている。

「備忘録ファイル」とは要するに、紙などの実体のあるリマインダーを、将来の特定の日に確認するインボックスに入れておいて、その日が来たら〝自動的〟に見られるようにしておくというシンプルなシステムである。

秘書やアシスタントがいるなら、この役目をすべて（一部でもいい）任せてしまってもいいだろう（それには彼ら自身もきちんと機能するシステムを持っていなければならないが）。具体的には次のような例が考えられる。

・「会議の日の朝にこの議題のファイルを渡してほしい」
・「水曜日の会議で使うので月曜日に関係のあるファイルを渡してほしい」
・「香港出張の行程を計画できるように、２週間前に確認してほしい」

そして毎日、その日に該当するフォルダを出して確認していこう。スタッフに任せられるものは任せてしまうこともできるが（実際そのほうが効率的なことも多い）、重要なポストに就いている人でも、自分だけの「備忘録ファイル」を持っていたほうがいい。このファイルはさまざまなものに活用できるし、中にはアシスタントの手をわずらわせたくないものもあるからだ。私の場合、出張で必要となる書類、誕生日や特別なイベントのリマインダー（カレンダーのスペースに書き込みきれないもの）、近い将来、時間があるときに検討したいことの資料を印刷したものなどを入れている。

「備忘録ファイル」に必要なのは、毎日数秒の更新作業だ。費やす労力に比べれば、その効果は絶大である。「時期が来るまで判断しない」という判断を整理しておくためのユニークな仕組みであることは間違いない。

## 備忘録ファイルを作る

使うファイルは全部で43個。そのうち31個には1から31までのラベルを貼り（日別ファイル）、残り12個には1から12までのラベルを貼る（月別ファイル）。日別ファイルは手前に置き、明日の数字のものがいちばん前に来るようにする。今日が10月5日なら6のファイルだ。その後ろには7から31までのファイルを並べる。31のファイルの後ろには、翌月（この場合は11月）の月別ファイルを置き、その後ろに1から5までの日別ファイルを置く。さらにその後ろに、12月と、

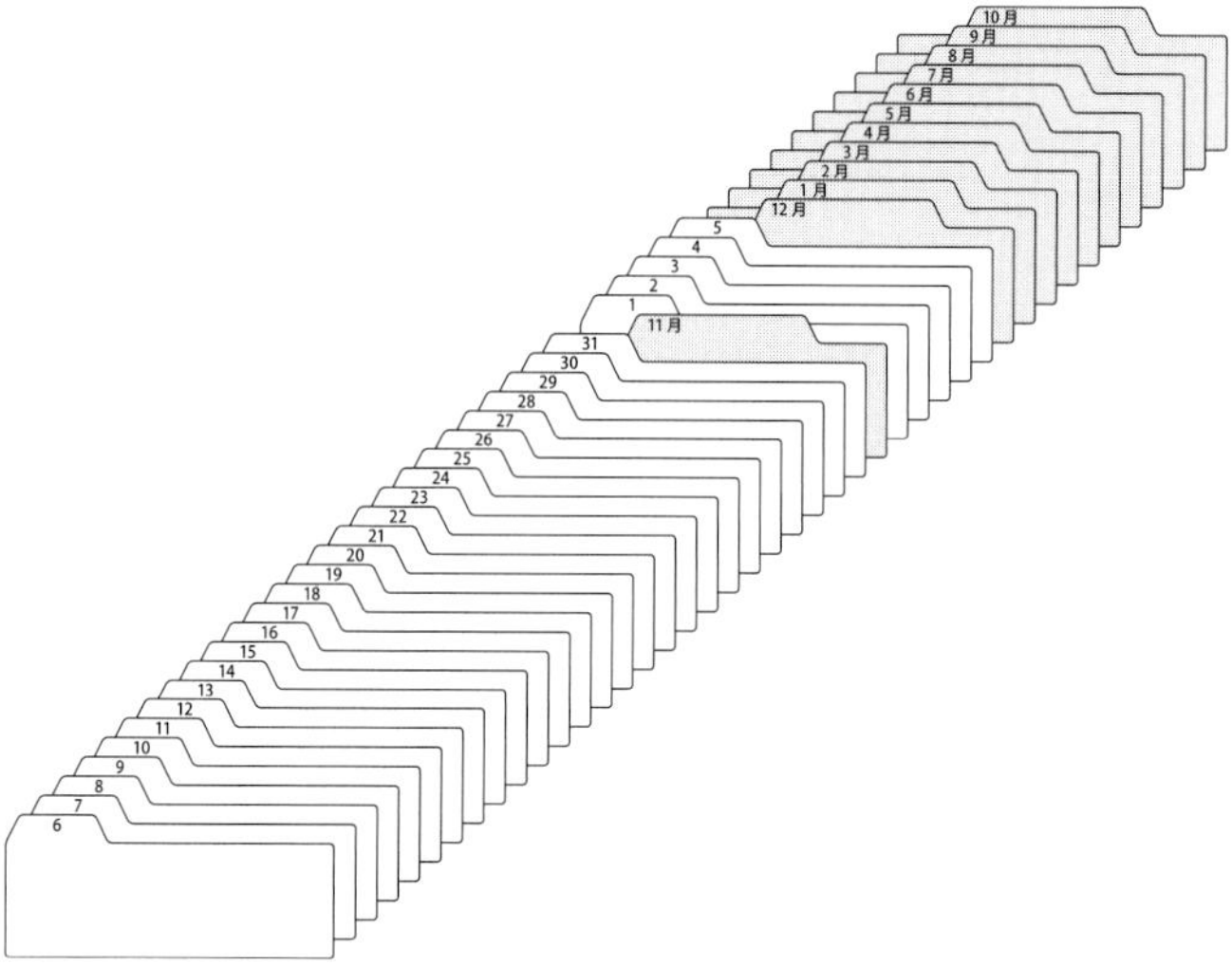


1月から10月までの月別ファイルを並べる。

手前の日別ファイルに入っているものはその日が来たらインボックスに入れ、空になったファイルは日別ファイルのいちばん後ろに挿入する（この時点で10月6日ではなく11月6日のファイルになる）。同様に月別ファイルが手前に来たら（10月31日のファイルを空にすると11月の月別ファイルがいちばん前に来る）中身をインボックスに入れ、来年のファイルとして月別ファイルのいちばん後ろに置く。これは永久に使うことができるファイルシステムで、常にその日から始まる31日と12カ月分のファイルが並ぶことになる。

「備忘録ファイル」を使うと、物理的な書類や資料をそのままリマインダーとして使えるというメリットがある。特定の日に記入しなければならない用紙や、チェックしないといけない会議の議題、その日まで支払う必要のない請求書などを直接入れておけるわけだ。

このシステムを機能させるには、毎日更新していく必要がある。その日のファイルを空にするのを忘れると大事なものを取りこぼしてしまうので注意しよう。出張や週末などで空にできないときは、〝事前に〟空にしておくといいだろう。

## チェックリスト——クリエイティブなリマインダーを作る

GTDの整理システムに関してはもう一つやっておくといいことがある。プロジェクトや作業プロセス、関心のあること、やるべきことなどに関して、改善のためのアイデアが浮かんできたら、それらを随時まとめてチェックリストにする癖をつけておくといい。

これまでに述べてきたリストやリマインダーもある意味チェックリストではあるが（定期的に更新して見直すという意味において）、より一般的な意味でのチェックリストも必要に応じて気軽に作っていくといいだろう。「仕事や人生で取り組んでいきたいこと」「ウェブサイトに写真をアップロードする手順」といったリストがあれば便利なこともあるはずだ。

**ひと昔前、アルフレッド・ノース・ホワイトヘッドは「文明は、考えずに実行できる重要なオペレーションの数を増やすことによって進歩する」と述べたが、なるほどと納得した。**チェックリストはまさにこの考え方に基づくものだ。「年末には毎年これをする」といったチェックリストを作っておけば、新たな視点で定期的に物事を見直すことができるだろう。また「セミナーを開催する前にすること」といったチェックリストがあれば、ある状況下において頭で覚えきれない詳細を確認することができる。こうした思考は、「外部の脳」、つまり必要に応じて必要なことを確認できるシステムに任せるべきなのだ。[*6]

仕事や人生において、リラックスしながら生産性を高めていくために作っておくといいチェックリストは実にたくさんある。料理本のレシピもその一種といえる。そのとおりに進めていくことで、集中しながら生産的に作業をすすめていくことができるからだ。会社で決めた「今年の3大目標」もそうだろう。

GTDを実践するプロセスにおいても、チェックリストが活躍するケースがある。それらについて説明していこう。

## 忘れたくないことは何か

クライアントを指導して頭の中の「気になること」を整理してもらうと、たとえば次のようなメモが出てくる。

・定期的に運動できるようにする。
・子どもと過ごす時間を増やす。
・部門編成について計画しておく。
・チームの士気を維持する。

*6 チェックリストの機能と価値がいかに偉大かは、アトゥール・ガワンデ著『アナタはなぜチェックリストを使わないのか?』(晋遊舎)で説明されている。

・会社の戦略をもっと意識する。
・クライアントへの請求手続きをスムーズにやる。
・精神修行を怠らない。
・部下の目標を尊重する。
・仕事へのモチベーションを維持できるようにする。
・社内の重要人物とのコミュニケーションを欠かさない。

このように、やったほうがいいかもしれないと思っていたり、関心をもっていたりしながら、どこか曖昧な感じのするものについてはどう扱うべきだろうか。

## まずはプロジェクトや行動を明らかにする

こうしたものについては、まずは今までどおり、望んでいる結果（プロジェクト）と次にとるべき行動を明らかにしていこう。ここで出てくる大部分のものにはそうした対応をしてシステムに組み入れることで解決する。たとえば、「定期的に運動できるようにする」は、「運動メニューを決める」というプロジェクトだったり、「サリーに電話してトレーナーを紹介してもらう」という、次にとるべき行動だったりする。「チームの士気を維持する」の場合は、「チームビルディング手法を模索する」というプロジェクトを設定し、次にとるべき行動は「人事部長にメールし、意見を求める」とすればいいだろう。

ただ、中にはこれに該当しないケースもある。その場合は、チェックリストで対応できることが多い。

## 仕事や責任を負っている重要な分野の青写真

こうして書き出したアイデアの中には、いますぐ具体的な行動をとる必要はないが、普段から意識しておきたい、漠然とした目標のようなものもある。「ベストコンディションを保つ」「健康管理」などがそうだろう。こうした日々の作業よりも高いレベルでの目標やアイデアも、チェックリストに入れておいて定期的にレビューするといいだろう。こうした高いレベルの目標を意識し、それがどういった意味をもつかを考えることは、日々の生活において、今、何をするべきかの選択を助けてくれるはずだ。たとえば、いちばん上のレベルに該当するのは、次のようなものだろう。

・キャリアにおける目標
・奉仕活動
・家族
・人間関係
・コミュニティ
・健康、気力

・資金
・表現、創作

もう一つ下のレベルに降りると、仕事で責任を負っている分野、長期的な構想について考えることになる。たとえば次のようなものがある。

・チームのモチベーション
・業務プロセス
・時間管理
・スタッフの問題
・仕事量
・コミュニケーション
・テクノロジー

こういったものを必要に応じてリストにしておき、適切な間隔で見直すことができれば、目指すべき方向がはっきりとしてきて、仕事の現場においても正しい選択ができるようになる可能性が高まるはずだ。現状がうまくいっているという確認になるだけの場合も多いが、今の状況を知っておくだけで、よりリラックスして適切な分野に焦点が当てられるようになる。

## 慣れない状況ほど、より厳密な管理が必要

チェックリストや整理システムでの管理がどの程度必要かは、その責任分野にどれほど不慣れかということに関係してくるだろう。長い間その分野に携わっており、少々の変化が起きても大丈夫という自信があれば、整理システムでの管理は最小限でいいはずだ。いつ何をどのようにすればよいのかを心得ているからだ。だが、そうはいかない場合も多々ある。

誰でも、あらかじめ定められた手順を踏まなければならなかった経験があるだろう。たとえば金融取引における手続き、ソフトウェアを更新する手順、あるいは友人の別荘を使わせてもらったときのチェックイン手続きなどだ。実際にやる段になって「待てよ、どうすればいいんだっけ?」といったケースである。こうした場合に困らないようにするにはチェックリストが必要だ。私はコンピュータやソフトウェアの知識に疎《うと》いので、専門家に困ったときの手順を教えてもらったときは必ずリストにするようにしている。

ある状況に慣れるまでは、チェックリストを活用するとよい場合も多いだろう。たとえばCEOが突然いなくなってしまい、あなたがすぐさま代理を務めなければならなくなったとしたらどうだろう。基本業務がきちんと稼働するように、重要事項を記した何らかのリストを作り、必要に応じてチェックすべきだろう。または新しい職務についたばかりで、あまり経験のない分野の責任を担うことになったとしたら、最初の数カ月は同じようにチェックリストが必要になるはずだ。私の会社では新しい組織とワークフローを導入したため、スムーズに稼働するまでのサポー

トとして、いくつかの重要なチェックリストを利用している。

個人的にも、コントロールが保てていると自信がもてるまで、いくつかのリストを作らなければならなかった経験がある。たとえば、妻と共に何年も携わっていた事業を再編成することにしたとき、私はまったく経験のない分野の責任を担うことになった。会計、ＩＴ、マーケティング、法務、管理などの分野である。私は何カ月かにわたりチェックリストを利用して、やり忘れているところがないかをすべての面から確認し、軌道に乗るまでの時期をうまく乗り切ることができた。こうしたチェックリストはその状況にある程度慣れてしまったら不要になる。もうそのリストを見なくても大丈夫、という自信をもつことができたら捨ててしまうといいだろう。

## すべてのレベルでチェックリストを作る

どんなチェックリストでも、作りたいと思ったときに作ってしまうことだ。「人生で大事なこと」から「キャンプに持っていくもの」「クリスマスプレゼントのアイデア」まで、さまざまなものが考えられるだろう。思いついたときにリストを作るというごく簡単な習慣が、目には見えない大きな変化を人生にもたらしてくれるはずだ。

参考までに、私がこれまで目にしてきたチェックリストをいくつか紹介してみよう。一部は私自身も使っている。

・仕事上の責任（重要な責務となっている分野）



チェックリストがあると、何を気にしなくていいかがはっきりする。

・運動プログラム（筋トレ）
・旅行用チェックリスト（旅行に先だってやっておくことや準備）
・週次レビュー（毎週見直しを行ない、更新すべきこと）
・トレーニングプログラムの要件（裏方の作業も含め、指導しなくてはいけないこと）
・主要なクライアント
・連絡を絶やさないでおく人（保っておきたい人脈すべて）
・年末の行動（1年のまとめとして行なうすべてのこと）
・自己開発（自分の能力を伸ばしていくために定期的に見直したいこと）
・ジョークのネタ

思いつきでも、じっくり練ったものでもいい。さまざまなチェックリストを自分のものにしていこう。好きなときに作って、不要になったら捨てることを習慣にするといい。新しいチェックリストを簡単に入れておけるような場所を作っておけば生活も楽しくなってくるはずだ。ルーズリーフを使ってもいいし、デジタルの管理ツールを使ってもいい。チェックリストをうまく活用することができれば、ストレスなく高い生産性を発揮できるようになるはずだ。

すでにあなたは仕事と人生における「気になること」をすべて「把握」し、それらの意味と必要な行動を「見極め」、信頼できるシステムにそれらを「整理」した。あなたのシステムには、

高いパフォーマンスを発揮し、優れた自己管理を行なうには、その場ですぐにチェックリストを作成し、必要な時に見られるようにすることだ。

あなたが現在抱えている「プロジェクト」と「いつかやる/多分やる」ことが、大きなものから小さなものまですべて収まっているはずだ。次章では、ストレスフリーの整理術を実現するための次のステップ、「更新する」を見ていこう。

GETTING
THINGS
DONE

第２部
ストレスフリー環境で
高い生産性を発揮しよう

# 第８章
# 更新する
## システムの機能を維持する

ＧＴＤを実践する目的は頭をのんびりさせることではなくて、より知的で生産的、なおかつ創造的な活動ができるように頭をすっきりさせることにある。この状態に到達するには、すべての物事を定期的に見直し、最新の状態を保っておく必要がある。**やるべきことに集中できていて、やっていないことについても「今はそれでも大丈夫」という確信が得られなければならない。**そのためには定期的にシステムを見直し、その中身を「更新」していくことが不可欠だ。

たとえば、かけなくてはならない電話のリストで考えてみよう。このリストを見直すことを怠り、それが最新かつ完全でなかったとしたら、あなたの脳はどう考えるだろう。「このリストは信用できないな」という判断を下すことになり、そのせいであなたの脳はまたレベルの低い作業に逆戻りしてしまう（つまり、「これを覚えておかなくちゃ」と頭で覚えておかなくてはいけなくなる）。ここまで読んできたあなたにはもちろん、それがいかに非効率的なことかがおわかりだろう。

要するに、システムは鮮度が大事だということだ。そのときどきでやるべき行動を適切に選択していくには、システムが常に最新の状態で、人生と仕事をあらゆるレベルから見渡せるものでなくてはならない。

そのために注意しておきたいのが次の2点だ。

・いつ何をチェックすればよいのか。
・システムをうまく稼働させていくには、何をどの程度の頻度で更新すればよいのか。

この「更新」プロセスを正しく実践することができれば、仕事や人生において、一つ上のレベルで前向きな思考ができるようになる。

## いつ、何をチェックするか

あなたの整理システムは、いざ行動を起こすというときに、いつでもすべての選択肢が見渡せる状態になっていなければならない。考えてみれば当たり前のことだが、そこまで機能的なシステムを構築できている人は実際にはほとんどいない。

自由な時間があって、電話をかけられるときは、かけないといけない電話がすべて書いてあるリストをチェックして最善の選択をするか、今はかけなくてもいいと納得する必要がある。上司や共同経営者と相談するときに事前に協議事項をチェックしておけば、時間を最大限に有効活用することができる。クリーニングに出したものを取りにいくときは、でかけたときに片付けることができるほかの用事もチェックしておいたほうがいいのは言うまでもない。

よく「システムの更新にはどれくらい時間をかけるのですか」という質問を受ける。私の答えは「自分がやっていることに自信がもてるようになるまでいつまでも」だ。実際の更新作業としては、まとまった時間をとっているというよりも、「常にそうした更新を意識している」といったほうが正確だ。行動のためのリマインダーがあちこちに散らばっている人も多いが、ＧＴＤの「把握」「見極め」「整理」を実践できていれば、システムの「更新」は数秒で済んでしまう。

## まずはカレンダーから

もっとも頻繁に見直して「更新する」ことになるのは、カレンダーと、その日の備忘録ファイル（備忘録ファイルを作っている場合）だろう。これによって、その日に〝必ずやらなくてはならないこと〟がわかるので、まず何をやるべきかの判断ができる。午前８時から午後６時までずっと会議があって、ランチ休憩が30分しかないとわかっていれば、ほかの活動についての判断がしやすくなるはずだ。

## 次にとるべき行動リスト

適切なときに適切なものに目を通すことさえできれば、通常は毎日数秒のレビューで十分だ。

カレンダーを確認して必要な対応をしたあとは、今の状況でできる行動のリストを見直すことになる。具体的には、職場にいるなら「@電話」「@パソコン」「@会社」といったリストをチェックする。必ずしもそれらについて行動する必要はない。入ってくる仕事と見比べて、何をするのがベストかを判断していこう。「大事なものを見落としていない」という確信をもてることが重要なのだ。

カレンダーに必要なことがきちんと書き込まれていて、次にとるべき行動のリストが最新の状態に保たれていれば、日々確認する必要があるのはおそらくこれだけになる。私の場合、何日もリストを見なかったことさえある。カレンダーを見直したあとに、ほかのことができないことが明白だったからだ。

## 適切な状況で適切に見直して更新する

リストはいつ見直しが必要になるかわからないので、いつでも取り出せるようにしておこう。1日の終わりに家でくつろいでいるときに、配偶者と2人で家や家族に関してはっきりさせたいことがあれば、協議事項のリストを見たくなるだろう。上司が突然現れて仕事の現状や優先順位について話しはじめたときは、最新のプロジェクトリストや上司との協議事項リストが手元にあったほうがいい。また、突然テキストメッセージが来て、戦略的に重要な見込み客から予定外のランチミーティングに招待されたとしたらどうだろう。状況次第では午後まで続くかもしれないランチミーティングに集中できるよう、すぐさま準備をして関連データを印刷したり、ほかに入っていた約束を変更しなくてはいけない。こうしたときにも、やはりリストが手元にないと安心して判断することができないだろう。

## システムを更新する

本当に信頼できる整理システムを維持していくには、折に触れてより高いレベルから自分の頭の中の状態やシステムを点検し、更新していかなければならない。それにはリストが最新の状態になっている必要がある。システムがきちんと更新されていないと、「頭で記憶しておく」という次元の低い作業に頭が再びわずらわされることになる。

実は、ここがいちばん難しいところだったりする。すべてが管理できているという安心感を体験できたとしても、システムの機能を維持するために必要なことをしていかないと、その状態は長続きしない。**長年GTDを多くの人に指導してきた経験から、私がたどりついた結論がある。**

それは、システム維持のカギを握るのが「週次レビュー」だということだ。

### 週次レビューの威力

あなたもおそらくそうだろうが、ほとんどの人は、どんなに努力しても追いつかないような速さで物事が押し寄せてくる状況の中にいるはずだ。もちろん私も例外ではない。現代では、多くの人が自身の能力を超えた負荷の中で常にもがいている。1日に何件もの会議の予定があり、ア

「人生を管理することと、幸福を追求することは、二つの別個の問題ではない」──アイン・ランド

フターファイブもさまざまな議論を交わし、やらなければならないことに追われながら過ごしている。ほかにも数々の創造的なプロジェクトに挑戦していることだろう。

このようにさまざまな行動に追われているときこそ、週次レビューが威力を発揮する。新たに「気になるもの」を把握しつつ、すでにリストにあったものとあわせて再評価し、再び「見極め」「整理」を行なうことによってのみ、安定した精神状態を維持していくことができる。こうした作業は、週次レビューでしかできない。

また、週次レビューをすることで、どのプロジェクトにもっとも注力すべきかについての直感的な判断を下せるようにもなる。突然想定外の仕事やお誘いが舞い込んできたときに、安請け合いをするのではなくて、自信をもって「今は無理です」「大丈夫です！」という判断を下せるようにもなるだろう。週次レビューを行ない、すこし高い視点からすべてのプロジェクトを見渡すことによって、こうした状態を維持していこう。

## 週次レビューとは

週次レビューとは、簡単に言ってしまえば頭を再び空っぽにし、先の数週間を見据えた態勢をとるための作業だ。週次レビューでは、ワークフロー管理の一連のステップを再度行なうことになる。すなわち、現在自分が関わっているすべてのことを把握し、見極めて整理し、更新していくわけだ。それが済んではじめて、「できていないことはすべてわかっているし、その気になったときには実行できる」という確信をもつことができる。



「知識を生産的に活用するには、木と森の両方に目を向けられるようになろう。それらを結び付けられるようにならないといけない」——ピーター・F・ドラッカー

具体的には、「明確化する」「最新の状態にする」「創造的な思考をする」という3段階を踏む。まず「明確化する」ことで、やるべきことのすべてを把握し、見極められるようにする。次に「最新の状態にする」ことで、すべてのリストが見直され、更新される。最後の「創造的な思考をする」はある程度自動的に起こってくる。明確化や最新化の作業を通じて、仕事や人生に新しい価値を与えてくれるようなアイデアが浮かんでくるからだ。

**明確化する**

忙しい1週間のうちに生じたすべての「気になること」を、まずははっきりさせていこう。具体的には次のような作業になるはずだ。

**雑多な紙のものを集める**

書類やメモ、名刺、領収書など、デスクの引き出しや服の中などに潜り込んでいるものをすべて集め、インボックスに入れる。

**インボックスを空にする**

会議でとったメモ、ノートやパソコンに書き出したことに目を通し、「次にとるべき行動」「プロジェクト」「連絡待ち」「カレンダー」「いつかやる／多分やる」に分類していく。参考になるメモや資料はファイルする。メールやテキストメッセージ、ボイスメールの受信箱を空にする。

誰のところにも、システムが毎日処理できる以上のものが押し寄せてくる。

これは徹底的にやること。友人や会社とのやりとり、プロジェクト、新しい取り組み、新たに入ってきたことなど、すべてのメモやアイデアを「見極めて」から「整理」し、必要のないものについては捨てていこう。

## 頭の中にあるものを出す

物理的なものだけではなくて、頭の中にあるものについてもすっきりさせておこう。まだ「把握」と「見極め」の済んでいない、新たなプロジェクトや「気になること」があれば、整理をして適切なカテゴリーに取り込んでいくのだ。

## 最新の状態にする

システムの足を引っ張ることがないよう、古いリマインダーを処分し、利用中のリストを完全に最新の状態にしておこう。具体的なステップは次のとおりだ。

## 「次にとるべき行動リスト」を見直して更新する

完了した行動を削除する。リストを見直して次にとるべき行動があればリマインダーをリストに加える。私の場合、日々の生活の中では多忙のあまり、完了した項目をリストから消す余裕がないことも多い。次にどうするべきかを考える時間などもっとない。私にとって、週次レビューがこうした作業を行なう時間になっている。

### カレンダーのチェック（過去）

カレンダーの過去の欄に書かれている内容を細かくチェックし、まだやっていない行動や、資料として価値のある情報などを探してシステムに移していこう。「ああ、そういえば」と気づいたものと、それに関連するものをすべて取り込むこと。参加した会議やイベントについて考えてみると、やるべきことをいくつか思いつくことも多いだろう。ここ2～3週間分を漏れなく把握すること。

### カレンダーのチェック（未来）

カレンダーの予定を遠い先のものまでチェックして、必要な行動や準備を把握していこう。カレンダーを定期的に見直しておくと、ぎりぎりになって焦ることがなくなる。余裕をもって創造的なアイデアを出しておけるようにしておこう。

予定されている旅行、カンファレンス、会議、休暇などについての「プロジェクト」がないかを確認し、必要があればプロジェクトリストや「次にとるべき行動リスト」に取り込んでいこう。

### 「連絡待ちリスト」を更新する

誰かにメールをして進捗状況を聞く必要はないだろうか。誰かに連絡するときに、他にも頼みたいことがないだろうか。そうしたものがあれば必要な行動を記録しておこう。完了したものに関しては削除しておこう。

## 「プロジェクトリスト」を更新する

プロジェクトや目標、望んでいる結果を個別に見直し、それらを前進させるための行動が、少なくとも一つはシステムに入っていることを確認しよう。現在進行中のプロジェクトとその参考情報を確認し、それに関して起こすべき行動がないか、何が完了しているか、何が連絡待ちになっているかなども見ていこう。

## チェックリストを更新する

自分が現在携わっているさまざまなことや関心をもっていること、もしくは自らが責任を負っていることを考えてみて、他にやるべきことや、やってみたいことがないか確認していこう。

## 創造的になろう

ＧＴＤを実践すると物事の意味がはっきりしてきて、適切な物事に必要なだけ集中できるようになる。そうなると、さまざまなものが整理されてやるべきことが次々と完了していくことだろう。ただし、ＧＴＤの目的はそれだけではない。私がこの手法を創りだした大きなモチベーションの一つは「創造的で価値のある思考を生み出すゆとりを作りたい」というものだった。ここまでに説明してきた手順を実践することができれば、その種のゆとりを作ることができるようになる。私たちは本来、創造的な生き物であり、成長し、表現しながら生きたいという思いを常にもっている。むしろ、創造性を消し去ることのほうが難しい。私たちは創造性のエネルギーを発揮しながら生きている。創造的な活動とは、自由に行動し、思いつくままにアイデアを出し、それについて考え、その価値を活用していくということだ。本書で解説されている手法を応用していく中で、「ああ、そういえば！」「あれをやってみたいなあ」と思いつくようになったら、自然と創造的な思考プロセスを実践していることになる。

見直して更新するステップを踏まなければシステムは機能しない。適切な頻度でこれを行なうことで、頭がすっきりした状態を保てるようにしよう。そうすればいつでも余裕をもって行動することができるようになる。これは当たり前のことかもしれないが、きちんと実践できている人はほとんどいない。自分の整理システムをまだ確立できていない人にとってはとくにそうだろう。ある程度システムを使いこなせている人にとっても、日々のプレッシャーやまわりからの要求がある中で、物事を見直して更新していく時間を確保するのはなかなか難しいものだ。

## いつ、どこで見直して更新するか

週次レビューが整理システムを維持していくカギを握っていることはすでに述べた。スムーズに週次レビューができる環境やツールを整えることが重要だ。ＧＴＤの本質であるリラックスした状態がいったん達成されてしまえば、「更新」作業で苦労することはほとんどないだろう。自分で作った基準にしたがって作業を繰り返していけばいい。

ただし、そのような習慣が身につくまでは、必要なことをきっちりやらないといけない。週に一度、うまく自分を誘導して、少なくとも数時間は忙しい日常から離れるようにしよう。忙しさから逃げ出すのが目的ではない。より高いレベルからすべてを見直し、システムを最新の状態に保つためだ。

これはかなり幸運な人の場合だが、職場で人にわずらわされない自分だけの空間があり、平日だけ働いているのであれば、金曜日の終業時間を2時間早めて「更新」の作業を行なうといいだろう。この方法が望ましい理由は三つある。

・その週のことをまだ覚えているので「更新」作業をスムーズに行なうことができる。「あぁ、そうだ。あれについて彼女に確認しておかないと」といったことにも気づきやすいだろう。
・職場の人に関連した行動が見つかったとき（必ず見つかる）、週明けまで待たずに行動することができる。
・金曜日にすっかり見直しができていれば、すべてを忘れて週末を存分に楽しむことができる。

中には土日が休みではないという人もいるだろう。かくいう私も、土曜日と日曜日は水曜日と同じくらい忙しい。ただ、私は飛行機に長時間乗ることが多いので、その時間を活用している。自分のライフスタイルに合った週次レビューの方法を確立すればよい。私の知っている例では、



「ときにはどこかへ出かけてリラックスすることも必要だ。ずっと仕事をしていると判断力が衰えてくる。どこか遠くへ出かけなさい。そうすれば仕事の全体像がわかるし、調和がとれていないところがよく見えるようになる」――レオナルド・ダ・ヴィンチ

土曜日の朝にお気に入りのコーヒーショップで行なっている人もいるし、日曜日の教会で娘のコーラスを聴きながらという人もいる。

どんな生活をしている人でも、週に一度はこうした「更新」作業を行なう必要がある。すでに似たようなことをしている人もいるかもしれない。もしそうなら、より高い視点から見直すことをその習慣に加えるといいだろう。

週次レビューの時間を作るのがいちばん難しいのは、職場でも家でも、いつ仕事や用事が入ってくるかわからないという人たちだ。こういう状況だと、「更新」作業を行なう決まった時間や場所を確保することができない。トップレベルのトレーダーや、スタッフを束ねているマネージャのように、職場では常に臨戦態勢で、家に帰れば小さな子どもがいて奥さんも働いているような人たちは、私がこれまで出会った中でもっともストレスの溜まっているタイプの人々である。電車で1時間かけて通勤しているような人はまだ運がいいほうだ。

あなたもこういう状況に置かれているならば、どうやって定期的に「更新」作業を行なうかが最大の課題となるだろう。金曜日に会社で居残ったり、家でそうした場所と時間を見つけていく必要がある。

## 企業のためのレビューの時間

私はこれまでに多くの企業幹部を指導し、レビューのために時間を確保してもらった（だいたい週末に2時間ほどだ)。彼らにとっていちばん難しいのは、じっくりと思考する時間と、緊急対応に割く時間のあいだでいかにバランスをとるかである。これは非常に判断が難しいところだ。しかしもっとも経験豊富で優れた人は、緊急と思われるものを犠牲にしてでも、真に重要な物事を優先させることの価値を知っており、きちんとレビューのための時間を確保している。私のクライアントにある大企業の事業開発部長がいるが、次のようなことを言っていた。

「自信をもって直感的な決断ができるようになるには、物事をじっくりと見直して再考するための時間を確保することが不可欠です。ただしこれを理解できている経営者やマネージャは少ないように感じます……」

業務についてじっくりと考える時間を確保している企業幹部でも、プロジェクトレベルでレビューすることの重要性を軽く見ていることがある。長い会議が続いたあと、ワインを片手に庭の池のまわりを散歩するのもいいが、すこし上のレベルから経営上の課題について見直し、充分なコントロールがとれるようにしていくべきだ。

## 大局的なレビュー

より大きな成果や長期的目標、さらには行動を起こす際の判断基準となるビジョンや価値観も、ときどきは見直す必要がある。仕事の目的や目標は何か。1年後、3年後にどんな状態になっていたいか。キャリアは順調か。今の生き方に満足しているか。長い目で見て本気でやりた



日常生活をコントロールできるという自信がないまま目標を設定してしまうと、モチベーションとエネルギーは上昇するどころか低下してしまう。

いこと、やらなければならないことをする気があるか。

本書が主眼をおいているのは、日々の作業をどう片付けていくかという視点と、それよりももうすこし高いレベルの視点である。ただ、人生を謳歌して理想に近づくという本来の目的から見れば、より高い場所から眺めるのも大切なことだ。日々の行動とプロジェクトをうまくコントロールできるようになったら、ときどきはもっと上からの視点でもレビューし、本当の意味で頭をクリアにしていこう。

そうした大局的なレビューをどれくらいの頻度でやるかはあなた自身で判断するしかない。ただ、ストレスから完全に解放された状態を実現するには、仕事と人生を適切なレベルかつ適切な頻度で見直す必要があることを覚えておいてほしい。人生において何が起ころうとも、何を選択しようとも、やるべきことを必ずこなしていく、という決意をもっているならなおさらだ。

長年の経験からわかってきたことがある。それは日々の行動をしっかり管理し、うまくコントロールできるようになってはじめて、より高いレベルから物事を見る思考が生まれてくるということだ。仕事や人生において日々のやらなくてはならないことに圧倒され、混乱してしまうことも多いだろう。思い切って起業してみたり、組織の中で登りつめる決心をしたものの、対応すべきことの多くに埋もれて手に負えないと感じている人もいるかもしれない。また待望の子どもが生まれたはいいが、これから20年でやらなくてはならないことが山ほどあると気づいて（幸せではあるが）プレッシャーを感じている人もいるはずだ。こうした状態においては新しい目標を立てるのは難しいかもしれない。まずは今、目の前にあることにうまく対応できているという自信

「世界を理解するには、ときおりその世界から目を背けねばならない」――アルベール・カミュ

をもてるようにする必要がある。

今まで述べてきたように、将来の展望や価値観、目標について定期的に見直していくことは非常に有意義だ。ただ、人は自ら作り上げたまわりの世界にうまく対応できているという実感をもてていないと、自分との対話を避けてしまう傾向がある。そのような実感——つまり自分で決めたことに関しては必ず結果を出すことができるという自信——をもてるようになるまでにはどのぐらいの時間がかかるだろうか。私の経験からすると、このレベルの自信をもてるようになるまでには最低でも2年はGTDを実践し、習慣化していく必要がある。この期間の長さにがっかりしないでほしい。本書で紹介している手法やテクニックを活用しはじめると、仕事や人生において、さまざまなレベルでコントロールがとれるようになってくる。そしてそれまで見えていなかった、より高いレベルの視点から本来の目標が見えてくるようになるはずだ。

将来について考える際には、状況に応じて目標を柔軟に変えてもよい、ということも覚えておこう。ソフトウェア開発に携わる人ならこうした考え方になじみがあるかもしれない。いわゆる「アジャイル開発」という概念である。目標をもって開発を進めるが、実世界からのフィードバックをもとに大胆に舵取りをしていくことで、より完成度の高い成果を生み出していく手法だ。成功する未来を想像することは大事だし、素晴らしいことだ。しかし状況に応じて軌道修正をしつつ、現在の行動に自信をもてるようにするべきだろう。そうすることではじめて、もっとも効果的に成功を実現できるのだ。

私たちを取り巻く世界そのものは圧倒されたり混乱することはない——その世界への関わり方いかんで、私たちが圧倒され、混乱するのだ。

ここまで「把握する」「見極める」「整理する」「更新する」のステップを見てきた。しかし、最後の難関が残っている。「今は水曜日の午前9時22分、さて、あなたは何をするべきか」という質問に答えるのはそれほど簡単なことではない。次章ではGTDの最後のステップ――「選択する」について見ていこう。

GETTING
THINGS
DONE

第2部
ストレスフリー環境で
高い生産性を発揮しよう

## 第9章

# 選択する

## 最善の行動を選ぶ

さまざまな作業に追われる日々の仕事において、ある特定の時間に何をするべきかはどうやって選んでいけばよいのだろう。

答えは簡単だ。「把握する」「見極める」「整理する」「更新する」ステップを実行したあとに残っている選択肢の中から、直感を信じて行動を選択していけばいい。**ここまでGTDを実践してきたあなたなら、自分の直感に自信をもつことができるはずだ。**逆に「把握する」から「更新する」までのプロセスを事前にこなしていない人は、実際に行動を起こすときに自信をもって決断を下すことができない。ほかにやるべきことがないだろうか、と心配しながら、おそるおそる思いつくことの中から行動を選んでいくことになってしまうからだ。

第2章（88〜96ページ）で概要を説明したように、行動を選択するにあたって非常に役に立つ



常に直感を信じて生きること。直感を信じられるようになるためのアプローチもいろいろある。

モデルが三つある。

・四つの基準で現在の行動を選ぶモデル
・1日の仕事を三つのカテゴリーで評価するモデル
・六つのレベルで仕事を評価するモデル

この三つのモデルは、典型的なトップダウンのアプローチとは逆の順番で示されている。GTDの根本的な考え方と同様に、ここでもボトムアップのアプローチが有効だ。つまり、もっとも現実的なレベルから見ていくのだ。

## 四つの基準で現在の行動を選ぶモデル

そのときどきにおいてとるべき行動は、次の四つの基準を順番に考慮することではっきりしてくる。

1. そのときの状況
2. 使える時間
3. 使えるエネルギー

4．優先度

これらの判断基準をシステムにどのように取り入れていけば、最大限に活用できるだろうか。それぞれの基準を詳しく見ていこう。

## そのときの状況

そのときにやることで最初に考えなければならないのは、その場所でそこにあるものを使ってできるのは何かということだ。電話が使えるときもあるし、話し合う必要のある人がそこにいる場合もあるだろう。何かを買おうとしているなら、それを売っている店にいなければならない。

すでに説明したように、行動のリマインダーを状況ごとに整理する理由はそこにある。「@電話」「@自宅」「@パソコン」「@買い物・雑用」「@協議事項（ジョー）」「@協議事項（スタッフ会議）」といった具合だ。行動を選択する際に、このように〝状況〟で分類されたリストがあれば便利だろう。**一つのＴｏ Ｄｏリストにさまざまな状況でとれる行動がごちゃまぜになっていると、いちいち全部をチェックし直さなければならないからだ。**

たとえば、クライアントとの会議で先方の事務所に着いたところ、会議が15分遅れると伝えられたとする。その場合、「@電話」のリストが手元にあると時間を有効活用できるはずだ。

行動のリマインダーを状況別に整理することのメリットはもう一つある。**その〝気になること〟をリストに入れる時点で、次の物理的行動は何かという重要な判断をやらざるをえない、と**



「気持ちに余裕をもって仕事をすれば自由になれる」――ロバート・フロスト

**いう点だ。**私の行動リストはすべて状況別になっているので、リストに入れるときには必ず「次にとるべき行動」を考えなければならない。パソコンが必要か、電話がいるか、店に行かなければならないか、妻と直接話さねばならないか、といったことをそのつど判断することになる。状況をよく考えていない「@雑用」というリストを作っている人がいるが、こういう人は次にとるべき行動を考えずにリストに入れてしまっている。

私がクライアントを指導するときは、インボックスの中身を見極める段階で状況別のリストを作ってもらっている。そうすることで、各プロジェクトを前に進めるために必要な、具体的な行動がおのずと明らかになるからだ。

## 独自のカテゴリー分け

ＧＴＤを日常的に実践するようになると、自分の生活の状況に応じたカテゴリーを考案できるようになってくる。ツールや物理的な場所ごとに分類するのはもっとも一般的な方法だが、リマインダーを振り分けるための自分なりの基準はいろいろとあるものだ。

私は長期の旅行に出る前に、一時的に「@旅行前」というカテゴリーを作り、出発前にこなさなければならないすべてのものを行動のリストから移動させている。こうしておけば、旅行に出発するまではこのカテゴリーのみをレビューすればいいからだ。

新しく本を書くときは執筆モードに入らないといけない場合もある。こういった行動は「@パソコン」に入っているが、ノートパソコンで処理できるその他の雑務とは区別しておきたいタイミングもある（集中的に追い込みをかけるときなどだ）。そこで「@執筆」の行動リストを作って分けておくと、何をすればよいかの全体像がわかって安心できるし、生産的になれる。現在、私はパソコンを使わなくてはいけない行動を、インターネットの接続が必要なものとそうでないもの、それからネット検索だけが必要なもの（興味のあるものをウェブで調べるなど）に分けて整理している。

私が指導したクライアントの中には、「@頭を使わなくてもいいタスク」「@5分以下で片付けられるもの」といったカテゴリーを効果的に使って整理をしている人もいた。「@財務」「@家族」「@管理」のように、人生や仕事におけるテーマによってリマインダーを分別するとやりやすいという人もいる。また最近は、その行動をとったときに感じる気持ちに応じてカテゴリー分けをすると素晴らしい恩恵が得られると話してくれた人がいた。「@奉仕」「@生活の安定」「@富の構築」などだ。次にとるべき行動リストの〝正しい〟分類方法というものはなくて、自分に合った方法を見つければいいし、人生の変化とともにシステムも変化していく可能性が高いことを知っておこう。[*1]

まだGTDに慣れていない人には、こういった詳細な分類は必要ないし、なんだか大変そうだなと思ってしまうかもしれない。だが、人生と仕事における約束や責任を果たすためにすべての「次にとるべき行動」を見極めていくと、100を超える項目がリストに並んでいても不思議ではない。優れた整理システムを活用して素晴らしい成果を得るには、ある程度の分類ができている必要がある。

*1 次にとるべき行動のリマインダーが、「時間」「脳の労力」「場所」「必要なツール」「感情」「人生の側面」「目標とプロジェクト」などあらゆる角度から見渡せるのが理想的だが、どこまで細かく分類するべきかについては考慮すべきだ。行動をシステムに移すために複雑な思考や多大な労力を要するのでは、やる気が失せてしまうだろう。リストやカテゴリーの管理に使えるアプリケーションの機能は増えつづけているが、労力に見合った価値が得られるかどうかを考えるべきだ。状況による分類方法は、スプレッドシートが登場した当時でも可能であった。カラムやマクロを使ってできるからだ。だが、「兄に電話する」というリマインダーだけのためにその機能を使う必要があるかといえば疑問だろう。

## 使える時間

行動を選択する際の次の基準は、どれだけ時間の余裕があるかだ。10分後に会議が始まるときと、2～3時間余裕があるときでは、まったく違う行動を選択することになるだろう。

カレンダーと時計をチェックし、どれだけ時間が使えるかを把握しておけば便利なのは言うまでもない。さらにそこですべての行動のリマインダーを見直すことができれば、そのときにするべき行動を割り振っていく作業は格段にラクになる。会議まであと10分という状況なら、10分でできることを探せばいいわけだ。時間がかかる行動ばかりがリストに並んでいたり、次にとるべき行動がなかったりしたら、その場でできることは何もないという可能性もある。こういった短時間でできる行動もいつかはこなさなくてはならないのだから、1日のうちに不意に訪れる「スキマ時間」を有効活用できるようにしておくと生産的だろう。

また、ものすごく頭を使う仕事をしていたため、気分を変えて簡単なものを片付けたい、ということもあるだろう。そんなときは、さっと終わらせることのできる簡単な作業のリストを消化すればよい。レストランの予約を変更する、誕生日を迎えた友人に電話する、鳥のエサを注文する、近くの店や薬局で買い物を済ませる、といった具合だ。

## 使えるエネルギー

気力や体力は、作業環境を整えたり、集中することである程度は高めることはできる。しか

「頭が働いてよく考えられるときもあれば、何も考えないほうがいいときもある」——ダニエル・コーエン

し、予算会議をぶっつづけでやった日の最後に契約を取りたい顧客に電話をかけたり、人事評価の見直しをしたり、人生の伴侶に慎重を要する話題を切り出したりするのは賢い選択ではないだろう。航空会社に電話をかけて予約の変更をしたり、領収書をさっと処理したり、ベランダに出て夕陽を見たり、業界誌に目を通したり、デスクの引き出しを整理したりするほうがいいに決まっている。

GTDのプロセスを経ることによって「次にとるべき行動」がリストになっていると、さまざまな長さの時間を有効活用できるだけでなく、エネルギーのレベルに応じて生産性を発揮していくことができる。

精神的エネルギーや創造性のエネルギーが低い状態でもできることをリストにしておくと大変便利だ。どちらかが低いときに、そこに書かれていることをやっていけばいい。軽い読み物（雑誌、記事、カタログ、ウェブ検索など）、不要なファイルの選別、パソコンのバックアップ、植木の水やりやホチキスの針の交換など、いつかはやらなければならないこまごましたことは無数にある。

GTDできっちり整理をする理由の一つもここにある。これをやっておくことで、ベストコンディションでないときでも生産的な活動を続けられるからだ。エネルギーが低下しているときに、読むものの整理がついておらず、領収書が散乱していて、ファイルがごちゃごちゃでインボックスが機能不全に陥っていれば、そこから今できることをすぐに見つけるのは難しい。結局何も手をつけることができなくて、気分はいっそう落ち込んでしまう。エネルギーを回復する特

ベストコンディションでなくても、生産性は維持できる。

効薬の一つは、「済んでいないこと」を片付けてしまうことである。エネルギーがないときでも「済んでいないこと」を片付けられるよう、簡単な作業のリストをいつでも参照できる状態にしておこう。[*2]

今何をすべきか選択するための三つの基準を見てきた。ここまででもGTDの整理システムがいかに重要かがわかってもらえたと思う。「把握する」から「整理する」までのステップは常にできるとは限らないし、いつでもやる気に満ちあふれているわけでもないだろう。だからこそ、必ず事前に済ませておく必要があるのだ。そうすれば、「水のような心」を保ちつつ、状況を考慮したうえで、適切な行動を自信をもって選択していくことができるようになる。

## 優先度

そのときの状況、使える時間、使えるエネルギーを考慮したあとにはじめて、それぞれの「優先度」を考慮することができる。「残った選択肢の中でいちばん重要なのは何か」と考え、直感を信じて行動を選択していこう。

クライアントからはよく、「どうやって優先度を決めるのか」という質問を受ける。手に負える以上のことが目の前にあって難儀している人たちに共通している疑問だ。そのような状態だとどうしても片付かないものが出てくるが、どれを外すかの線引きが難しいのである。

もちろん、優先度を決めるのはそれほど簡単な話ではない。1日が終わったときに、その日で

*2 ただし、さほどエネルギーが要らないものをそのときにするのがいちばん生産的だから行なうのであって、やらねばならない難しいことを避けるために行なうのではないことに注意しよう。

きなかったことについて納得するには、自分が負っている責任や目標、価値観を意識的に見極めておく必要がある。しかし、そこには組織や他者の目標や価値観、方向性、それぞれの関係の重要性などがしばしば複雑に絡みあっている。これはすでに述べた「六つのレベルで仕事を評価するモデル」で対応が可能だ。このモデルについてものちほど詳しく見ていこう。

## 1日の仕事を三つのカテゴリーで評価するモデル

優先度を決めるということは、何かがほかのものよりも重要だという判断をすることだ。だが、何と比較してそれを判断するのか？　答えは「仕事」――自分自身や他者と約束した行動である。この点においては、今から紹介していく「仕事」を評価するための二つのモデルが必要になる。ＧＴＤの手法は実務において実践することが多いが、ここで言う「仕事」とは、プライベートと仕事の両方においてこなさなければならないもののすべてを意味している。

最近は、日々の仕事そのものにおいて、昔とはやや異なる努力が求められている。優れた生産性を発揮するためのシステムを作るには、そのあたりもきちんと押さえておく必要があるだろう。まず私たちが普段行なっている仕事は、次の3種類に分けられることを理解しておこう。

**・あらかじめ決まっている仕事**



仕事の本質を理解していなければ、自分の選択に自信をもつことはできない。

・予定外の仕事
・仕事を見極めるための仕事

今何をするべきかの行動を選択する際には、これらの仕事のうちのどれかを選ぶことになる。つまり、あらかじめ作っておいたリストから選んで行動するか、目の前に突然降ってきたことを片付けるか。あるいはインボックスを処理して必要な行動を見極め、その場で実行したり、リストに入れて将来行動できるようにするかだ。

問題は、多くの人が2番目の「予定外の仕事」に忙殺されてしまっていることだ。目の前に現れる仕事を再優先でやってしまい、ほかのものを放置してしまうのだ。

月曜日の午前10時26分にあなたが会社にいたとしよう。大事なクライアントから突然電話がきて30分話し込み、とったメモは3枚になった。約30分後の11時には、スタッフ会議に出ないといけない。昨夜は妻の両親と外出し、少々疲れ気味だ（義父にあとで話さないといけないことがあったはずだ、何だったかな……）。たった今、アシスタントが速達で届いた二つの国際郵便をデスクの上に置いていった。そして、緊急の会議の案件が三つあるがどうしますかとも言っていた。２日後には会社の戦略を練る大きな会議が控えていて、考えをまとめておかないといけない。そういえば車で会社に向かっていたとき、エンジンオイルのランプが点灯していた。朝、上司とすれ違ったときに、昨日のメールに対する意見を午後３時の会議前に聞かせてほしいと言われたが、どうするべきだろうか……。

書類受けやメールの受信箱をチェックしたり、さまざまな未解決事項を片付けていくかわりに、目の前にある緊急性の高いことだけをやってしまう人は多い。

「月曜日の午前10時26分のこのような状況」に対して、あなたの整理システムはうまく機能してくれるだろうか。あなたが頭の中にまだいろいろなものを溜め込んでいて、重要なものだけをリストにしているなら、おそらくそれを望むことはかなわないだろう。

多くの人にとって、やるべきことを見極め、整理し、見直し、何をしたらいいかよくわからない仕事を意識して定義するよりも、急に降ってきた仕事や緊急の要件に追われていたほうがラクなようである。仕事に忙殺されるのは簡単だ。未処理のことや雑多な仕事がデスクの上やメールの受信箱、頭の中にあふれている状態ではとくにそうである。

実際、人生や仕事においては、多くのことが突然目の前に現れる。そしてたいていは、それが最優先事項となる。確かに現代では、新たに舞い込んでくるさまざまな仕事を手際よく片付ける能力がプロフェッショナルに求められている。上司が現れてちょっと話がしたいと声をかけられれば、無視するわけにはいかないだろう。部長から何かを頼まれれば、それが最優先事項になる。得意先の要求を満たせないことが明らかになったら、その問題を真っ先に解決しないといけないはずだ。あるいは、子どもが突然ひどい風邪にやられることもあるだろう。

こうしたことは、仕方がないことではある。だが、リストにあるほかの行動をレビューし、ときには他者と協議して調整していかないと、頭の中のもやもやはどんどん膨らんでいき、それが堪えがたいストレスとなってしまう。仕事において健全な精神状態を保つには、今しなくてもいいことをきちんと把握し、それらについて安心していなくてはならない。それには、インボックスの中身を定期的に見極めて仕事の内容を明らかにし、あらゆるリストを適切な間隔でレビューしていく必要がある。

**すべてのやるべきことを把握したうえで、入ってきた仕事をほかの仕事より優先させるのなら何の問題もない。それが最善の行動だからだ。**しかしほとんどの人は、すべての「やるべきこと」について望んでいる結果と次にとるべき行動を明らかにする作業をしていない。やるべきことが曖昧なまま、とりあえず緊急性が高そうに見えるものばかりやっているとストレスは溜まる一方だ。実際のところ、多くの人にストレスとパフォーマンスの低下をもたらしているのが、これらの〝予定外の仕事〟なのだ。自分がやるべきことをすべて把握しており、何をしなくていいかについて安心していれば、〝予定外の仕事〟についても的確な判断を下すことができる。**そうした状態であれば〝予定外の仕事〟も、ストレスではなくて、新たな創造性を発揮できる〝機会〟となることを知るべきだろう。**

予定外のことがストレスになってしまうもう一つの理由は、突然降ってきた仕事や、そのときにやっている行動について、うまくリマインダーを設定する自信がないためだ。整理システムがうまく機能していないため、インボックスに簡単なメモを入れても、それをあとで確実に見直すという確信がもてていないのだ。仕方がないので今やっている仕事を中断し、邪魔が入ったことに不満を言いつつも、急な仕事を片付けるしかなくなってしまう。

インボックスと行動リストを見直さない状態が長く続くとほかにも問題が出てくる。その中のどれかが急に「緊急にやるべきもの」として浮上してきてしまうのだ。そうなると、長いあいだ見直さずに準備を怠っていたために、さらなる負荷を抱え込むことになる。

やるべき仕事がどんどん入ってくることを言い訳にして、仕事を見極めたり、リストを整備することを怠る人は多い。本当の意味で重要ではないものを、目の前にあるという理由だけでやっていくのは簡単だ。インボックスや整理システムが機能していなければなおさらである。やるべきことを積み残している状況を、「臨機応変にやるから大丈夫」という言葉でごまかしていてはいけない。

こういうときにこそ、ＧＴＤのスキルが重要になる。「仕事の終わり」を明確にし、膨大な「気になること」を管理する方法を教わってきた人は稀《まれ》だ。しかし、入ってきたものをすみやかに処理して適切なシステムに移すことを学び、習慣にしてしまえば、誰もが自分の直感を信頼して行動を選択することができるようになる。つまり、これをやめてこちらをやろうといったことを、自信をもって判断することができるようになるのだ。

## 状況に応じて行動を調整する

ＧＴＤに慣れてくると、あるタスクから別のタスクへと自在に切り替えができるようになる。インボックスの中身を見極めているときに、アシスタントが来て緊急の用を告げたらどうすればよいだろうか。簡単なことだ。インボックスやメールは逃げたりしないし、作業はいつでも再開できるので、そちらを先にやればいい。電話で待たされているときは、行動リストをレビューして、電話のあとにすることをさっと把握することもできるだろう。自宅のリビングで動き回る赤ちゃんを見ていて、何かあったらすぐに対応できるようにしておきたいときは、あまり集中する必要がない行動（簡単なウェブ検索など）を片付けるようにすればいい。会議が始まるまでの時間は、「@読む／評価」のファイルに入れてきたものを読むのにもってこいだ。突然上司に話しかけられて、次のミーティングまでの時間が12分に縮まってしまったときも、その時間に合わせて行動を選べばいい。

ある時間にできる〝仕事〟は一つしかない。問題は、自分が下したそのときの判断が正しかったと納得できるかどうかだ。

では、納得するためにはどうすればよいか。**そのために重要なのはすべての選択肢を〝事前に〟考慮しておくことだ**。それができていれば、あとは直感で判断していけばいい。予定外に舞い込んできた仕事と、ほかのこととどちらが重要か。どれだけのあいだ、レビューをしていなくても、行動をきちんと選択していけるか。そのあたりを見極めていく必要がある。

仕事が予定外のことで中断されるのを嫌う人は多い。しかし、予定外の出来事は人生には付きものだ。空き時間にやる整理済みのことと、突然舞い込んでくることのさばき方に慣れてくると、てきぱきとタスクを切り替えていけるようになる。電話会議の空き時間にメールを処理したりできるようになるわけだ。

最近の研究では、人はマルチタスクができない（一度に二つ以上のことに意識を集中させることができない）とわかってきた。それをしようとすると、パフォーマンスが大きく低下してしまう。頭の中のものを外へ出すための受け皿を用意していないために、「済んでいないこと」が頭に詰まってしまっている状態は、マルチタスクを行なっているのと同じことだ。これでは精神が

「（それができたとしての話だが）予定外のことを排除するのはチャンスを放棄することであり、人生の奔放さや豊かさに背を向けることである」――スティーブン・コービー

まいってしまい、ストレスを抱え込むことになる。だが「済んでいないこと」を、それが途中であっても頭の外のどこかへ移すことができるようになれば、一つの物事から別の物事へと適切に意識を切り替えることができるようになる。そうなれば、一度に4人の相手に立ち向かう武道家(注意の矛先を素早く切り替えているだけのことだ)のように正確な対応ができるようになる。

予定外のことを次々にこなしていける人は、確かに優秀だ。しかし、システムを随時更新・管理することを怠り、目の前のことだけにかまけていると、パフォーマンスはいずれ落ちてくる。ときには、それ以外のこと(つまり仕事のためにシステムを整備することだ)を優先させなければならない。そのあたりの判断ができるようになるには、人生と仕事をさまざまなレベルで見渡せるようになっておく必要がある。

## 六つのレベルで仕事を評価するモデル

これまでも仕事をさまざまなレベルで見直す必要性を説いてきた。私が考えるに、仕事は次の六つのレベルでも振り返ることができる。

・Horizon レベル5——人生の目的とその在り方
・Horizon レベル4——長期的な構想



手をつけやすいからという理由で、予定外の仕事をやってはいけない。ほかと照らし合わせてベストの選択であるときのみ、そちらを優先させよう。

・Horizon レベル3――1～2年後の目標
・Horizon レベル2――重点的に取り組む分野、責任分野
・Horizon レベル1――現在のプロジェクト
・地面レベル――現在の行動

これらは重要度が高い順に並べられている。右に行くほど重要になり、左のレベルはその右のレベルから大きな影響を受ける。極端な例だが、人生における目標や価値観と、かけなければならない電話が相容れないものだった場合、電話をかければ自分を曲げることになる。今の仕事が1年後に望んでいる状態と違う方向を向いているなら、現在の役割や力を入れる分野を見直す必要があるだろう。このモデルについてもうすこし考えてみよう。

まずは電話の例をボトムアップで見ていこう。かけないといけない電話（次にとるべき行動）は、契約（プロジェクト）に関するものだ。プロジェクトが成功すれば、売上（責任）が伸び、販売力（仕事上の目標）の強化につながる可能性がある。会社が展開を目指している市場に参入できるからだ（組織の構想）。そしてそれが、経済面や仕事に関して望んでいる状態に自分を近づけてくれる（人生の目的）。

逆の方向でも考えてみよう。特定の分野の才能を活かし、運命を切り開いていきたいとあなたが考えたとする（人生の目的）。そのために、あなたは事業を立ち上げた（組織の構想）。その事業には、営業上の短期目標がある（仕事上の目標）。それらの目標を達成するためにあなたが果

たさなければならない役目があり（責任）、短期的に達成しなければならないこともある（プロジェクト）。そして各プロジェクトにおいては、時間ができたときにすみやかに実行すべきことがある（次にとるべき行動）。

ゆとりをもって生産性を発揮していくもっとも健全な方法は、このようにすべてのレベルをバランスよく管理していくことである。「解決していないこと」「済んでいないこと」「やるべきこと」を各レベルにおいて明らかにしていくことが重要だ。現在の状況を客観的に評価し、すべてのレベルで管理が行き届いているという自信がもてない限り、新たな場所を目指すのは難しい。メールにどんな内容が書かれているだろうか。子どもに関して始めるべきプロジェクトや済ませるべきプロジェクトがあるだろうか。現在の職務において何をする必要があるだろうか。数カ月、数年後にどこが変わっていなければならないか、どんなことを達成していたいのか。これらはすべてあなたの頭の中にある「気になること」だが、大きな目標や潜在的な願望を明らかにするには、より深く自分の内面を見つめていく必要がある。

あらゆるレベルで現実を把握しておくことには、驚くようなメリットがある。現状を認識すること自体が、大きな力になるのだ。自分の経済的状況を把握したり、買収を考えている会社の実態を調べたり、人間関係の問題で誰が誰に何を言ったかという事実を明らかにするだけでも、現状を大きく前進させることができる。

やるべきことを片付けて気分をすっきりさせるには、自分が意識を向けているすべてのことをさまざまなレベルで認識し、適切に管理していく必要がある。それができなければ、ストレスフ



「あなたの仕事は自分の仕事を見つけ、それに心血を注ぐことである」――釈迦

リーで存分に生産性を発揮していくことはできない。

## ボトムアップで進める

生産性を高める仕組みを生活に取り入れるには、普通はトップダウンで考え、現状をそれにあったものにしていくのが理にかなっているように思える。なぜ自分がこの世界にいるのか。その目的を達成するために、どんな人生や仕事、ライフスタイルが望ましいか。そのためにどんな職種に就き、どんな人と関係を作っていくべきか。それらを実現するためにやらなければならないことは何か。そのそれぞれについて、行動していけることは何か。

しかし実際には、いつでも、どのレベルにおいても優先順位を考えていくことはできる。私も折に触れて各レベルに意識を向け、現状への認識を高めてきた。常に展望を考え、目標を見直し、プロジェクトを見極め、とるべき行動について判断を下してきたのだ。大切なのは、自分とシステムのバランスを保つために、その機会を逃さないことである。

すべてのことが一段上のレベルに影響されることを考えれば、いちばん上のレベルについて最初に決めるのが合理的ということになる。仕事の優先順位を決めたあとに、その仕事をやるべきではないことがわかったら、時間とエネルギーのムダだろう。その時間とエネルギーは、本当にやりたい次の行動を見極めるのに費やすべきだったものだ。ただ、これには問題がある。実行レベル（現在のプロジェクトと行動）がそれなりに管理できている人でない限り、トップダウンではすっきりとした結論が出てこないことが多いのだ。

そのような理由によって、私はボトムアップから始めることを勧めている。私の指導では両方のアプローチを教えてきたが、長い目で見ると、現実に近い部分をきっちり把握し、そこから上に目を向けていくほうが確実なようだ。

**ボトムアップがうまくいく最大の理由は、現実に関して頭の中が整理され、自分にとってより大きな意義のある目標や、漠然とした将来像について考えやすくなるからである。** 私が指導した企業幹部はほぼ例外なく、大量のメール、会議、出張、プロジェクトにおけるトラブルなどといった、日々生じているさまざまなことに悩まされていた。しかしそれらをうまく整理できるようになると、一段上の視点——家庭、キャリア、人生など——から何に集中すべきか、何に目を向けるべきかを考えられるようになった。まずは現在に目を向けて、「気になること」を片付けていこう。そうすることで、自分にとって本当に意味があることが何なのかが見えてきて、より効果的に物事に対処できるようになるのだ。*3

Ｈｏｒｉｚｏｎ レベル５（人生の目的とその在り方）が優先度を考える際にもっとも重要な基準であることは確かだ。だが、それだけを考えていればいいというものでもない。すべてのレベル（特に地面レベルとＨｏｒｉｚｏｎ レベル１）から現状を見直すことで、さらに大きな目標に取り組む余裕が出てくるはずだ。乗っている船が沈みそうなときに、どちらの方角を向いているかなど構っていられないのと同じである。現実的に考えると、ボトムアップのアプローチは生産的でバランスのとれた快適な人生を送るために非常に重要な視点なのだ。



各レベルの優先順位を決める機会は豊富にある。今問題になっているのはどのレベルかを常に考えるようにしよう。

*3 ただ、このことがGTDを敬遠してしまう一つの理由にもなりうる。一つ上の視点から仕事や人生と向き合うのは苦しくもあるからだ。逆説的だが、息つく暇もなく忙殺されているほうが、一時的にではあっても気楽でいられる、という人も多いのだ。

### ・地面レベル

最初に考えるべきは、行動リストが完璧かどうかということだ（実はこれ自体、かなり大変な作業である）。気になることのすべてを把握し、その目的を明らかにする作業をしていると、忘れていたものやおかしな場所にまぎれ込んでいるもの、気づいていなかったものなどがたくさん出てくる。

カレンダー以外の、人や会議に関する協議事項を含めた「次にとるべき行動」と「連絡待ち」の総数が50件より少ない人は、おそらくすべてを把握しきれていない。第2章で述べたステップやアドバイスをすべて実行できた人は安心していいが、それ以外の人は一定の時間を割いて第4章から第6章までをきちんと実践してみることをお勧めする。

このレベルでの管理が軌道に乗ってくれば、ごく自然に正しい優先順位が見えてくる。これはほかの方法では決して体験できないことだ。

### ・Horizon レベル1

このレベルでやることとは「プロジェクトリスト」を完成させることだ。そこにはあなたがやるべきことで、達成するのに一つ以上の行動ステップが必要なことがすべて収まっているだろうか。このリストは週単位の生活における枠組みとなり、これを管理することにより、長期的なことを考えやすくなる。

仕事と人生に関してこのレベルでやりたいことをすべてリストにできた人は、これまで気づか

下のレベルが管理できていないときにトップダウンでやろうとしても、うまくいかないことが多い。

なかった、新たに起こすべき行動なども見つけることができるだろう。このリストを常に更新していくことができれば、使える時間があるときに何をするべきかの判断にも自信がもてるようになる。

客観的なかたちでこのようなリストを整備し、使える状態にしている人はごく稀だ。ただ、今まで述べてきたように、時間が空いたときにこれらのリストが手元にないと、今、何をするべきかを効果的に判断していくことはできない。

ＧＴＤのシステムがすでに稼働しているなら、「プロジェクトリスト」がしかるべき場所に整理されているはずだ。私が指導するクライアントの場合、やるべきことすべてを把握し、見極め、整理して信頼できるリストが完成するまで、通常10時間から15時間程度はかかる。

目の前のやるべきことに完全に没頭できている「水のような心」の境地に達するにあたって、このレベルの視点は特に重要だ。「気になること」を整理していくと、それに対してどう行動していくべきかがわかりにくいこともよくあるはずだ。たとえば息子が数学の先生とあわない、会社で新しい手法の導入がなかなかうまく進まない、資金集めの担当者に疑問がある、といったことである。そのようなときは、それぞれについて求めるべき結果（プロジェクト）を見極め、次にとるべき行動を信頼できるシステムに預けていく必要がある。このレベルでの対応を確実に実践していくことが、ＧＴＤをマスターするために不可欠なのだ。



すべてのレベルのことを明らかにしておくと、ごく自然に優先順位が見渡せて、考えるのも容易になる。

## ● Horizon レベル2

このレベルでは、「自分が負っている責任」を明らかにしていく。あなたは今、どんな立場にあるだろうか。会社の仕事に関しては現在の地位と職務、プライベートに関しては家庭や地域における役割、また自分自身についてやらなければならないことがこれにあたる。

すでに役割のいくつかは把握していて、どこかに書き出しているかもしれない。最近新しい役職に就いたばかりで、責任の範囲を示す合意書や契約書があるという人は、そこから始めるといいだろう。過去に人生の目標や価値観を明らかにしたことがある人は、それも加えるといい。

次にやってほしいのは、「重点的に取り組む分野」のリスト作りである。「仕事」と「プライベート」の二つの下位リストに分けてもいいが、その場合、どちらも同じように定期的にレビューする必要がある。このリストは自己管理のチェックリストの中でも最も有用なものの一つだ。これについては、「プロジェクトリスト」のように週一で更新する必要はない。もうすこし長めの間隔でレビューすることに意味があるリストだ。仕事や人生の重要な分野における変化のスピードを考慮し、1カ月から3カ月ごとにレビューして、新しいプロジェクトを見つけるトリガーにするといいだろう。

あなたが仕事で大きな責任を負っている分野は四つから七つくらいあるはずだ。プライベートについても同じくらいあるだろう。仕事に関しては、人材育成、経営改善、長期計画、管理支援、カスタマーサービス、マーケティングなどが考えられる。人によっては設備管理、労働環境、品質管理、資産管理などを担当しているケースもあるだろう。自ら事業を営んでいるなら、

---

仕事の意味がきちんとわかっていないと、やらされているという感覚から抜け出すことはできない。

大きな組織で専門的な仕事をしている人より多くの分野に目を向けなければならないはずだ。仕事以外では、子育て、夫婦関係、宗教関連、健康管理、ボランティア活動、家の管理、家計、自己開発、創作・表現活動などが典型的な例だ。このような分野はさらにわかりやすく分類していくことが可能だ。「子育て」なら、それぞれの子どもに分けてチェックリストを作ることもできる。「マーケティング」なら「プログラム設計」「リサーチ」「ソーシャルメディア」などに分類できるだろう。

「重点的に取り組む分野」のリストを作るのは、すべてのプロジェクトと次にとるべき行動を明らかにし、責任を果たしていけるようにするためだ。このリストを見ながら、何をすべきで何をすべきではないかを客観的に評価していけば、「プロジェクトリスト」に加えるべきものが必ず見つかる。うまくいっていると思える分野がある一方で、停滞していて新しいプロジェクトが必要だと思える分野も見えてくるだろう。「重点的に取り組む分野」のリストは、すでに説明した「トリガーリスト」の、より高い視点からのバージョンだと思ってもらいたい。

過去30年間に私が指導してきたクライアントは例外なく、このリストによって少なくとも二つか三つは取り組みが不十分な分野を見つけてきた。たとえば「人材管理」が役割の一つである管理職や幹部のほとんどは、「バックオフィスのシステムを改める」「リーダー的人材の雇用を考慮する」「人事評価システムを改める」といったプロジェクトに気づくことが多い。プライベートでの責任を明らかにしたところ、「ヨガの講座を調べる」「子どもの夏休みの活動の予定を組む」などのプロジェクトが見つかってくるだろう。



何の仕事をしているかを理解していなければ、それに押しつぶされそうな感覚から逃れることはできない。

「今、何をするべきか」について正しく判断するには、すべてのレベルにおいて自分と他者の間でなされている合意についても考える必要がある。仕事において責任を負っている分野のチェックリストを最新に保つことができればゆとりをもつことができるが、それだけをしていればいいという人はほとんどいないはずだ。新たに期待されていることや、期待されている内容が変化していることを正確に把握しつづけるには、他者とのコミュニケーションが欠かせないことを覚えておこう。こういったレベルの視点から物事を考え、システムを整えることができれば、多忙な状況でもやるべきことを的確に判断し、その判断を信頼できるようになるだろう。

## ・Horizon レベル3〜5

「地面」「Horizon レベル1」「Horizon レベル2」の三つのレベルは、主に現在の状況に関係する「行動」「プロジェクト」「負っている責任」を扱っている。Horizon レベル3〜5のレベルでは、将来の展望、目指している方向、長期的な目標などについて考えていく。これらについても項目を書き出していく必要があるだろう。このレベルで考えなければならないのは、「現在目指している場所と、そこにどのように到達したいか」である。仕事における1年後の目標（Horizon レベル3）、キャリアについての長期的な構想（Horizon レベル4）、人生の目的とその在り方（Horizon レベル5）などを考えていくのだ。

ここでこれらの三つのレベルをまとめてしまったのは、厳密に線引きするのが難しいからだ。また、GTDの主眼はシステムを機能させることであって、目標や構想を明らかにするのは本来の目的ではないからでもある。そのようなわけで、ここでは軽く扱う程度にしておく。ただ、これらのレベルについてじっくり考えれば、事業戦略、組織の発展、キャリア展望、人生の方向や価値観といった大きな問題に関して深い洞察が得られるだろう。

ＧＴＤに関してこれらのレベルで考えなければならないのは、現在の仕事の基準となっているあなたの価値観は何かということだ。このレベルで考えた結果、目指している方向や目標の修正が必要になることもあるかもしれない。少なくとも今の仕事をどのようにとらえるか、仕事で何が重要かといったことに関して、何らかの示唆が得られるはずだ。

今から1年後から1年半後に何をしているか、どんな立場になっているかを考えるには、何が必要だろう。やや抽象的なこれらのレベルでは、いったん手放したほうがいいものについても気づくかもしれない。目指している場所に向かうために、自分に必要な人や環境についても考えてみよう。変化の激しい現在の労働環境では、仕事そのものが変化しつづけている。そのような状況で確実に成果を出していくためのプロジェクトも考える必要があるだろう。

プライベートに関してこれらのレベルで考えるべきなのは、「個人的な目標を上司（またはもっと上の人間）にはっきり告げておくべきではないか」「この先2年間、子どもたちはどんなことに取り組めばいいだろうか。そのために自分が変えなければならないところはどこか」「健康上の問題が見つかったが、どう対処していけばいいだろうか」といったことだろう。

もっと長期的な視点でも考えてみよう。「自分のキャリアはどんな状態にあるべきか」「環境の変化に会社はどのような動きを見せているか。自分にはどんな影響があるか」。こうした1年後から5年後の展望を尋ねると、誰もが異なったビジョンをもっていることがわかる。それらのビジョンはいずれも本人にとっては重要なものだ。

何年か前のことになるが、大手の銀行に勤めている人を指導したことがあった。数カ月かけてGTDを導入し、日々の行動のリストが管理できるようになった彼は、自らハイテク企業を立ち上げることにした。はじめは二の足を踏んでいたが、「地面」のレベルから自分のやりたいことを固めていったところ、次第に展望がはっきりしてきて、このレベルで考えているときにごく自然に「起業」という結論が出たのだ。最近、聞いたところによると、彼はこの事業で大成功しているらしい。

1年より長い展望（結婚、子ども、キャリア、会社、創作活動、趣味など）については、未来の目標を考えたときに今できることは何か、と考えることが大切だ。

具体的には次のようなことだ。

・会社の長期的な目標は何か。その目標に寄与するために自分がやるべきプロジェクトは何か。
・自分の長期的な目標は何か。その目標を達成するためにどんなプロジェクトをやるべきか。
・将来起こることで、行動の選択肢に影響を与える可能性のあるものは何か。

ここで念を押しておくが、新たな目標を設定したり、自分の基準を引き上げたりすることを説いているのではない。それよりも、現在置かれた状況の中でどのような可能性が存在するかに目を向けてほしいのだ。はっきりとでもぼんやりとでもそれが存在するのであれば、それらに適切に対処していくことが未来への道を切り拓くために重要になってくるはずだ。

これらのレベルで思考を進めていくと、いろいろ気になることも出てくる。いくつか例を挙げよう。

・会社の軸足がシフトすることで仕事の内容も変わってくる。独自の研修プログラムを作るより専門の企業に依頼したほうがいいだろうか。
・キャリアに関して自分はどこに向かっていきたいのか。1年後に別の仕事をしていたいなら、今から何をやるべきか。昇進したり、部署が変わったりした場合のことも考えておかないと。
・グローバル化の流れの中で、会社は今どこに向かっているのか。今後は海外に出張する機会も増えそうだ。自分のライフスタイルも考えて、キャリアの展望を見直す必要がありそうだ。
・ライフスタイルやニーズの見直しもしなければならない。子どもが大きくなれば、手もかからなくなってくる。投資や老後の生活設計についても真剣に考えないといけない。

もっとも上のレベルでは、極めて根本的なことについても考える必要がある。会社の存在意義は何か。自分の存在意義は何か。選択の基準となっている自分の価値観や、会社における役割は何か。これらの壮大な疑問は、無数の自己啓発本のテーマになっていることでもある。

「なぜ」という問いは、私たちの誰もが抱えている難しい問題だ。

人生と仕事のあらゆる分野がはっきりしていて、すべての整理がついていたとしても、もっとも深い部分で自分が望んでいること、周囲から求められていることに関してすこしでも迷いがあるならば、心が安まることはけっしてないだろう。

## 思い浮かんできたことを頭から追い出そう

数分でいいので時間を作り、本章を読んでいるときに思い浮かんだことをメモしてもらいたい。より高いレベルであなたの心のアンテナに引っかかったことがあれば、書き出すことによって頭から追い出してしまおう。

それらのメモを見て、本当に行動を起こすべきかどうかを見極めてみよう。行動する必要がないならゴミ箱に入れ、行動の必要があるものは「いつかやる／多分やるリスト」に書き加えよう。「将来の夢・目標」など、専用のファイルを作ってもいい。将来に関する行動や展望を把握する作業を、もっとちゃんとやってみたいと思う人もいるかもしれない。共同経営者と新たに事業計画書を作ったり、配偶者と2人の将来に関するアイデアを書き出したり、今後3年間のキャリアについて具体的なロードマップを作ったりすることもできる。こうした考察に関して、誰かに直接指導してもらってもいいだろう。

思い浮かんできたことは「プロジェクトリスト」に入れて、「次にとるべき行動」を決めてしまおう。そして、その場で実行するか、誰かに任せるか、リマインダーを適切なリストに入れるといい。

そこまで終えたら、特定のプロジェクトに関してより深く考え、具体的な肉付けをしていきたいと思う人もいるかもしれない。そのあたりを次章で見ていこう。

GETTING THINGS DONE

第2部
ストレスフリー環境で
高い生産性を発揮しよう

# 第10章
# プロジェクトを管理する

第4章から第9章までは、頭をすっきりさせて、いつ何をすべきかを自信をもって判断するための方法を具体的に見てきた。これは、自分の人生を広く見渡して、何に目を向けるべきかを判断するための「水平的な視点」だ。そしてGTDの完成度を高めるためにもう一つ必要なのは「垂直的な視点」——脳の創造性を活性化させ、より深い思考を促すための視点である。これまでのステップで、自分が関わっているさまざまなプロジェクトや状況について望んでいる結果と次にとるべき行動を明確にしてきたことだろう。だがときには、あるプロジェクトについてより創造的に、突き詰めて思考したくもなるはずだ。

そうなるとやはり、プロジェクトプランニングをいかに適切に行なっていくかが重要となってくる。

## 必要なのは「一つ上の視点」

私はこれまで数多くのプロフェッショナルを指導してきた。そこではっきりと言えることが一つある。それは、「プロジェクト」のレベルで、私たちはもっと日常的にプランニングを行なうべき、ということだ。第3章で説明したように、日々の作業をこなしつつも垂直的な視点から「プロジェクト」のプランニングを行なうことで、心理的なストレスは大きく軽減され、最小限の努力で最大限の成果を発揮していくことが可能になる。

こうした日常的なプランニングに必要なのは、高度で複雑な管理ツールやソフトウェアではない（ガントチャートは必要ない）。必要なのは我々の頭の中にある創造的な思考を活用していくための手法である。

この種の思考が有効に活用されていない最大の理由は、無限に湧いてくるさまざまなアイデアを集めて管理するためのシステムがないことにある。私が基本的にボトムアップのアプローチを採用しているのもそのためだ。**現在やるべきことを管理できていないと感じている人は、真剣にプランニングに取り組む気になれず、無意識のうちにそれを避けてしまう。**しかし、GTDを実践して整理システムを確立することができれば、生産性も上がり、創造的で前向きな思考がどんどんあふれてくるはずだ。

第3章では、アイデアから実際の行動にいたるまでの5つのステップについて説明した。

ここからは、カジュアルでナチュラルなプランニングを実践するときに役立つ、より具体的なヒントやテクニックを紹介していこう。いずれもごく常識的な考えに基づくものだが、実践している人は意外に少ない。次の会議のときに試してみようなどとは思わず、普段からどんどん活用していってほしい。

## どのプロジェクトのプランニングを行なうか

「プロジェクトリスト」で明らかにした〝望んでいる結果〟のほとんどについては、綿密なプランニングは不要である。次にとるべき行動を頭で考えただけで、すぐに結論が出るはずだ。たとえば「車を点検する」というプロジェクトで必要になるのは、最寄りの修理工場をインターネットで探して予約することだけだろう。

しかし、何らかのプランニングが必要なプロジェクトもある。

### プランニングに関する「次にとるべき行動」が必要なプロジェクト

あなたが現在抱えているプロジェクトの中には、もっと具体化して詳細を詰め、きちんと進めていきたいものもいくつかあるはずだ。議題やデータを整理しておかないといけない大事な会議が迫っているという人もいるだろう。グループ会社の会議の運営を任され、やることを至急詰めて割り振っていかなければならない場合もあるかもしれない。新人の詳しい仕事内容を人事部に

「成功するプロジェクトには、低迷しているように見える時期が必ずある」――ロザベス・モス・カンター

報告しないといけないケースもある。この種のことがまだ完了していなければ、プランニングを前進させるために必要な次の行動を見極め、適切なリストに入れていこう。そのうえで、次のステップに進んでいけばいい。

## プランニングの典型的なステップ

この種のプランニングに関する典型的な行動には、ブレインストーミング、整理、会議、情報収集などがある。

## ブレインストーミング

あなたが今関心をもっているプロジェクトの中には、もっとアイデアを出す必要があるものもあるだろう。「次にとるべき行動」を決めようとしてもすぐに思い浮かんでこないようなプロジェクトは、このタイプであることが多い。そのようなプロジェクトでは「何々に関するアイデアを考える」が次にとるべき行動となる。

この行動をリストに入れるには、どこで、どのように行なうかも見極めないといけない。パソコンがあったほうがブレインストーミングをやりやすいという人もいれば、手書きのほうがあっているという人もいるだろう。私はそのつど直感で決めているので、「@パソコン」と「@場所を問わず」のいずれかに入れることにしている。



プロジェクトや状況を頻繁に、手軽に、深く考えるためのシステムを作り、自分をそうした思考に誘導する小ワザを見つけよう。

## 整理

すでにメモや参考情報を集めていて、あとは整理するだけという人もいるかもしれない。その場合、次にとるべき行動は「プロジェクトAのメモを整理する」といったものになる。メモを会社でファイリングしていて、そこから持ち出したくないときは、この行動を「@会社」のリストに入れよう。持ち運べるファイルにまとめていたり、モバイル機器に情報が入っていたりするときは「@場所を問わず」などのリストに入れる。ワープロやアウトラインプロセッサ、マインドマップツール、プロジェクト管理ツールなどを使うなら、「@パソコン」に入れておこう。

## 会議

プロジェクトを進めるために、ほかの人も交えたブレインストーミングが必要なときもある。そうした場合は、必要なメンバーを集めて会議を開こう。次の具体的な行動としては、全員にメールを送ったり、アシスタントに予定を組むように伝えたり、時間を決めるために主要メンバーに電話をかけたりといったものが思い浮かぶはずだ。

## 情報収集

プロジェクトを進めるために必要な次の行動が、より多くの情報を集めることである場合も多い。誰かに相談することでよいアイデアがもらえることもあるだろう。その場合は、「会議について電話でビルの意見をきく」などの行動が考えられる。昨年の会議のファイルに目を通しておく必要があるなら、「グループ会社の議事録を確認」などが具体的な行動になる。インターネットで調べておきたいことがあれば、「大学の奨学金について調べる」のように行動を決めて整理しておこう。

## プロジェクトに役立ちそうなアイデア

プロジェクトに役立ちそうなアイデアは、どんなものでも集めておいたほうがいい。プロジェクトに関係のない場所でそうしたアイデアが浮かんでくることもよくある。買い物に出かけているときに、次の会議で最初の議題にしたいことがひらめく場合もあるだろう。キッチンでミートソースをかき混ぜているときに、次の会議の参加者にトートバッグを配りたいと思いつくかもしれない。夜のニュースを見ているときに、審議会に加えたい人物が思い浮かぶ人もいるだろう。

これらすべてを漏らさず集めておくうえで何より必要となるのは、言うまでもなく「把握する」ためのツール——書類受け、ペンと紙、スマートフォンなどである。アイデアはとりあえず集めておいて、あとで使い道を考えるといい。

## プロジェクトに関する思考を助けるツールやシステム

プロジェクトに関して浮かんできたあらゆるレベルのアイデアを、さっと記録しておけるツールがいつでも手元にあると便利だ。そのように記録したあとは、見たいときにすぐに参照できるシステムに整理しておこう。

## 思考ツール

アイデアを集めて生産性を高める秘訣の一つは、〝形から入る〟ことである。ツールがよければ、思考も活性化してくる（私自身、新しいソフトウェアをいじるのが好きで、いろいろな機能を試していく過程で優れたアイデアを思いついたり、役立つデータを得られたことが何度もある）。

思考を書きとめるためのツールや電子機器がなければ、集中力を持続できるのはせいぜい数分である。とくに1人でいるときはそうだ。けれども優れたツールがあれば、何時間でも生産的な思考を続けることができる。

## 筆記用具・記録ツール

自分の好きな筆記用具または記録するためのツールをいつでも持ち歩いていれば、自由な思考ができるようになる。書くものか文字を入力できるものを何も持っていなければ、プロジェクトや現状について真剣に考える気にはならないだろう。

持ちやすく書き味のよい万年筆やボールペンが1本あるだけで、プランニングをするのが楽しくなるものだ。道具には別にこだわらないという人もいるかもしれないが、あなたが私と同じタイプなら、多少奮発してもいい道具をそろえるといいだろう。

デスクやキッチン、ブリーフケース、鞄、ハンドバッグ、リュックなど、メモをするかもしれない場所にもお気に入りのボールペンを置いておくことをお勧めしておきたい。

## 紙、メモ帳

筆記用具だけでなく、手軽に書ける紙も手元に置いておく必要がある。ノートよりもページが切り離せるものがよいだろう。そのほうがページを破ってインボックスに入れ、そのまま「見極め」に回すことができるからだ。思いついたときにささっとマインドマップを描いたりして、そのままファイリングできるというメリットもある。また、手書きの記録だと、見直したときに自分が思考した過程を思い出せたりもするので便利だろう。

## ホワイトボード、立てかけ式ノートパッド

置くスペースがあるなら、これらを用意してもいい。いずれも優れた思考ツールになる。面積が大きいのでたくさんアイデアが書けるし、考えたいことがあるときは目の前に置いておくとアイデアが浮かんできやすいはずだ。ホワイトボードはオフィスや会議室の壁にかけてあると便利だ。大きければ大きいほど使いやすい。壁一面がホワイトボードになっていて、ブレインストーミングやその場で思いついたことを自由に書けるようにしている会社もある。子どもがいる人は、子ども部屋にも置いてあげるといいだろう（今でも自分が子どものときにあればよかったと思う。きっといろいろなアイデアが書けたはずだ）。マーカーもたくさん用意しておくこと。ホワ



「すべてのことには運が関わっている。魚などいそうのない場所でも、常に釣り糸を垂れることだ」――オビッド

イトボードに書きたいと思ったときにマーカーのインクが切れていたら創造的な思考が途絶えてしまう。

複数のメンバーで会議をするときは、出てきた意見を書いておくとみんなで見ることができて便利だ。すぐあとで消すことになったとしても、いったん書き出すことで建設的な思考が促進される。

## デジタルツールの活用

私はノートパソコン（タブレットの場合もあるが）のワープロソフトやマインドマップツール、アウトラインプロセッサ、スプレッドシートなどに考えを書き出すことが多い。やりたいことのアイデアはたくさん湧いてくるが、デジタルデータであれば編集も簡単にできるし、ほかのアプリケーションにコピーするのも簡単だ。立ち上げて画面が表示されるだけで、自然と思考モードに入ることもできる。パソコンに苦手意識があるとこうはいかないので、そういう意味でもタイピングやキーボードのショートカットには精通しておいたほうがいい。

大きなホワイトボードを使ったほうがアイデアがたくさん出るのと同様に、パソコンの画面も大きいものを使ったり、複数のディスプレイを利用したりするといいだろう。モバイル化が急速に進む中、デバイスも当然ながら小型化し、手軽に扱いやすくなった。しかし、スマートフォンなどの小さなデバイスは、思考ツールとしてではなく、思考の「結果」を実行するときに利用するほうがいいだろう。*

形から入ることでうまくいくケースは多い。アイデアを出しやすい状況を作っておけば、意外なアイデアが浮かんでくるものだ。

---

*ホワイトボードや立てかけ式ノートパッドに書き出したものを、スマートフォンのカメラで撮影しておくと非常に便利だ。書き出したものを消してブレインストーミングを続けられるし、あとで活用したかったら参加者に画像を送信することもできる。

## 思考を支えるシステム

書くための優れた道具を手元に置いておくことに加え、プロジェクトに関するアイデアを手軽に保管できるシステムを作っておくことも重要だ。紙とペンがブレインストーミングに役立つ一方で、次に紹介するようなツールとシステムは、多くのプロジェクトでやらなければならないゴールまでの道のりを整理するのを助けてくれる。

### ファイルやバインダーで整理する

一般資料用の優れたファイリングシステムを手軽に使えるよう手元に置いておくことは、ワークフロー全般の管理に不可欠なだけでなく、プロジェクトについて考えるときにも大変有用だ。プロジェクトの多くは、関連情報やメモ、そのほかのさまざまなデータがきっかけとなって、やるべきことがよりはっきりとしてくる。何かやりたいことを見つけたら、プロジェクトとして保存しておけるように、さっと新しいファイルを作れるようにしておこう。ファイリングシステムがなかったり、使うのが面倒だったりすると、プロジェクトとして実行する機会を逃してしまう。会議から帰ってきてプロジェクトの候補になりそうなトピックが書かれていたら、さっそくファイルを作ってメモを入れておこう（もちろん、「次にとるべき行動」も明らかにしておくべきだ）。

クライアントを指導していると、特定のプロジェクトに関するファイルを作ってさまざまなメ



いちばん近い場所にあるメモ帳を思い出してみてほしい。メモ帳はできるだけ手近なところに置いておこう。

モや参考になりそうなものを入れるだけで、頭がかなりすっきりするというケースが多い。物理的にも心理的にも、〝やるべきことが把握できている〟状態になるからだ。

ルーズリーフ形式のバインダーやシステム手帳を使っている人は、プロジェクトが明らかになったときにいつでも追加できるように常に新しいページを用意しておくこと。プロジェクトによっては、のちにファイル内に専用の仕切りを設けたり、別のノートを必要としたりするが、最初はこのやり方でかまわない。ほとんどのプロジェクトは、1ページか2ページにアイデアを書き込んでいくだけでいいはずだ。

## アナログかデジタルか

すでにデジタル派の人にとっては、もう紙でなくてもいいのでは、と思っている人も多いだろう。デジタルツールを使えばメモするのも簡単だし、スキャンした文字を認識してくれるソフトウェアもある。ただ、実際には紙のほうが便利な場面もまだまだ多い。手書きでメモすることの利点は、いつでもどこでもできること、文字だけでなく図も自由に描けること、といったものがあるだろう。表現のために使うツールが違うと、そこから生まれる思考もまた違ってくる。手書きをしたほうが発想が広がるという人も多いのだ。

また紙に書いたほうが、パソコンの画面で見るよりも、情報の関連性を見渡すことが容易になる。デジタルツールに詳しい人でも、結局は紙やノートでメモをとるようになった人を、私は数多く知っている。アイデアをまとめたり、リマインダーとして使うには紙のほうが扱いやすいか

「自分の声に耳を傾けないで、どうやって自分の考えがわかるというのか」――E・M・フォスター

らだ。私自身も、デジタル文書を資料や参考情報として使うときには印刷して物理的なフォルダに保管していたりする。そうした紙はさまざまな処理が終わればリサイクルに回すし、処理の結果はデジタル文書で保管することになるのだが、それまでの作業についてはパソコンよりも紙のほうが都合がいいのだ。

デジタルテクノロジーは今後も間違いなく進化しつづけ、アナログでは実現しえない画期的な方法でプラニングをサポートしてくれるだろう。ただ、ペンやメモ帳、付箋紙、紙のファイルや文書がまだまだ残っている限り、整理システムをうまく機能させるために何らかのかたちで役立てていくべきだろう。

## プロジェクト管理のためのソフトウェア

プロジェクトを管理するために使える、完璧なツールというものにはまだお目にかかったことがない。評判のいいツールであっても、たいていは高機能すぎるか、シンプルすぎるかのどちらかだ。すでに述べたようにプロジェクトの内容は多岐に渡るため、それ一つで万人のニーズを満たすようなアプリケーションを望むのは難しいだろう。

ただ、そうは言っても、便利なツールはいくつも存在する。大部分の人はワープロソフトやスプレッドシート、プレゼンテーションのソフトウェアを扱うことができるだろう。これらを使えば、プロジェクトプランニングやその一部の作業で大いに成果を上げることができるはずだ。

カジュアルなプロジェクトプランニングに役立つソフトウェアを二つ挙げるとすれば、マイン

使えないアイデアも集めておけるファイリングシステムでなければ、使えるアイデアを集めておくことはできない。

ドマップを作るツールとアウトラインプロセッサだろう。私自身は、ほぼすべてのプロジェクトでマインドマップを活用し、集中的にブレインストーミングを行なったり、思いついたことを記録したりしている。マインドマップができ上がっただけで、プロジェクトを管理できているという安心感が得られることも多い。

ブレインストーミングにはアウトラインプロセッサも便利だ。見出しや小見出しを使ってさまざまなレベルで詳細を書き出していくことができるからだ。一般的なワープロソフトには、たいていこの機能がついている。こうしたソフトウェアの利点は、パーティの企画のようなごくシンプルなものから執筆中の書籍の文章構成のような複雑なものまで、さまざまな内容に対応できるということだ。また、テキストのコピーペーストや削除、組み替えなどが容易にできるため、思考の整理だけでなく、創造的な思考をも促してくれるというメリットもある。

もっとも高機能なソフトウェアは、いわゆるプロジェクト管理ツールになるだろう。厳密かつ詳細に物事を管理しなくてはならない人や組織で導入されていることが多い。たいていは企業固有のニーズにあわせてカスタマイズされている。たとえば、火星探査機の打ち上げやビルの建設といった、複雑で大規模なプロジェクトに利用されているだろう。

パソコンが得意な人ならば、こういったアプリケーションをいくつも使いながらプロジェクトの計画や資料を作成し、管理していくことになるだろう。アプリケーションそのものに気を取られることがないように、ある程度使いこなせるようにしておこう。また、情報はどこに保存しようとも定期的に見直して更新し、常に最新の状態に保っておくべきだ。パソコンは「ブラックホール」でもあることを忘れないでほしい。きちんとした管理をしていないと、膨大な情報からさっと目的のデータを取り出すことが難しくなるので注意しておこう。

## さぁ、実践してみよう

「次にとるべき行動」のリストと同様に、「プロジェクトリスト」も最新の状態にしておく必要がある。それができたら、1時間から3時間くらいかけて、それぞれのプロジェクトをさらに上の視点から見渡してみよう。

できる人は今すぐ、そうでなくてもなるべく早く、今いちばん関心のあるプロジェクトをいくつか選び、情報やアイデアを収集して整理してみよう。使うツールはなんでもいい。

それぞれについて、一つ上の視点から、この「プロジェクト」について知りたいことや保管しておきたい情報、覚えておきたいことはあるだろうか、と考えてみよう。

必要ならマインドマップを書いてもかまわない。そのマップはプロジェクト用のファイルに収めておこう。デジタルの管理ツールを使ってメモしてもいいだろうし、ワープロソフトでアウトラインを書いていくのもよい方法だ。

大事なのは、ごく自然にアイデアを考えたり活用できるようになることだ。そうすれば望んでいる結果に対して、必要なときに必要なだけ集中することができるようになる。ストレスフリーで物事をこなしていくには、こうしたスキルが不可欠だと理解しておこう。



環境を整えて気持ちを引き締め、プロジェクトで創造的な思考を発揮しよう。それができれば、ほかの人の一歩先を行ける。

「先のことを心配するより、先のことを考え、プランを練ったほうがいい」——ウィンストン・チャーチル

# 第3部
# 基本原則のパワーを体感しよう

第11章

# 「把握する」習慣を身につけると何が変わるか

社内外の約束事を総合的に管理できれば、すべての人間関係が最適に保たれる。

GTDのモデルやテクニックは一見単純だが、頭をすっきりさせつつ、優れたパフォーマンスや結果を出すことを可能にしてくれる。それだけでも、GTDを取り入れる価値は十分にあるだろう。

しかし、GTDのメリットはそれだけではない。ここからは三つの章を割いて、私自身が30年の経験で見てきたさまざまな効果を紹介していく。GTDを実践すると、目立たないところにも（多くの場合、より深いレベルでの）影響がもたらされる。これらによって長期的には個人はもちろん、組織の体質そのものもいい方向に変わっていく。

頼まれたことや約束したことを次々に処理して整理していくと、やがてまわりの人々はあなたに特別な信頼を寄せるようになる。それだけでなく、自分を取り巻く世界への関わり方に対して自信をもてるようになるのだ。これはお金ではけっして買うことができない価値である。人生におけるすべての「気になること」を把握して頭の外に集めておく習慣には、大きなパワーが秘められている。これを実践することであなたの精神はより健全になり、対人関係もプライベートと仕事の両方において好転していくだろう。

組織においても、一つも漏れがないようすべてを把握する慣行を徹底し、とるべき行動に対する責任を個々人にもたせ、やるべきことを明確化し、適切な人物がそれらを常に見直せるようにしておくと、組織内のストレスが軽減し、全体の生産性が向上していく。

## 個人的なメリット

頭の中に溜まっていた「気になること」を把握して外に追い出したとき、あなたはどんな気持ちになっただろうか。私のセミナーでそのような質問をすると「最高の気分と最低の気分を同時に味わいました……」と答える人が多い。これはどういうことだろう。

すべてを「把握する」作業を行なっていると、ほとんどの人が不安を感じるようだ。セミナーの参加者に軽くやってもらっただけでも、「もうダメです」「ストレスが溜まりますね」「疲れました」「うんざりします」といった声があがることが多い。これまで面倒で手をつけなかったものが見つかれば、罪悪感だって湧いてくるだろう。「なぜこんなに放置しておいたんだ」と自分を責めてしまうわけだ。

その一方で、解放感や安心感、自信のようなものも湧いてくる。不安と安心、もうダメだという感覚と自信という、まったく逆の感情がほぼ同時に起こってくる。これはいったい、どういうわけだろう。

私自身も経験したことだが、「気になること」に対するマイナス感情の原因を理解することで、それを解消する方法がわかってくる。

## マイナス感情の原因

これらのマイナス感情はどこから来るのだろうか。やることがたくさんあるためではない。できる以上のことがあるせいで嫌な気分になっているのだとすれば、その気分を解消することはできないだろう。マイナス感情の原因は、もっと別のところにある。

たとえば、誰かが約束を守らなかったとき、あなたはどんな気分になるだろうか。木曜日の午後4時に会うはずだったのに約束の場所に現れず、遅れるという連絡もなかったとしたらどうだろう。おそらくムッとするはずだ。現代社会では、約束を破れば信頼を失うというペナルティが待っている。人間関係にとってマイナスの結果が生じるわけだ。

それと同じで、あなたがインボックスに入れたものは、あなたが自分自身に課した〝約束〟である。明確な〝約束〟ではないにしても、少なくとも何とかしようと心の中で思ったことだ。その〝約束〟を破ったからこそ、嫌な気分になったのだ。自分に対する信頼が損なわれたのである。事業戦略を立てようと自分に言い聞かせたのにそれをやらなければ、あなたは罪悪感にとらわれることになる。整理をしなくてはと思っているのにそれができなければ、自分が情けなくなる。子どもと過ごす時間をもっと増やそうと決めたのに実行していなければ、そのことが気にかかり、ふがいない気分になるだろう。

## 自分との約束を守るには

自分に対する約束を破ることでマイナス感情が起こってくる。これを避ける方法は次の三つしかない。

・約束をしない
・約束を果たす
・約束を見直す

これらのいずれかをやれば、嫌な気持ちから解放されるはずだ。

### 約束をしない

長い間、片付いていない「済んでいないこと」の山を、これらについては何もしないと決めてシュレッダーにかけるか、リサイクルに回すか、ゴミ箱に放り込むかすれば、おそらく爽快な気分になれるはずだ。「ノー」と言うこともまた、溜まったことを解決する方法の一つである。

ハードルを下げれば、気持ちもぐっとラクになる。子育てなり学校なり、チームの士気なり、ソフトウェアのコードなりに関して、基準を下げて気になることを減らしてしまえば、やるべきことはずっと少なくなるはずだ。

ただ、だからといって基準を下げようという人はほとんどいないだろう。だが、このあたりがわかっていれば、自分への約束には慎重になるにちがいない。私自身にもそうした変化が起きた。昔は人に認めてもらいたくて、多くの約束を自分に課していた。しかし、約束を守れなかったときの代償を理解するにつれ、どの約束をすべきかを意識して選ぶようになったのだ。私が指導したある保険会社の幹部は、ＧＴＤを身につけたことで次のようなメリットがあったと言っている。

「以前は、どれだけの負担になるかも考えずに、誰にでも一つ返事で約束を引き受けていました。今はやるべきことのすべてが明らかになっているので、できないことはできないとはっきり言えます。嫌な顔をされそうなものですが、みんなむしろ潔いと思ってくれるみたいですね」

また先日、別のクライアントも「仕事をすべて明らかにすることで心配やストレスの大部分が消えました」と言っていた。「気になること」すべてをインボックスに入れる習慣が身についた結果、本当に行動が必要かを常に意識するようになったからだという。メモをインボックスに入れるのに抵抗を感じたら、彼はそのまま捨ててしまうのだそうだ。

実に賢明なやり方だ。**心に引っかかったものを集めて把握しておく作業を本気でやるようになると、本当にやるべきか、あるいはやりたいのかをごく自然に考えるようになる。**これもＧＴ

抱えている仕事をリストアップして定期的にレビューしておくと、自信をもってノーと言えるようになる。

Dの大きなメリットの一つだ。私は長年にわたり、すべてを網羅したプロジェクトリストを作成して更新するよう多くの人を指導してきたが、その誰もが、やる価値のないことを「やるべきこと」としてとらえていたことに気づくようになった。これでは残高や限度額のわからないクレジットカードを使うようなもので、無責任な結果につながりやすい。本当にやるべきことをきちんと見極められるようにしておこう。

## 約束を果たす

約束したことを実行した場合も、当然マイナス感情は消える。それにほとんどのことは、実行すれば達成感が得られるものだ。2分以内にできることをどんどんやっていけば、誰もが爽快な気分になれる。私のクライアントの多くは、2時間ほど「見極め」をしただけで、2分ルールのとりこになってしまう。予想以上に多くのことが片付くからだ。

週末にプライベート関連の雑多な用事を片付けてしまうのもいいだろう。「気になること」を大きなものから小さなものまですべて把握して目に見えるリストにしておくと、これらを終わらせてしまいたいという前向きな気持ちが湧いてくる（前向きな気持ちにならない人も、自己嫌悪や不安から何とかしたいという気にはなるだろう）。

私たちは誰もが〝できる〟人間になりたいと願っている。簡単にできることから片付けて、自分に自信をつけていこう。最初はリストになかったが、それを完了させたあとにわざわざリストに書き出し、すぐに完了扱いにしたことがある人には、私の言いたいことがわかるはずだ。



「やるというプレッシャーから逃れ、やったという安らぎを得よう」――ジュリア・ルイス・ウッドラフさて、ここで一つ疑問が出てくる。リストにある行動や山積みしていたことをすべて上手にやってのけたらどうなるだろうか。おそらく爽快な気分になり、創造的なエネルギーを何かに振り向けたくてうずうずしてくるはずだ。そして3日（あるいは3分）もすれば、また新しいリストができているだろう。そのリストにはおそらく、前のものよりもずっとやりがいのある行動が並んでいるはずだ。すべてを片付けることの気持ちよさを体験してしまえば、より多くのこと、より大胆なことに取り組んでいけるのである。

あなたに上司がいれば、あなたの能力や優れた仕事ぶりに気づいて、より多くの仕事を任せるようになるだろう。しかし、これではどんどん仕事が増える一方になってしまう。これが能力開発の皮肉なところだ――能力をつければつけるほど、さらなる能力を求められるのだ。

自分の基準を下げたくもないし、仕事が増えるのも避けたい――そうした場合には、どうすればよいだろうか。実は、ストレスに押しつぶされるのを避けるには、もう一つの選択肢がある。

## 約束を見直す

私があなたと木曜日の午後4時に会う約束をしたとしよう。しかし、私の都合が変わって行けなくなってしまった。その場合、あなたの信頼を保つために私にできることはあるだろうか。もちろんある。あなたに電話をかけて、約束を変更すればいいのだ。約束を見直すことができれば、それを破らずに済む。

すべてを頭から追い出して目の前に置くことで、気分がよくなるのはなぜだろう。それは自分

「将来について創造的に考えをめぐらせる唯一の方法は、自分や他者を“赦す”ことです」――デズモンド・ウィルソン神父

自身に対する約束が、リストになって見直せるようになっているからである。このリストを見ながら対応を考えたり、その場で実行したり、「今はやらない」と判断することで気分がよくなるのだ。だが、これらの約束自体を思い出せなければ、それを見直すこともできない。多くの人が抱えている問題はそこにある。

自分に課した約束を覚えていないからと言って、責任から解放されるわけではない。意識の中の「やるべきこと」を認識している部分に、過去や未来の感覚がどの程度あるかを心理学者に尋ねてみるといい。彼らは例外なく「そんな感覚はない」と答えるはずだ。この領域では、すべてを〝現在〟のこととしてとらえてしまう。つまり、何かをしなければならないと認識し、それを短期記憶に収めたままだと、意識の一部は常にそれについて考えつづけてしまう。そしてこの事実から、次の結論が導かれる。二つのことを自分に課し、それを頭の中だけに入れておいた場合、その瞬間からストレスと挫折感の両方を抱えることになるのだ。なぜなら、それら二つを同時に行なうことはできないからだ。

あなたもおそらくそうだろうが、たいていの人は家に物置のような場所があるはずだ。地下室に物を置いていて、片付けなければならないと思っている人もいるだろう（10年前からそう思っているという人もいるかもしれない）。そういう人の意識の一部は、常にそのことに嫌な思いを抱きつづけているはずだ。これでは疲れてしまうのも無理はない。何しろ地下室のそばを通るたびに、「このままじゃまずいよな」「いつになったら片付けるんだ」というささやきが頭の中に聞こえてくるからだ。そして自分を責める声に嫌気がさして、地下室を避けるようになる。このようなささやきを消すには、次の三つの選択肢からいずれかを選んで実行しなければならない。

1. 地下室に関する基準を下げる。「地下室がごちゃごちゃで何が悪い」。これについては、すでにやっているという人もいるかもしれない。
2. 約束を守る。「地下室を片付けてしまおう」。
3. 「地下室を片付ける」を「いつかやる／多分やるリスト」に入れる。このリストを毎週レビューして、「今週はやらない」という判断をしておけば、次に地下室のそばを通ったときに聞こえてくるささやきも「今週はやらないんだよな」に変わる。

これは私の実感だが、私たちの意識は、地下室の片付けに関して自分に課した約束と、会社の買収や家計の改善に関する約束との違いが区別できないようだ。どれも同じ約束として、守っているか守っていないかだけで判断しているのである。頭の中だけにあるプロジェクトで何も行動していないものがあれば、それは守られていない約束として認識されることになり、常にプレッシャーをかけてくるようになる。

## 従来の時間管理手法との訣別

GTDはこれまで提唱されてきた時間管理手法とはかなり異なっている。ほとんどの手法では、それほど重要でないと判断したものについては、管理していく必要性は低いとしている。しかし、私の経験からすると、これは間違っている。少なくとも、潜在意識のレベルではこのような区別はなされていない。だからこそ、すべての約束を意識の表面にもってくる必要があるのだ。つまりすべてを把握し、目的を明らかにして、客観的かつ定期的にレビューすることで顕在意識に認識させておかなければならないのである。そうやって自己管理システムのしかるべき場所に入れておかないと、必要以上に精神エネルギーを消耗することになってしまう。

「気になること」を頭の中だけにしまいこんでいると、そこに必要以上に注意が向いてしまうのは明らかだ。すべてを頭の外に集めておくのは、すべてが同じくらい重要だからというわけではない。むしろ、そうでないからこそ把握しておく必要があるのだ。

## どれだけ「把握」すればいいのか

どんなに些細なことであっても、これまで把握していなかったものを書き出すことができれば、確実に気分はよくなる。「そうだ、バターを買っておかないと」と思い出して、買い物リストに加えるだけで、すっきりした気分になる。「銀行に投資信託のことを相談する」というメモを書いて電話の近くに置いても、同じように気分がよくなるはずだ。ただ、すべてを「完全に」



仕事でも遊びでも、そのことしか頭にないときに「ゾーン」を体験することができる。

把握したときの気分は、これらとは比べものにならない。

**頭の中にどれだけのものが残っていたかが唯一わかるのは、完全に何もなくなったときだけである。**意識のどこかでまだ何か残っていると感じていれば、「把握する」作業は完了していないし、どれだけ残っているのかもわからない。では、すっかり空になったかどうかは、どうやって判断すればよいのだろう。簡単だ。気になることが何も思い浮かばなくなったら、そのときが空になったときである。

空になったといっても、心が空虚になってしまうわけではない。意識があるときは、心は常に何かに注意を向けている。そしてほかのことに気を取られることなく、注意の対象が一つに絞られていれば、究極の集中状態、いわゆる「ゾーン」に至ることができる。

私たちは、「何の仕事をしなくちゃいけないんだっけ」ではなくて、仕事そのものに意識を向けるべきなのだ。生産性を高めるには、とにかくすべてを把握することだ。些細なことも含め、自分に何かの約束を課したときに、それを認識して頭の外で管理できるようになろう。そのためには意識的な訓練が必要だし、これまでの習慣も改める必要がある。「把握する」ステップを徹底的にやったうえで、次々に舞い込んでくることをその場で対処できるようになれば、それは大きな力となってあなたの生産性を飛躍的に高めてくれるだろう。

## 集団や組織レベルで「把握する」

複数の人間の集まり——チーム、夫婦、部課、家族、会社などにおいて、全員が「把握する」作業を漏らさずやったら、果たしてどんなことが起こるだろう。集団レベルでそれができると、忘れているかもしれないことに気をとられることがなくなり、より重要なことに意識を向けられるようになる。

ただし、そのためにはチームのコミュニケーションがとれている必要がある。誰かが何かを把握し忘れているのでは……と疑ってしまうとフラストレーションが溜まってしまうからだ。

この問題には、かなり以前から関心をもっていた。**GTDを身につけていない人が私たちのところに来ると、1人だけひどく浮いてしまうのだ。**私はかれこれ30年以上、頭のメモリを空っぽにして、インボックスの中身をきっちり分類する習慣を実践している。誰かのインボックスにメモが放置してあったり、「わかりました」と言うだけで何も書かない人がいたりすると、私の頭には注意信号が点滅しはじめる。このような態度は、私の組織では容認できない。システムの不備は、本来気になってはならないものだ。気にしなければならないことは、ほかにもっとある。

メールやメモ、あるいは直接話して頼んだこと、伝えたことがきちんと相手のシステムに組み入れられ、すみやかに見極めと整理がなされ、行動の選択肢としてレビューされない限り、こちらとしては安心できない。ボイスメールは聞くがメールやメモだと当てにならないような人は、その人に確実に伝わる方法をわざわざ選ぶ必要がある。物事を円滑に進めようとしている組織においては、そもそもそのようなことがあってはならない。

組織で何かを変更する必要があるときは、それがきちんと伝わることが重要だ。システム全体

穴の開いたボートから水をかき出さねばならない状態では、方向を定めて前に進むことはできない。

いせの効率は、構成要素のいちばん弱い部分で決まる。重要な役割を担っている人物の対応が遅いで、全体が遅れてしまうことは珍しくないだろう。

インボックスそのものがなかったり、そこに入れたものの見極めが滞っているような組織は、こういう状態に陥っていることが多い。このような組織では、コミュニケーション不全のために、あちこちでさまざまな問題が起こってしまう。

紙1枚に至るまでシステムがしっかりと機能している組織では、あらゆることが明確になり、誰もが本来注意を向けるべきことに集中できるようになる。家庭でも、親、子ども、ベビーシッター、家政婦など、日常的に関わっている人たちのすべてがインボックスを導入すれば同じことが起きる。私と妻は、すぐそばにいるときでも、メモなどをお互いのインボックスに入れるようにしている。そのことを話すと嫌な顔をする人も多い。いかにも人間味がないように感じられるのだろう。しかし、こうすることで相手のしていることを中断せずにすむうえ、お互いが自由になって相手をあたたかく受け入れられるようになる。システムに預けるべきことをきちんと預けることで、余計なことに気をわずらわされなくなるのだ。

ただ、このようなやり方を人に強要することはできない。本人が自分なりのやり方で対応していく必要がある。私たちにできるのは、促すことだけだ。自分のところに来たものをきちんと把握・管理していく義務を負わせるのである。そのうえで、本書のアドバイスを教えてやればいい。少なくとも、「やり方がわからない」という言い訳はできなくなるはずだ。

これは、誰もが自分のところに来たことすべてをやらなければならないということではない。

知識労働社会においては、誰のところにも自分がこなせる以上のことが押し寄せてくる可能性がある。私が本書で伝えたかったのは、そのような環境に対応していく方法だ。**最大のポイントは、自分が関わっていることのすべてを定期的に見直す態勢を作り、頭の中の「気になること」から解放されて安心できるようにすることにある。**それこそが、より高度な知識労働のスタイルにほかならない。そしてそれを実現するには、水をも漏らさぬ整理システムを確立することが絶対不可欠である。そもそも自分との約束を覚えていなければ、それを見直すことができない。人との約束と同じで、それを忘れていれば、話し合って調整することができないのだ。

組織という船に乗っている人のすべてが100％「把握する」作業を行なうようになると、船の前進が妨げられることがなくなる。方向が正しいか、船そのものが適切かどうかはまた別の問題だが、少なくともその船が最大効率で前に進んでいけることは確かだ。

第12章

# 次にとるべき行動を決めると何が変わるか

私は「次にとるべき行動」を考える習慣を世界的に広めるのが自分の使命だと考えている。会議や話し合いで、行動が必要かどうかの判断が必ずなされ、必要な場合にはその行動が特定される、あるいは少なくとも誰が責任を負うかが明らかになることが当たり前になればいいと思っている。意識に入ってきたものすべてについてどんな行動が必要かを考え、その結論をきっちり管理することが組織のルールとなり、すべての人がより大きな問題や機会に意識を向けている世界——それこそが私の理想だ。

「次にとるべき行動」を常に考えるようになった結果、エネルギー効率や生産性が飛躍的に向上した個人や組織をたくさん見てきた。これはごくシンプルな習慣ではあるが、きちんと実践されている例を目にするのは稀だ。

ただし、この習慣が周囲の人たちにもある程度浸透してくると、いくつか問題も起こってくる。その一つが、同じことをやっていない人間にどう対応するかということだ。普段あまりにもスムーズに事が運んでいるせいで、そのような人や組織と関わったときに大きなストレスを抱えることになるからだ。

私たちは、自分や他者に対してどのような責任を負っているかを認識しなければならない。そして、やらなければならないと感じていることのすべてについて、次にとるべき物理的な行動をいつかは判断していく必要がある。ただし、気づいた時点で行動を判断するのか、抜き差しならない状態になってから判断するのかでは、天と地ほどの差が出てくる。

## 「次にとるべき行動」の発想

「次にとるべき行動」を決めるという、シンプルながら驚異的効果があるこのテクニックを、私は30年以上前に、年来の友人でマネジメントコンサルティングの大先輩でもあるディーン・アチソン（元国務長官とは別の人）から教わった。長年企業幹部のコンサルティングを行なってきた彼は、多くの人がプロジェクトや状況に行き詰まっているのを見て、彼らの心を解放する方法はないかと探りつづけてきた。そしてある日、机の上にある紙を1枚ずつ拾い上げて、そこに書かれていることを進展させるために「次に何をするべきか」を決めさせてみた。その結果は驚くべきものだった。彼はその後何年もの間、インボックスに入ったものを「次にとるべき行動は何か？」という問いかけによって処理する手法を研究しつづけた。それ以降、彼の構想をもとに発

「人の一歩先を行く秘訣は、一歩を踏み出すことだ。一歩を踏み出す秘訣は、複雑で手に負えないように思える作業を、手に負える小さな作業に分けて、最初の作業に手をつけることだ」――マーク・トウェイン

展させてきたＧＴＤにより、彼と私は何千人もの人々を指導してきたが、今なおその効果は衰えていない。

この思考プロセスは私たちが生まれもっているものでもなければ、自然とできるものでもないようだ。赤ちゃんのときに「ぼくたちは今、何をしているの？　次に何をするの？　誰がするの？」という質問をしようとは思わなかっただろう。きちんと思考して決断し、意識的に何かに目を向けるというのは、習得しなくてはならないテクニックなのだ。ただ、この思考プロセスは、必要に迫られると自動的に生じるものでもある。たとえば、危機的な状況にあるときや、差し迫った状況で悲惨な結末を回避しなくてはならないときなどが考えられる。だが、差し迫った状況になる前からこの手法を習慣的に使うには訓練が必要だ。

## 行動の選択肢を明らかにする

電話をする、メールをする、誰かと話す、インターネットで調べる、何かを買うといった具体的な「次にとるべき行動」を明らかにしない限り、プロジェクトを完了させることは永久にできない。ほとんどのプロジェクトは、せいぜい10秒もあればそうした行動を見極めることができる。しかし、10秒で考えて決断できることなのに、ほとんどの人はそれをしていない。

クライアントとリストをいっしょに見ていたときに、「タイヤ」という項目があった場合で考えてみよう。私が「これは何ですか」と尋ねると、クライアントは、「車のタイヤを替えないといけないのです」と答える。次に私は「具体的に、次にやる行動はなんでしょう」と聞く。すると、クライアントは眉間にしわを寄せて考えはじめ、ほどなくこんな結論を述べる。「インターネットで調べて値段を確認しておくことですね」。

タイヤのことは、しばらく前から気になっていた可能性が高い。別の用事でパソコンを使うついでに値段を確認する機会も無数にあったはずだ。なぜそれをやらなかったのか。パソコンの前にいるときに、タイヤを替えるのにパソコンが必要だと思い浮かばなかったからである。

だからこそ、あらかじめ行動の選択肢を考えておくべきだったのだ。次にとるべき行動をすべてリストにしてあれば、会議まであと15分あって、なおかつコンピュータが目の前にあり、エネルギーが10点満点で4点のときに、行動のリストに「タイヤのことを調べる」という項目を見つけることができたはずだ。「これならやってしまえる」とインターネットでさっと調べたあとに、使える時間とエネルギーを有効活用できたという満足感に浸れたに違いない。そのような状況では、クライアントへの大がかりな提案書は書けないにしても、ほんのすこしインターネットで調べてさっと情報を入手することぐらいはできる。こうして彼は後日タイヤを交換し、気分よく車を運転できたはずだ。

具体的なレベルで必要な行動を見極め、そのリマインダーをしかるべき場所に整理しておくことこそが、生産性を高め、安心感を得るためのカギにほかならない。

そしてこのテクニックは、誰もが身につけて、磨いていくことができる。

どんなに単純なことでも、「次にとるべき行動」を決めていないばかりに立ち往生しているケースがよくある。私がセミナーをやると、行動のリストに「車の整備」などと書いてしまう人が多い。しかし、「車の整備」は「次にとるべき行動」だろうか。つなぎを着てレンチを持つ気があるのなら別だが、そうでなければもっとほかの行動があるはずだ。そこで私はこう尋ねる。

「車の整備に関して、次にとるべき行動は何でしょう？」

「ショップに車を持っていかないといけません。そうか、まずやってくれるか電話で聞かないとだめですね。それから、予約しないと」

「番号はわかりますか？」

「うーん、わかりません。フレッドに勧められたところがあるのですが、番号は聞いていませんでした。何か忘れていると思っていましたが……」

多くの人が、さまざまなことに関してこうした事態に陥っている。プロジェクトを見て「何か忘れている」と感じつつも、それが何かを思い出すことができずにあきらめてしまうのだ。

「とすると、次にとるべき行動は？」

「番号を調べることですね。フレッドに聞けばわかるはずです」

「どうやって聞きますか」

「彼にメールします」

こうして、「次にとるべき行動」は、「フレッドにメールしてショップの電話番号を聞くこと」だと判明した。

実際の行動にたどりつく前にかなり紆余曲折を経ているが、こういうことは珍しくない。ほと

「次にとるべき行動」がわかっていないと、物事を進めるのに必要な一歩は踏み出せない。

んどの人のリストには、こうしたプロジェクトがたくさん存在している。

## 頭のいい人ほど放置してしまう

実は、プロジェクトや生活全般において決断しなければならないことをもっとも決断したがらないのが、頭がいい人である。これには理由がある。心の中のイメージに身体がどのように反応するかを考えればわかるが、私たちの脳は、リアルな思考を現実と同じように受け止める傾向がある。

スーパーに入って、明るく照らされた青果コーナーに行ったところを想像してもらいたい。そこに、ミカンやレモンやグレープフルーツが置かれた一角がある。レモンの山の隣には、まな板とナイフが用意されている。あなたがレモンを一つとって二つに切ると、すっぱい香りが広がってきた。まな板にはレモンの果汁がしたたっている。あなたは半分になったレモンを、さらに半分に切る。あなたの手の中には、4分の1に切られたレモンがある。そのレモンを口に持っていって、ガブリと囓ってみよう。

このとおりに想像した人は、口の中に唾が出てきたはずだ。あなたの身体は、想像上のレモンの酸っぱさに反応を示したのである。

つまり、あなたの身体は、想像したことにも反応するわけだ。だとすれば、確定申告書のことを想像したときには、身体はどんな反応を示すだろう。「簡単だ」「心配ない」「さっさと片付け



頭のいい人は不安をリアルにイメージしてしまう。

てしまおう」といったイメージを思い浮かべた人はほとんどいないはずだ。むしろ逆のイメージが浮かんでしまったのではないだろうか。ほかの面倒なプロジェクトでも、これと同じことが起きるだろう。**よりリアルに想像できる人ほど、身体は大きな反応を示してしまうのだ。**だからこそ、頭がよくて繊細で創造的な人ほど、そういうことを考えたがらないのである。プロジェクトのことを考えたときに、いろいろ面倒なことや、うまくいかなかったときの結果などがありありと想像できてしまうからだ。それで不安に陥ってしまい、面倒なことを敬遠してしまう。

やるべきことを先に延ばしたことがないという人はいないだろう。想像力のない人は闇雲に事を進めたりもするが、ほとんどの人は立ち止まってさまざまな可能性を考えてしまうものだ。

確定申告をやらないといけない。ああ、面倒だ。今年は去年と同じようにはいかないはずだ。見たところ、申告書の感じが違っていた。やり方が変わった部分があるのだろう。ややこしい説明を読まないといけない。詳細申告書に簡易申告書。まとめてしまっていいのだろうか。それとも別々か。おそらく控除も申請することになる。証明書類をそろえないといけないな。領収書もかき集めないとだめだ。全部あるだろうか。怪しい状態でもとりあえず申請しておこうか。でも、監査が入ったらどうしよう。監査はまずいぞ、監査は。国税局に告発されて、刑務所行きだ……。

こうやって、申告書を眺めるだけで刑務所のことまで想像してしまう人々が大勢いる。頭がよくて、想像力がありすぎるせいで、いろいろ考えてしまうのだ。私は長年人々を指導してきた中で、こういう人たちをたくさん見てきた。そして実際、頭がいい人ほど、会社や家やメールの受

「私は年寄りで、さまざまな困難を知っている。しかし、そのほとんどは現実にはならなかった」——マーク・トウェイン

信箱や頭の中に、手をつけていないことが山積みになっている傾向があることに気がついた。私が指導した企業幹部の大半は、ファイルキャビネットや頭の中に、重要なのに手つかずのままのやっかいなプロジェクトが少なくとも数件は放置されていた。彼らは、触らぬ神に祟りなしというように、それらのプロジェクトについて考えることを避けてきたのだ。

この状態を解消するには、どうすればよいだろう。もちろん、酒を飲めば忘れることはできる。アルコールには鎮静作用があって活動エネルギーが低下するが、飲み始めは逆に高まることも少なくない。それはなぜか。鎮静作用が別のところに働くからだ。頭の中のネガティブな考えや嫌なイメージが抑制されるのである。失敗するかもしれないという恐怖心が頭の中から消えれば、はつらつとしてくるのは当然だ。しかし、これでは根本的な問題の解決にはならない。プロジェクトが消えてなくなったわけではないからだ。しかも酒では、忘れたいことだけを抑え込むことはできない。気力や情熱などもいっしょに低下してしまう。

## よりスマートに抑え込む

こうしたストレスにはもっと別の対処法がある。次にとるべき行動を明らかにすれば、よりスマートに不安を解消できるのだ。**プロジェクトを前進させるのに必要な物理的な行動を見極めることで、やらなければならないこと、現状から変えなければならないことへのプレッシャーから確実に解放される。**状況そのものには何の変化もないものの、行動可能な、完了できるタスクに意識が向くことで、方向が定まってモチベーションや気力が高まるのである。「把握する」ス



悪い想像をやめるだけで、気力が高まってくる。

テップを実践した人は、それぞれのプロジェクトで「次にとるべき行動」を決めたときに、自分の気力がどうなるか確かめてみてほしい。

リストに書き出されたプロジェクトに対しては、やりたいと思うものと、やりたくないと思うものがあるだろう。その中間のものはないはずだ。積極的に「完了させてしまいたい」か、「できるなら手をつけたくない」のどちらかだろう。しかし、「手をつけたくない」ものも、次の物理的な行動を決めるだけで、「終わらせたい」ものに変えられることが少なくない。

セミナーの参加者や、私の指導を受けた人を見ていて気づいたことがある。それは、**途中でやめてしまう人の多くは、「次にとるべき行動」のリストが単なるメモのリストに逆戻りしてしまっているということだ。**これらの人はリストに書き出している点では何もしない人よりましなものの、行動リストに次のような項目が混じっているせいでプロジェクトが停滞していたり、放置されていたりする。

「食事会の運営委員会」
「ジョニーの誕生日」
「受付係」
「プレゼン」

これらはそれぞれの項目が行動レベルから「気になること」に逆戻りしてしまっていて、「次

「どんなに大きくて難しく思える問題も、解決に向けた小さな一歩を実行すれば、混乱から抜け出すことができる。大事なのは行動だ」――ゲオルグ・F・ノルデンホルト

にとるべき行動」がわからなくなっている。リストがこんな感じになっていると、それを眺めるたびに脳に負荷がかかってしまう。

「次にとるべき行動」を決めるには、余分なエネルギーを使わないといけないと思っている人がいるかもしれない。しかしそれは間違いである。こうしたエネルギーは遅かれ早かれ、いずれ使うことになるからだ。車を整備する必要があるなら、どこかの時点で「次にとるべき行動」を決めなければならない。ぐずぐずしていないで、さっさと「業者に電話して車の運搬を頼む」という具体的な行動を決めてしまうことだ。

**私が思うに、目の前に現れたときではなくて、ぎりぎりになってから行動を決める人が多すぎる。**知識労働社会において、この二つの態度にはどんな違いがあるだろうか。やりたいことが自分のアンテナに引っかかった時点で次にとるべき行動を決め、それができる状況別に分類しておくのと、どうしてもやらなければならなくなるまでとるべき行動を考えずに、尻に火がついてから必死にやるのとでは、どちらが効率的だろう。

こんなことを言うと大袈裟だと思うだろうか。しかし、あなたの会社ではあらかじめ次にとるべき行動が決まっているケースと、ぎりぎりになってから決まるケースのどちらが多いだろうか。ほぼ例外なく「ぎりぎりになってから」という答えが返ってくるのではないだろうか。あるグローバル企業のクライアントが、社員のストレスの原因について調査したところ、もっとも多かった不満は、「チームリーダーが最初に決めるべきことを決めておかなかったせいで、締め切り間際にやらないといけないことが次々に出てきてしまうこと」だったそうだ。



事態が切迫するまで「次にとるべき行動」の検討を怠ると、効率は大幅に低下し、無用のストレスを抱えることになる。

## 「次にとるべき行動」の判断を組織のルールにするメリット

これは私が指導した複数の幹部の証言だが、「次にとるべき行動」を決めることを会社で徹底したところ、組織のパフォーマンスが明らかに向上し、会社の体質そのものが改善したそうだ。「次にとるべき行動」を考えることで具体的な作業ステップと責任の所在が明らかになり、生産性と行動力が高まった結果である。

### 具体的な行動が増える

会議をやっても明確な結論に至らず、具体的な行動も明らかにならないというケースは驚くほど多い。しかし、議論した内容を見極めて次にとるべき行動や、誰がそれをやるかを決めておかないと、ほとんどのことは先に進まない。

私はよく会議の進行役を任されるが、失敗を繰り返しながらあることを学んだ。それは、**どんな話の途中であれ、会議が終わる20分前には必ず「次にとるべき行動は何か」という質問を投げかけなければならないということだ。**経験上、結論が出るまでにはたいてい20分くらいかかり、その中で難しい決断を迫られることもよくある。

よく考えてみれば、ごく当たり前のことではある。しかし実際にやるとなると、かなりシビアな議論が必要になることも少なくない。より深いレベルでの考察をしなければならないからだ。

「話したところで米は炊き上がらない」――中国のことわざ

「本気でやるのか」「これからやろうとしていることがちゃんと把握できているのか」「時間と労力を注ぐだけの価値があるのか」。こうした根本的な疑問を私たちは避けがちだ。しかし、「次にとるべき行動」を考えるには、どうしてもこれらの疑問について考える必要がある。一つのトピックについて結論を出すには、より踏み込んだ議論や検討、調整が必要になることも少なくない。現代社会は、適当にやっておけば結果が出る、といった甘い世界ではないのだ。

このあたりは、実際に経験した人でないとわかりにくいだろう。経験がある人にはきっと納得してもらえるはずだ。そうでない人は、次に会議に出席したときや、誰かと話し合ったとき、「次にとるべき行動は何か」という疑問を最後にぶつけてみて、どんな変化があるかを確かめてみてほしい。

## 責任の所在がはっきりする

私たちの住むこの「共同社会」では、責任の所在が曖昧になりがちだ。「これに関する責任者は私だ（君だ）」と宣言するのが当たり前になっている会社はほとんどないだろう。こうした宣言には傲慢だというイメージがあるようだ。しかし、「みんなでがんばる」というのはあくまで理想論で、生き馬の目を抜く現代社会では、個人の能力がカギを握っているケースが圧倒的に多い。にもかかわらず、実際の会議では、わかってはいるけど自分にお鉢が回ってくるのは嫌だよね、と何もせずに会議室を後にするというパターンばかりである。

本当に傲慢な態度とは、決めるべきことを曖昧にしたまま話し合いを終わらせてしまうことではないだろうか。そして本当の共同作業とは、何をするか、誰がそれをやるかを明らかにする責任を全員が負うことにほかならないのではないか。

これについても、経験のある人ならピンと来るだろう。そうでない人は、次の会議で「次にとるべき行動は何でしょう」と尋ねてみることだ。家族会議で同じことをやってみてもいい。

## 生産性が向上する

「次にとるべき行動」を決めることをルールにして全員に守ってもらうと、組織の生産性は確実に向上する。これまで述べてきたような理由から、より少ない努力で、より早く結果が出せるからである。

行動を停滞させる〝頭のいい人たちの想像〟を乗り越えてプロジェクトを前に進めていくためには、高度な技術が必要になる。もう何十年も前から、組織で生産性を高める必要性が叫ばれてきた。知識労働社会においては、パソコンの性能や通信環境を向上させたり、リーダーシップのセミナーを受けたりしても十分な生産性は得られないだろう。それよりも、すばやく「次にとるべき行動」を判断するよう、組織の人間に徹底させていく必要がある。ぎりぎりまで待つのではなく、目の前に現れた時点でそれを考えるようにする習慣が不可欠だ。

## 行動力が高まる

「次にとるべき行動」を決めることで個人にもたらされる最大の恩恵は、行動力が高まり、その

「行動の計画にはリスクとコストが伴うが、行動しないことの長期的なリスクとコストに比べればはるかにましだ」――ジョン・F・ケネディ

ことによって自尊心が身につき、前向きな視点をもてるようになることである。

人はさまざまな行動をするが、ほかの人にせき立てられたり、自分で危機感を覚えたりしてやむなくやるケースがほとんどだ。これでは達成感は得られないし、仕事がうまくやれているという気持ちにもならないだろう。私たちが望んでいるのは、まさにこの逆である。

それには、「気になること」のすべてを明らかにし、それらを終わらせるのに必要な行動を見極める習慣をつけなければならない。必要に迫られるまで待つのではなくて、プロジェクトを進めるための作業を積極的にやっていこう。そうすることで自信がつき、それが人生のあらゆる側面によい影響を及ぼすようになる。自ら船の舵を取れるようになるのだ。

また、「次にとるべき行動」を考える習慣が身につくと、被害者意識からも解放される。これからとる行動が、自分で判断したものだと自信をもてるようになるからだ。こうした自信をもつことが自尊心を高め、被害者意識ではなくて当事者意識をもてることにつながっていく。自尊心を高めたければ、「私には力がある！　私は有能だ！」と数千回繰り返すよりも、こちらのほうがずっと効果がある。

あなたの組織には、グチをこぼしている人がたくさんいるだろうか。次に誰かのグチを耳にしたときには、次にどんな行動をとればいいと思うかを尋ねてみるといい。人がグチをこぼすのは、改善できる見込みがあると思っているときだけである。次の行動を問うことで、そこが浮き彫りになる。現状を変えられるなら、変えるための行動があるはずだ。変えられないことは、動かせない現実として戦略や戦術に組み込むしかない。グチが聞こえてきたときは、変えられる状



個人がすばやく対応できるようになったときに、組織の生産性が高まる。ナレッジワークにおいては、最初の時点で次の行動を決めてしまうことが、すばやい対応につながっていく。

「まずは必要なことから始めて、次にできることをしてみなさい。気がつけば不可能だと思われたことをしているはずです」——アッシジのフランチェスコ

況があるのに行動を怠っている、あるいは変えられる部分を考えるのを怠っている人がいるサインだと思ったほうがいい。自尊心を守る自衛行為という見方をする人もいるかもしれないが、実際には一時しのぎの不毛な態度でしかない。

私や同僚にとって、すでにこの部分で改善できることはほとんどない。けれども私が指導した人々は、「次にとるべき行動」をすみやかに考える癖をつけることで、日々の行動力が大きく改善した。目の輝きが変わって仕事がどんどん進むようになり、思考や態度にも前向きの変化が現れてくる。私たちにはもともと行動する力が備わっているが、プロジェクトを前進させるのに必要な「次にとるべき行動」を考え、適切に管理していくことで行動力がさらに高まり、潜在能力を引き出していけるようになる。

さっと行動できるようになると、物事を達成できるという自信も湧いてくる。その自信こそが、プロジェクトを実際に完了させていくのだ。

「自分がこうなのは環境のせいだと人は言うが、私はそうは思わない。成功する人は、自分の望む環境を求めて行動し、見つからなければそれを自ら作り出しているはずだ」——ジョージ・バーナード・ショー

第3部
基本原則のパワーを体感しよう

## 第13章

# 望んでいる結果に目を向けると何が変わるか

意識や想像力を活用すれば、目の前の状況を変えていくことができる。これについては、さまざまな観点から研究が行なわれている。「プラス思考」を勧める自己啓発本に始まり、最近では最新の神経生理学の知見に基づく書籍も出てきている。

私自身がこの分野で重視してきたのは、〝実用性〟だ。実際に物事を終わらせるのに役立つかどうかである。

役立つとすれば、日々の仕事にどのように活用していくのがベストか。その知識を活用し、より少ない努力で求めている結果を出していくことが本当に可能なのだろうか。答えはもちろんイエスだった。

## 必要なことに目を向け、スピーディにこなす

私はＧＴＤの導入によって、さまざまな仕事の現場で驚くべき成果が上がるのを目の当たりにしてきた。メールの処理、住宅の購入、会社の買収、会議、子どもとのコミュニケーションなど、あらゆることをＧＴＤに基づいて進める習慣が身につくと、あなたの生産性は飛躍的に向上する。

私がＧＴＤを指導したプロフェッショナルの多くは、仕事やキャリアがステップアップしたと感じており、新しい職に就いた人や、ライフスタイルを変えた人もいる。ＧＴＤは、私たちがごく日常的にやっていることにおいて、確実に効果を発揮する。滞っていることをすみやかに片付けて自分自身や他者に認められるようになった人の人生は、確実に前進していると言えるだろう。ＧＴＤに強い興味をもっている人は、おそらくすでに何らかのステップアップに取り組んでおり、自分が1年後も同じ状態にあるとは最初から考えていないはずだ。ただ、ＧＴＤなら、より早く、無理なくそこに到達することができる。そういう人たちは、その点に大きな魅力を感じるようだ。

ＧＴＤを実践していれば、日々起きていることにすぐさま対応できるようになる。また前向きな想像力を活用していくことを学び、日々発生するさまざまな問題を解決できるようにもなる。見出しに用いた〝スピーディ〟という言葉は、誤解を招くかもしれない。人によっては、ＧＴ

Dによって多忙な状況から抜け出し、もっと健全な、ゆったりとしたペースを取り戻せる場合もあるからだ。*

どちらにしろ私が言いたいのは、GTDを実践すれば自分が望んでいる変化や結果に対して、意識を集中しながら取り組めるようになるということだ。

「娘と過ごす時間を増やす」という目標もまたプロジェクトの一つであり、「次にとるべき行動」を決める必要がある。何かをしなければという曖昧な意識だけで実際に何もしなければ、それが大きなストレスになっていく。私のクライアントの中には、こういったことを書き出し、どんなプロジェクトかを見極めて、次にとるべき行動を明らかにしていくことこそが、人生の「済んでいないこと」だったという認識に至る人も多い。これ自体もすばらしい成果だと私は考える。

## 望んでいる結果に目を向けることが重要

仕事や人生におけるさまざまなことを信頼できる整理システムに組み込むことで、自分や周囲の人に驚くような変化が起きてくる。このことはとくに強調しておきたい点だ。

前章で述べたように、「次にとるべき行動」を考えるようにすると、具体的な行動ステップと責任の所在が明らかになり、生産性と行動力がぐっと高まってくる。また、求めている結果に集中し、そこに至るプロジェクトを見極める習慣を身につけた場合も、やはり同じことが起こって



*活力にあふれる人がGTDのマインドセットを取り入れると、ライフスタイルがさらに多忙で創造的なものとなり、「もっとできる!　もっと速くできる!」という新たな悩みを抱えてしまうことがある。このような人たちはのちに冷静に現状を分析し、さらに忙しい日々を送りたいのか、生まれてきたゆとりで人生を楽しみたいのかを選択していくことになる。

くる。

この二つは相互に関連している。望んでいる結果がはっきりしていなければ適切な行動を見極めることはできないし、具体的に何をするかがはっきりしていなければどんな結果になるかは曖昧なままだ。どちらのアプローチでも結果を出すことはできる。しかし、「気になること」を終わらせるには必ずどちらかをやらないといけない。

脳を最大限に活用する学習法を研究している私の友人スティーブン・スナイダーは、次のようなことを言っている。

「人生で起きる問題は二つしかない。一つは、求めている結果がわかっているのに、どうすればいいかがわからないこと。もう一つは、求めている結果が何かわからないことだ」

彼の言うことが正しいとすれば（私は正しいと思っているが）、解決法は次の二つしかない。

・求めている結果をはっきりとイメージする。
・とるべき行動をはっきりさせる。

この二つは、陰と陽、右脳と左脳、創造と破壊、構想と実践などと同じ関係にある。つまりこれらは表裏一体なのだ。私たちは人生のあらゆる側面において、まだ実現していないことをイメージできるという、すばらしい能力をもっている。そうしたイメージをもつことで、現状をその世界に近づけるべく脳が働きはじめ、実際にとるべき行動を考えることができるのだ。

あなたの注意のアンテナに引っかかったことに意識を向けていこう。「これは自分にとってどんな意味があるのか」「なぜここにあるのか」「これに関してどんなことが起こってほしいか（求めている結果は何か）」。「済んでいないことは何か」。これらのすべてについて、それらが完了している状態をはっきりとイメージしなくてはいけない。

現状と望んでいる結果の間にギャップがあることが明らかになったら、こう自問してみよう。「求めている結果をもたらすために、今何をしなければいけないか」「それには何が必要か」。つまり、「次にとるべき行動」を考えるのである。

ＧＴＤは新しいテクノロジーでも新発明でもない。私たちが行なうべき目に見えにくいことを、はっきりと見える形に置き換えるだけのことだ。このように物事を認識し、意識的にＧＴＤの原理を活用することで、より素晴らしい成果を導き出すことができるのだ。

人生や仕事は、意識的な行動が積み重なったものだ。ただし、どの程度意識的な行動かはあなたの選択による。そのときの状況に単に対応すべくあまり意識せずに行動するか、それとも何に集中すべきかについて強く意識して行動するか、である。もしあなたがまわりに流されることなく、豊かで創造的な人生を歩みたいと思うならば、ＧＴＤの方法論を学び、日々実践していこう。ＧＴＤにおける最大の課題は、二つの柱である「それを『やっている』とはどういうことか（とるべき行動）」「それを『やり終えた』とはどういう意味か（求める結果）」の視点を実践することだ。これは必ずしも簡単なことではない。だが、困難なくして学習や成長はありえないのだ。



「困難を乗り越え、次なる成功の一歩を踏み出し、新たな夢を描いて実現していく。人生においてこれにまさる喜びはない」――サミュエル・ジョンソン博士日々の営みにおいて、入ってきたことのすべてを、あらゆるレベルにおいて整理していくと、意識の深い部分で変化が起こり、驚くような効果が表れてくる。生産性がぐっと高まり、イメージを明確に描きつつ、それらを実現していけるようになるのだ。

## 日常のさまざまなことをさばいていく達人になろう

私のクライアントが引き出しを空にしたり、大量のメールや頭の中や周囲に溜まったさまざまなものを処理したりするのには何時間もかかることが多い。そんなとき、相手からはよく「退屈ではありませんか」と尋ねられる。彼らは溜まっているものの多さに恐縮しつつ、こんなのに付き合わされるのは大変だろうと私に気を遣ってくれているのだ。だが、実際はまったく逆である。私自身も意外に思うが、人といっしょに行なう作業で、これほど充実した気分になれるものはない。効果的に作業を終えてしまえば驚くような解放感と安心感に浸れることを、私は知っているからだ。彼らは適切なサポートの元で集中力を働かせ、「見極め」と「整理」をするためのシステムを確立していかなければならない。そうした作業を見ていると、彼らにとってよい影響を与えるであろう行動パターンが根付いていっているのだな、と実感することができる。そして数時間後には、上司や共同経営者、配偶者、子どもたちとの関係が大きく変わり、自分自身のとらえ方にも変化が出てくる。そしてその状態が、何日も、何年も続いていくのである（もちろんＧＴＤを続けていればの話だ）。そのことがわかっているので、私は退屈などしない。むしろ、もっともやりがいのある仕事の一つだと思っている。

## あらゆるレベルで求めている結果を管理する

私が教えているのは、どこに目を向けるべきなのかということだ。私が発するごくシンプルな質問によって、自らの創造性や知恵が引き出され、目の前の状況が改善したり、仕事の突破口を見つけられたというケースも多い。私の指導を受けた人が、急に賢くなるわけではない。ただ、必要なところに知性を集中させ、生産的に活用しただけのことだ。

このように必要なところに集中していくと、ほかの手法では得られないメリットがもたらされる。人生のあらゆるレベルにおいて効率が高まり、よりよい成果を上げられるようになるのだ。人生においては、長期的な展望や目標、価値観やビジョンが必要である。その一方で、買い物リストや住所録など、より日常的なこともさまざまなツールで管理していかないといけない。しかし、この二つに平等に目を向け、うまく結び付けている人はほとんどいないのが実情だ。「これは自分にとってどんな意味があるのか」「これに関してどんなことが起こってほしいのか」「そのために必要な次の行動は何か」。私たちはあらゆるプロジェクトに関して、遅かれ早かれこうしたことを考える必要がある。このような考え方ができるようになり、それをサポートするさまざまなツールを手に入れたとき、あなたは信じられないような力を発揮することができるようになるはずだ。

## ナチュラルプランニングで何が変わるか

先に紹介したナチュラルプランニング（99ページ）を実践すると、あらゆる状況を、より総合的な視点で見渡すことができるようになる。

自分がしているあらゆることの目的を考えるのは健全なことであり、成熟した人間の証《あかし》である。ビジョンをもち、成功のイメージを描いたうえでそこに至る方法を考えられるようになれば、それは強力な推進力となる。一見役に立ちそうにないものも含めてすべてのアイデアを出し、集めておくことで、創造性をフルに活用できるようにもなるはずだ。また、それらのアイデアやさまざまな情報を要素や順序、優先度で整理して求めるべき結果のために役立てていかなければならない。そして、次にとるべき具体的な行動を考え、実行し、プロジェクトを現実レベルで進展させていく必要がある。それによって生産性が高まっていくのだ。

適切なタイミングとバランスの元にこれらの要素を組み合わせていく能力こそが、新たな時代を迎えた今、プロフェッショナルに求められている資質だと私は思っている。しかし、実際にはほとんどの人がこの対極にいるのが現実だ。ナチュラルプランニングモデルは脳にとって〝ナチュラル〟ではあるものの、意識せずに生じるものではないからである。

しかし、ナチュラルプランニングの考え方の一部でも実践することができれば、その人の生産性は大きく向上するだろう。私は長年、ＧＴＤのコンサルティングやセミナー、個人指導に取り組んできた。これらの人々の反応を見る限り、ナチュラルプランニングを実践することで生産性が大きく高まることは間違いない。人生のほぼあらゆることにブレインストーミングを活用する人々が増えていくのを見るのは、私にとっては大きな喜びだ。重要な会議や話し合いにGTDを活用して大きな成果が上がったという話を企業の幹部たちから聞くと、GTDを勧めて本当によかったと思う。これらはすべて、意識の自然（ナチュラル）な働きに逆らわずに物事を進めたほうが、きちんと結果を出していけるということを意味している。

ナチュラルプランニングの本質は、私たちがやらなければならないと感じていることのすべてに関して、「望んでいる結果」とそこに至るまでに「必要な行動」を見極めることにほかならない。この二つの「見極め」を日々の生活でごく当たり前にできるようになれば、あなたの生産性は新たな次元に引き上げられるだろう。さらに、プロジェクトのアイデアや展望、具体的な要素を明らかにするのに最も有効な手法であるブレインストーミングを実践することで、常にリラックスした状態で物事をこなしていけるようにもなる。

## 組織を前向きな体質に変える

組織の生産性を引き上げるのはそれほど難しいことではない。クライアント企業からは、何人かのマネージャが多少なりともGTDを導入した結果、迅速かつ円滑に組織の歯車が回るようになったという話をよく聞く。



「行動のはっきりしていない目標は、ただの夢です。目標のはっきりしていない行動は、ただの徒労です。目標と行動が結び付いたとき、それが世界に希望をもたらすのです」――1730年頃にイングランド・サセックス州の教会で行なわれた講話より目標や望んでいる結果に関して、個々の活動、リソースの配分、コミュニケーション、方針、業務プロセスを前向きに見直すことが、あらゆる組織にとって急務となってきている。現代企業が置かれている環境はますます厳しさを増しており、グローバル化や競争、技術の進歩、市場の変化、生産性や効率などの面で、激しいプレッシャーにさらされている。

「この会議で出さなければならない結論は何か」「何のためにこの書類を書くのか」「この仕事の適任者は誰か」「このソフトで何をしたいのか」といった根本的な問いかけを怠っている組織はいまだに多い。名前だけ立派でやたらとしゃべりまくる会議はあちこちで開かれているが、「何のための会議か」や「成功したときにどんな状態になっているか」を考えなければ本当の成果は得られない。これらを見極め、その視点で日々の仕事を進めていくことではじめて、最高の結果が得られるのだ。

経営者からよく聞かされる生産性の問題には、メールや会議に関するものが多い。メールも会議も多すぎて、戦略的に重要ではなさそうなことに時間がとられすぎているというのだ。このようなコミュニケーションが生産性を奪い、エネルギーを消耗させてしまうことは容易に起こりうる。はっきりした目的のない会議を開くと不要なメールのやりとりが増え、そうなると会議の成果を明らかにする必要性が出てきて、そのためにまたメールが必要になるという具合だ。メールも会議も組織運営には欠かせないものだが、目的や望んでいる結果がはっきりしていないと悪い影響を及ぼしかねない。

個人が被害者意識やグチのレベルから抜け出し、望んでいる結果と次にとるべき行動に目を向けられるようになったとき、その人の生産性はぐんと向上する。それと同じことが組織でも徹底されるようになれば、組織の体質そのものが変わり、業績にも明らかな変化が出てくる。そもそも考えなければならないことはほかにたくさんある。消極的な態度や反発を減らし、あらゆるレベルにおいて求められている結果に目を向けられるようにしていくことが大切だ。

個人レベルで書類受けやメール、コミュニケーションなどをどのように扱っているかが、組織全体の体質や生み出される結果に反映される。誰かが何かを忘れたり、何かが舞い込んできた時点で行動を決めなかったり、責任の所在が曖昧だったりすれば、それが組織の足枷となり、常に〝尻に火が付いた〟状態が続くことになる。組織に所属する個人がGTDをきちんと実践すれば、まったくその逆のことが起こる。つまり、組織全体の成果が新たな水準に引き上げられるわけだ。それで組織のあらゆる問題や摩擦が解消するわけではない。組織が存続する限り、問題がなくなるということはないだろう。しかし、本書で解説したGTDが浸透していけば、より確かな視点でそれらの問題に取り組み、もっとも効率的なかたちで解決していくことができるようになるはずだ。

「どうしてGTDで組織の体質が変わるのですか」という質問をよく受けるが、GTDの手法は個人と同様に組織にも適用できると知っているからだ。「気になること」を把握し、望んでいる結果と必要な行動を見極め、状況を定期的に見直して、人材や労力の適切な配分を常に考えていくことは、どのような組織でも取り入れられる重要な慣行だろう。

高い水準が求められる現代の組織では、GTDに精通し、生産的に仕事をこなせる人が必要だ。ＧＴＤの手法がトップ主導で企業全体に取り入れられれば、測り知れないほど素晴らしい成果が生み出されることだろう。

GETTING
THINGS
DONE

第3部
基本原則のパワーを
体感しよう

# 第14章
# GTDと認知科学

本書の初版が刊行されて以来、社会心理学と認知心理学における研究が進み、GTDの提唱する基本原則が有効であることが科学的にも立証されるようになった。

最近まで、GTDの効果は経験則的にしか確認できなかった。GTDの5つのステップを実践したことのある人なら誰でも、「やるべきことが明確になって適切に物事に集中できるようになりました」と、その効果を認めている。本書で紹介してきたGTDのテクニックをすこしでも実践しはじめた人ならば、自分の生活や仕事にプラスの影響があったことに気づいていることだろう。

近年、認知科学の領域では、GTDの手法とその理論の成り立ちが理にかなったものであることが研究データによって証明されつつある。これまで当たり前のようにそこにあった重力の存在がようやく証明されたような話だ。そして、こうした研究データによって、私が本書で提示しているワークフロー管理手法の信憑性が増し（これはおそらく必要なことだろう）、一見シンプルなGTDのプロセスと行動がなぜこれほどまでに確実な成果をもたらしているのかの説明がつくようになった。

この章ではそのあたりの研究を紹介していこう。GTDの効果を裏付ける研究は、次のような範疇やカテゴリーにおいて行なわれてきた。

・ポジティブ心理学
・分散認知――「外部の脳」の価値
・「済んでいないこと」によって生じる負荷の軽減
・「フロー」
・「セルフリーダーシップ」論
・「実行の意図」を通じての目標達成
・ポジティブ心理資本

## GTDとポジティブ心理学

2000年、米国心理学会の会長に就任したマーティン・セリグマンは、その就任演説で心理学の領域における研究対象を変えるべきだと訴えた。人間の心理状態のネガティブな側面を研究して解明するだけではなくて、人間を人間たらしめるポジティブな側面に目を向けていこうという主張である。これは、20世紀半ばに提唱されたアブラハム・マズローによる「自己実現理論」をより具体化し、心理学の中心としていこうという呼びかけにすぎないだろう。だがそれ以来、ポジティブ心理学はメジャーな研究分野に成長した。

このような変化のおかげで、基本レベルでも応用レベルでも、この分野に関するさまざまな研究が行なわれるようになった。そして数多く存在する心理学的要素への理解が深まり、それを応用することによって多くの人たちの人生が改善されてきた。ポジティブ心理学は実に幅広い分野をカバーしているが、幸福、心の健康、フロー（最高の体験）、意義、熱意、目的、真のリーダーシップ、精神力、価値観、個性、美徳などといった要素がそこに含まれている。現在では世界中の大学院でこの分野を研究するプログラムが設置されており、さらに拡大を続けている。

さて、これがGTDにどう関係するのだろうか。GTDは単なるプロジェクトの管理手法ではない。効率よく生産的に仕事を進める手法というよりは、有意義な仕事、意識的な生活、心の健康といった根本的な問題に目を向けた手法だ。日々生じる「やるべきこと」について、どのような結果を望むかに注目し（そうすることを必須としている）、「把握する」「見極める」「整理する」「更新する」のステップを実行して頭をすっきりさせるというプロセスは、有意義な人生を生きるためのやり方でもある。

GTDの効果をすでに体感した人もいるだろうが、その考え方がどのように私たちの精神や健康、パフォーマンスに結び付くのかを、いくつかの理論や研究結果を通じて見ていこう。

## 分散認知──「外部の脳」の価値

2008年、ベルギーの2人の研究者による「GTD──ストレスフリーの生産性手法の背景にある科学」という非常に興味深い論文が専門誌で発表された。[*1]

この論文では、実際の研究データの裏付けとして、認知科学の観点からGTDの手法を分析している。その内容は詳細かつ本質的なもので、実に見事に結論が導き出されている。何度も読む価値がある論文で、ここでは語り尽くせないほど素晴らしい内容だ。せっかくなので一つだけ紹介しておくと、「頭はパターン認識に基づいてアイデアを生み出すが、多くの物事を覚えておけるような仕組みにはなっていない」という主張がまさに核心を突いているといえるだろう。

頭は何かを認識する能力には秀でているが、覚えておくのは大の苦手である。たとえば、カレンダーを見たときに、その日には何があってどのような段取りになるかは一瞬で認識できるが、2週間先までの予定を覚えておくとなるとまったく別の話になってしまう。

認知科学においては、ダニエル・J・レヴィティンが著書『整理された脳──情報化時代における明確な思考』で新たな発見を見事に解説している。情報があふれる中で関連データを管理し、認識しておく能力には限りがあるということ、そのため「外部の脳」を構築し、有効活用することが不可欠だということだ。[*2]

簡単に言えば、記憶に頼ってすべてを整理しようとすると（実際、多くの人が人生のあらゆる

---

*1 フランシス・ヘイリゲン、クレメント・ヴィダル　"Getting Things Done: The Science Behind Stress-Free Productivity," *Long Range Planning* 41, no. 6 (2008): 585-605

*2 *The Organized Mind: Thinking Straight in the Age of Information Overload,* Daniel J. Levitin (New York: Dutton; 2014)

ことに関してこれをやってしまう）、頭には処理能力以上の厳しい負荷が課されることになり、うまく働かなくなってしまうのだ。

だが、**あとで考えて行動できるようにリマインダーを設定しておくことができれば、頭はリラックスし、ある状況下で優れた思考を自然と発揮することができるようになる。**たとえば、メールを読んだあとに、それに対応するための会議の予定をカレンダーに書き入れておくといったことだ。会議の予定は前もってカレンダーで確認することになるから、そのときになれば適切に準備ができるだろうと安心し、また頭が働くようになるのだ。

ＧＴＤの手法を実践すると、集中的に取り組むべきものを見極めて、初期段階で効果的に手を回しておくことができるようになる。また、適切な時期が来たときに思考を促すためのリマインダーを整理しておくこともできる。先に述べた２人の研究者は、意識の特性を最大限に活かすための方法を科学的に説明し、最低限の思考だけでも最高に素晴らしい成果を生むことができるという理論を見事に展開している。*3

## 「済んでいないこと」によって生じる負荷の軽減

21世紀を迎えて以来、心理学者のロイ・バウマイスターらにより、「済んでいないこと」が与える心理的影響に関する研究が進んでいる。目標やプロジェクト、求めている結果などの「済んでいないこと」が意識にどのような影響を与えるのかについてバウマイスターの導き出した結論



*3 ヘイリゲンは昆虫の行動分析を専門としており、知性の低い生物でも驚異的な結果を生みだせることを証明している。そして、ＧＴＤの考え方をもとにすると、人間にも同じことができると説明しているのだ。

は、私が何十年にもわたり実際に目にしてきたことを裏付けている。つまり、「済んでいないこと」があると頭の多くのスペースが占領され、明確な思考と集中力が制限されてしまうのだ。[*4]

また興味深いことに、バウマイスターはGTDの理論をもう一つ証明してくれている。つまり、精神の負荷を軽減させるためには「済んでいないこと」を必ずしも完了させる必要はなくて、のちに必ずそれについて行動がとられるという信頼性のある計画こそが必要だということだ。[*5]

適切な期間内に確認するとわかっているリマインダーが信頼できる場所に設置されていれば、約束を果たすための「次にとるべき行動」を判断しておくだけで必要十分というわけである。彼はその素晴らしい著書『意志力の科学』において、私の提唱する考え方とモデルを頻繁に引き合いに出している。知識労働において常に必要となる「心の筋肉」を鍛えるために、GTDの考え方が有効だと主張しているのだ。[*6]

## 「フロー」

心理学の領域で広まっている理論で、よくGTDに関連付けて語られるものの一つに「フロー」がある。フローとは、最大限にパフォーマンスを発揮している状態だ。これはアスリートたちが「ゾーン」と呼ぶもので、第1章で述べた「水のような心」にも密接に関係している。フローの体験にはいくつかの特徴的な要素がある。まず、フローを体験するには、ある活動の難易

*4 ロイ・F・バウマイスター、E・J・マシカンポ "Unfulfilled Goals Interfere with Tasks That Require Executive Functions," *Journal of Experimental Social Psychology* 47, no. 2 (2011): 300-11

*5 ロイ・F・バウマイスター、E・J・マシカンポ "Consider It Done! Plan Making Can Eliminate the Cognitive Effects of Unfulfilled Goals," *Journal of Personality and Social Psychology* 101, no. 4 (2011): 667-83

度が自分の能力に対して適切なレベルでなくてはならない。自分の能力以上に難易度が高いと不安が生じ、逆に難易度が低いとその活動に退屈してしまう可能性が高いからだ。*7

フロー体験は通常、ある活動に完全に没頭している状態で起こるものだ。そうなると、その人には状況を完全にコントロールできているという感覚が生まれ、目標がはっきりと見えてくる。次に何が起こるのかがわかっており、何かが起きても瞬時に対応ができるようになる。また、行為と認識が融合する感覚が生じ、その間は時間の認識がなくなって無我の境地に至る。通常、その活動に対しての内的モチベーションがあり、外部から得られる報酬ではなくて活動そのものが目的となっている。フロー体験中は最大限のパフォーマンスが発揮できており、自分が今しているることに完全にのめりこんでいる。そしてフローをいったん体験すると、その活動をもっと行ないたいという欲求が生まれてくる。

フローは、もともとは余暇活動（ロッククライミング、絵画など）の研究を通じて概念化された。だが、チクセントミハイとルフェーヴルは、高度なスキルを要するのは余暇よりも仕事のほうであり、*8多くの仕事にはフロー体験を生じさせるような目標とフィードバック機構が備わっていることを見出した。*9

GTDのアプローチには、明確な目標をもつことや、フィードバックを受けることなど、フロー体験が発動する条件が含まれている。一度に一つのことのみに集中すべきというGTDのアプローチは、一つの活動に完全にのめり込み、ほかのことによって意識が乱されないというフローの状態と密接に関係している。GTDを実践すると、仕事とプライベートにおいてフローが



*6 ロイ・F・バウマイスター、ジョン・ティアニー『意志力の科学』（インターシフト、2013年）

*7 ミハイ・チクセントミハイ *Flow: The Psychology of Optimal Experience* (New York: Harper Perennial, 1990)

*8 M・チクセントミハイ、J・ルフェーヴル　"Optimal Experience in Work and Leisure," *Journal of Personality and Social Psychology* 56, no. 5 (1989): 815-22

生じやすくなるのだ。また、やるべきことを頭から追い出して外部のシステムに預けることで状況を把握しやすくなるが、これは一種のフィードバック機構ともいえる。また、やらなければならないことを総合的に把握できていると、ある時点で何に注意を向けるべきかが適切に判断できるようになり、目の前のことに集中できるようになる。これによって、フローが生じやすくなるのである。

## 「セルフリーダーシップ」論

セルフリーダーシップは1980年代半ばに提唱された理論で、セルフマネジメントの概念を拡大したものである。クリストファー・P・ネックとチャールズ・C・マンツの定義では、セルフリーダーシップとは、特定の行動や認識のテクニックを用いて自らに影響を及ぼし、自分自身の行動をコントロールしていくプロセスのことである。*10

この理論はマネジメントやリーダーシップの教材で幅広く取り上げられているほか、セルフリーダーシップ研修プログラムといったものも作られるようになるなど、かなり普及してきているようだ。

セルフリーダーシップは、主に「行動への集中」「内的報酬」「建設的な思考パターン」という三つのカテゴリーに分類される。

「行動への集中」では、自己認識を高めることによって行動を管理することを目指している。こ

ストレスなく生産性を発揮していくには、適切なタイミングで適切なことを思い出させてくれるリマインダーを設置できる能力がなによりも必要だ。

---

*9 クライブ・フラガー、E・ケヴィン・ケロウェイ "Work-Related Flow," in *A Day in the Life of a Happy Worker*, ed. Arnold B. Bakker and Kevin Daniels (New York: Psychology Press, 2013), 41-57

の視点をもつことは、やらなければならない厄介な仕事をこなしていくのに役に立つ。具体的な方法としては、内省、自己目標設定、自己報酬、自己処罰、自己へのきっかけ作りなどがある。「内的報酬」では、外部からやらされていると感じることなく、行動そのものからモチベーションを得られるような状況を生み出すことを目指す。楽しくない活動がより楽しいものになるように工夫したり、活動の楽しい面に意図的に目を向けたりして充実感を得ようとする。「建設的な思考パターン」では、パフォーマンスが上がるような思考法を目指す。たとえばセルフトークやメンタルイメージによって、ゆがんだ考えや思い込みを変えたりする。

GTDには、このようなセルフリーダーシップに結び付く要素が含まれている。もっともわかりやすいのは、自己へのきっかけ作りの概念だろう。GTDをうまく実践できるようになると、将来の行動を促す物理的なリマインダーを設定できるようになるからだ。また、GTDには「内的報酬」の要素もある。小さいながらも厄介なタスクを把握し、こなしていくのはある意味快感だ（頭のメモリの大掃除と自由な時間でそれが実現する）。さらに、GTDには、仕事を漠然としたプロジェクトではなくて、「次にとるべき行動」として具体的にとらえようとする考え方がある。「これは無理だ、とてもできない」から「よし、やってやろう」という態度へと変わるのだ。この考え方は、ポジティブなマインドセットを目指すセルフリーダーシップの好例だろう。

セルフリーダーシップのテクニックを活用すると、「自分はできる！」という自己効力感が高まることがわかっている。自己効力感は、組織心理学においてもっとも活発に研究されている概念の一つで、会社員の場合でも起業家の場合でも、仕事の満足度やパフォーマンス、その他のポ

*10 クリストファー・P. ネック、チャールズ・C・マンツ *Mastering Self-Leadership: Empowering Yourself for Personal Excellence*, 6th ed. (Upper Saddle River, NJ: Pearson Prentice-Hall, 2012), 192

ジティブな組織行動に結び付くものであることがわかっている。

## 「実行の意図」を通じての目標達成

人生には目標（望んでいる結果）が欠かせないものだが、GTDはそれが個人のものでも、組織のものでも、その達成に向けて着実に行動を促してくれる方法論だ。心理学者のピーター・M・ゴルヴィッツァーとガブリエル・エッティンゲンは、目標達成に関する研究を行なっており、「実行の意図」の効果を説いている。[*11]

手短かに言うと、設定された目標へ向かって行動をとるための最善の方法は、将来の行動に対して、「こうなったらこうするのだ」という因果関係を頭の中で作っておくというものだ。前もって何らかの計画を立て（実行の意図）、どのような場面で何をするのかを決めておくと、残りわずかな意志力をふり絞らずとも、自然と適切な行動がとれるというのである。

GTDのシステムでも、前もって行動の選択肢を決めておくという点で、「実行の意図」が活用されているといえるだろう。たとえば、「職場で1時間以上の時間があって、エネルギーのレベルが高いときに、リストを確認して難しそうなタスクを片付ける」「日曜日の午後になったら週次レビューを行なう」「混乱していて手に負えないと感じたら、気になることを書き出す」などが、GTDでいうところの「実行の意図（こうなったらこうする）」にあたる。

---

*11 ピーター・M. ゴルヴィッツァー、ガブリエル・エッティンゲン "Planning Promotes Goal Striving," in Kathleen D. Vohs and Roy F. Baumeister, eds., *Handbook of Self-Regulation: Research, Theory, and Applications*, 2nd ed. (New York: Guilford, 2011), 162-85

## ポジティブ心理資本

ポジティブ心理資本というのは比較的新しい考え方だ。近年の組織心理学では、どのような心理状態であれば、労働者が高い処理能力を発揮できるのかが研究されるようになってきた。ポジティブ心理資本は、「自己効力感」「楽観性」「希望（ビジョン）」「再起力（レジリエンス）」という四つの要因に分けられる。

・「自己効力感」とは、難しいタスクであっても、自分ならばきっと遂行できるという自信をもつことである。
・「楽観性」は、物事をポジティブにとらえ、現在や将来の成功へと結び付けて考えることである。
・「希望（ビジョン）」は、目標に向かって粘り強く取り組み、必要に応じて軌道修正を行なうことである。
・「再起力（レジリエンス）」は、逆境や課題を乗り越えて元の状態に戻る――あるいはそれ以上になって復帰する力のことである。

一つひとつの要因によってどのような結果がもたらされるかについてはある程度わかっているし、統計的なデータもあるだろう。ただしこれらを組み合わせたときには、それぞれの効果を足し合わせた以上の効果が期待できる。この分野の研究はまだ始まったばかりだが、この理論を応用することで、個人や組織のパフォーマンスにポジティブな影響を与えられることがすでに立証されつつある。

ポジティブ心理資本は、心理的な特性というよりは心理的な状態を表すものだ。つまり、気分のようにそのときどきで変わっていく。逆をいえば、この状態は個々人の生まれもった特性に左右されることなく、ある程度はコントロールが可能だということでもある。

GTDの手法を実践すると、ポジティブ心理資本のすべての要因を取り入れることになる。まず、自分や他者に対するすべての約束を把握しておけるようになり、そのときどきに何をすべきか（すべきでないか）を適切に判断できるようになるため、それが自信とコントロール（自己効力感）につながっていく。

また、目的をもって目標に向かっていけばプロジェクトの成功につながるという因果関係が見えるようになり、未来に対してポジティブになれる（楽観性）。GTDが習慣になると、自分にとって意味のあるプロジェクトを見出して完了までに必要な次のステップを明らかにし、それを忠実に実行していくことができるようになる。そして何かが完了するたびに、「もっとやってみよう」という前向きな気力が湧いてくるのだ。

また、GTDではあらかじめ行動の選択肢を用意しておくために、「仕事を見極めるための仕事」をする。これは目標設定（求める結果は何か?）とそこに至るまでの道筋（次にとるべき行動は何か?）を決めることでもある。そういう意味では「目標に向かって軌道修正しながらたどり着いていく」という、「希望」の要因を実践しているといえるだろう。

ＧＴＤを実践している人は、そうでない人よりも失敗からの回復力（再起力）が優れているという実証的なデータはまだ存在しない。しかし、世界中の有能な人たちに携わってきた私に言わせれば、これが正しいことは明らかだ。これまでに多くの人が、家庭における深刻な問題、キャリアにおける激しい変化などを経験してきたが、ＧＴＤを実践していたおかげで正気を保ちつつ、生産的に活動することができたからだ。ＧＴＤの手法を取り入れると、困難に直面しても冷静さとコントロールを保つことができるようになる。ストレスや逆境の中でこそ思考が冴え渡ってきて、てきぱきと対応できる人は、そうでない人よりもストレスから回復しやすいのは間違いないだろう。

ポジティブ心理資本というくくりで考えると、組織としてＧＴＤを導入している集団がなぜ高い対応能力を発揮して優れた結果を生み出し、強固な組織となっているのかが理解できる。今後、組織心理学におけるポジティブ心理資本がどれだけ解明され、発展していくかは別として、ＧＴＤの実践によって得られる心理面や感情面、そして身体面での効果を説明する枠組みであることは確かだろう。

今後も科学的な研究が進み、ＧＴＤの効果を裏付ける新たなデータが次々と出てくるはずだ。私はＧＴＤに携わりはじめた当初からその効果を確信しており、数えきれないほど多くの人たちがそれを実際に体験してきた。「気になること」のすべてを把握し、それについての行動を見極めて整理し、最新の状態を保つことができれば、より知的で実り多い人生を送ることができるのだ。これほど素晴らしいことはないだろう。

GETTING
THINGS
DONE

第3部
基本原則のパワーを
体感しよう

# 第15章
# GTDマスターへの道

GTDは、いくつかの段階を経ながら生涯を通じて実践していく手法だ。バイオリンなどの楽器やテニスなどのスポーツ、チェスなどのゲームを習熟していく過程ととてもよく似ている。あるいは数学にも、陶芸にも、美術史にも、子育てにもたとえられるだろう。基礎を学習して練習を重ね、しかるのちにさまざまな応用テクニックを身につけていくという意味ではみな同じだからだ。そしてこのような学習には終わりがない。できるのはさまざまな側面から熟練度を高めていくことのみである。

GTDは人生で次々と降りかかってくるあらゆることをこなしていくための術であり、その手法自体もつねに進化しつづけている。約束事や関心事を見極め、自信をもって「フロー」の状態で舵取りをしていくためにはどうしたらいいだろうか。時が経つにつれ、仕事の内容も、集中的に目を向けるべき物事も劇的に変化していく。それでもGTDを実践していくためには努力を怠ることなく、一生をかけて学び、改善していく必要がある。

どんなことが生じても状況を的確に把握し、心の安定を保ちつつ、そのときどきで適切な物事に集中できるようになろう。そのためには、システマチックに行動を選択していく能力を発揮していかなくてはならない。

ＧＴＤをマスターするには、本書で紹介したさまざまなテクニックや手法を生活に取り入れ、統合的に実践していくことだ。そのほうが、それぞれをばらばらに実践するよりも絶大な効果を発揮する。テニスのようなものだと思えばいい。テニスでは、バックハンド、フォアハンド、ロビング、サーブなど個々の動きを一つずつ習得していくが、実際の試合ではそれらを統合的に実践していく。そして、上達するにつれて戦略にまで視野を広げられるようになる。ＧＴＤも同じだ。最初はその要素やテクニック、ツールなどを学ぶが、じきに人生や仕事全体における戦略も考慮していくことになる。ＧＴＤをマスターできているかどうかは、日々の生活においてそれを意識しているかどうかでも判断することができる。もしあなたが特段意識せずにＧＴＤを実践できているようなら、高いレベルでこの術をマスターしていると言えるだろう。

## ＧＴＤの三つの柱

長年、ＧＴＤの手法を実践している多くの人たちに触れてきた結果、ＧＴＤには大きく分けて三つの習熟度があると考えている。

初　級――ワークフロー管理手法の基本を取り入れる。
上　級――より高いレベルで人生全体を管理するための統括的なシステムを確立する。
最上級――GTDのスキルによって生まれたゆとりを活かし、視野を広げて創造的な活動に取り組んでいく。

車の運転にたとえるとわかりやすいだろう。まずは、誰も怪我をすることがないように基本的な操作を学ぶ。最初はぎこちないだろうし、直感的な操作もできないだろう。だが免許がとれるほどまでに上達すれば、それまで行けなかったところに行けるようになったり、できなかったことができるようになったりして、生活の質が大きく向上する。やがて、考えずとも車の操作ができるようになり、運転できることが当たり前の生活になる。さらにもっと高性能な車に乗り換えた暁《あかつき》には、ごく自然に目的地に意識を集中し、運転自体に大きな満足感と充足感を得ることができるようになるはずだ。

この三つの習熟度のどこにいるかは、あなたの視野が広がっているかどうかでも知ることができる。車の運転で言えば、最初はぎこちない動きをしているので、視野が広いとはいえない。基本操作に慣れてきたら、道の先のまがり角や高速道路の出口などに視野を拡大していく。やがて、あらゆる方向で起きていることを把握しながら、とくに意識することなく、自然と目的地に意識が向くようになるだろう。同様に、GTDのテクニックが習慣化するにつれて、あなたの視野は整理システムを稼働させることから、それが生み出す成果へと拡がっていくのだ。

## 初級――基本の習得

GTDの基本的な要素を習得するのは簡単なようでいて、それなりに時間がかかる。概念や原理自体は理解しやすく納得のいくものだろうが、総合的に実践するとなるとそう簡単にいくものではない。車の運転、空手の突き、フルートの演奏などと同じで、慣れないうちはぎこちないが、鍛錬を積むことで軽やかに、かつパワフルで流れるような動きができるようになる。GTDの習得もそれと似たようなものだ。

たとえば、「気になることを書き出してください」と言われればたいしたことではないが、「気になることの〝すべて〟を書き出して信頼できるシステムに預けて、頭の中をすっかり空にしてください」と言われれば、なんだか大変なことのように思えるだろう。「今、重要ではないことについて、なぜ考えなくてはいけないのだ」と思ってしまう人もいるかもしれない。「頭の外で物事を管理する」ことの重要性を理解し、適切なツールを使いながら適切に行動していく習慣をつけていくのは、このようにそれほど簡単なことではないのだ。

また、GTDを始めたはいいが、途中でやめてしまったり中途半端になったりしてしまうこともよくある。たとえば次のようなケースだ。

・「気になること」について次にとるべき行動の判断ができていない。
・「連絡待ち」カテゴリーを最大限に活用できていない。リストに漏れがあったり、適切なタイミングでフォローアップがされていない。
・シンプルでアクセスしやすいファイリングシステムが確立できていない。
・「聖域」であるべきカレンダーに、適切でないリマインダーが書き込まれている。
・システムを最新に保つために不可欠な「週次レビュー」ができていない。

## 脱線は簡単

本書のはじめに述べたとおり、ＧＴＤを始めること自体はさほど難しくない。だが、ＧＴＤが習慣としてまだ根付いていない段階では、次々と押し寄せてくる現実に直面する中で、脱線してしまうこともしばしば起こりうる。

多くの人は頭の中ですべてを覚えておく癖がついているので、どうしてもその慣れ親しんだパターンに逆戻りしがちだ。また、今まで述べてきたとおり「次にとるべき行動」を判断するには意識的な努力が必要となる。週次レビューの時間を確保するのも、人によっては難しいと思えるだろう。こうした要因から、ＧＴＤが習慣として根付かないまま、整理システムもどんどん使えないものになっていく。せっかく作ったリストに確信がもてなくなり、安心感を与えてくれないシステムなら維持する価値がないという考えに至ってしまう。そうなると「だったら頭で覚えておこう」となりかねない。このように、あっという間に元の生活に逆戻りしてしまうことはそれほど珍しいことではないのだ。

## 元に戻るのも簡単

だが幸いにも、生産的なモードに戻るのも脱線するのと同じぐらい簡単だ。基本に立ち返ればいいだけのことである。ペンと紙を用意して頭からすべてのことを追い出し、行動とプロジェクトを整理し、それらをリストに加えて常に最新の状態を保つようにすればいい。

ＧＴＤを始めてから脱線してしまったが、また元に戻ってこられたというサイクルは、ほぼ誰にでも起こりうる。ＧＴＤを学習しはじめた段階ではとくにそうだ。私の経験からすると、ＧＴＤを習慣として完全に身につけて、常に活用できる状態にするには、たっぷり2年ほどはかかるだろう。

ただ、ＧＴＤのよいところは、部分的に活用しただけだったり、たまにさぼったりしたとしても、ある程度の効果を実感することができる点だ。たとえ「2分ルール」しか理解できなかったとしても、それだけで素晴らしい効果が得られるだろう。以前よりもほんのすこし多く「気になること」を書き出せるようになったら、それだけでも寝つきがよくなるはずだ。メールの整理をすこしでもするようになったのであれば、大きな進歩である。さらに自分自身やほかの人に「次にとるべき行動は何か？」と問いかけるようになったとすれば、ストレスフリーで高い生産性を発揮する生活に一歩近づいたと言える。

もちろんＧＴＤのテクニックを統合的に使えるようになれば、劇的な効果が現れるはずだ。ほとんどの人にとって、ＧＴＤの基本を習得することは大きな生活の変化を意味する。この段階に到達することができれば、より多くの物事をより早く、より少ない努力でこなすことができるようになり、人生におけるさまざまな「やるべきこと」への対応にも自信がもてるようになるだろう。

## 上級——人生の管理

ＧＴＤの基本を習得できたら、もうすこしだけ長期的な視点から人生をコントロールしていく段階に入る。先に述べたように、車をうまく運転できるようになると視野が広がって動きがスムーズになり、車の操作よりも目的地に意識を向けられるようになる。同様に、ＧＴＤにある程度慣れてくると、システムそのものや実践方法をさほど意識することなく、より長期的かつ広範囲にコントロールと焦点を保つためのツールとして柔軟に活用できるようになる。

初級レベルでは、インボックス、会議、メール、電話、協議事項、連絡待ち、資料のファイリング、リストの管理などを中心に扱ってきたが、このレベルではもう一つ上の視点から見渡していく。具体的には、完了すべきプロジェクト、解決せねばならない問題、人生において集中的に取り組むべきことや関心事などだ。この会議の目的は何だろうか、なぜ出席せねばならないのか。来期の予定を考えて今やっておくべきことは何だろうか。人生の変化に伴い、そうした視点からＧＴＤを実践していく必要がある。

ＧＴＤの基本を習得して効率よくシステムを稼働させることができれば、より高いレベルでプロジェクトをコントロールできるようになって余裕が生まれてくる。そうなると、人生におけるより大きな枠組みの中でプロジェクトを見極め、管理し、位置づけられるようにもなるだろう。

このレベルでＧＴＤをマスターできていれば、次のような状態になっているはずだ。

・ありとあらゆる「プロジェクト」が把握されており、最新の状態になっている。
・仕事とプライベートにおけるすべての役割、責務、関心事が俯瞰できている。
・現在のニーズと将来の方向性に応じて柔軟に活用することができる、統合的な整理システムが確立されている。
・困難や想定外の事態が生じても、調子を狂わせることなく、ＧＴＤを有効活用できている。

## 「プロジェクト」がGTDを軌道に乗せる

ＧＴＤに熟達してくると、プロジェクトリストは「次にとるべき行動リスト」の集合体というよりは、あなたを突き動かす原動力となってくる。そして、プロジェクト自体があなたの役割や、集中して取り組むべき分野、関心事を反映したものとなっていくだろう。この時点では、あなたの整理システムの比重は「地面」のレベルから「Ｈｏｒｉｚｏｎ　レベル１」「Ｈｏｒｉｚｏｎ　レベル２」（第２章94ページ参照）のレベルへと移ってきているはずだ。

すべてを網羅したプロジェクトリストを定期的に見直して更新していくことは、ストレスフリーの生産性を維持するために欠かせない。しかし、これがきちんとできている人はほとんどいない。何年もGTDを実践している人にすらその傾向がある。だが上級レベルに到達し、GTDのもつパワーを実感している人は、プロジェクトリストの重要性を充分に認識しているはずだ。

本書でいう「プロジェクト」の大ざっぱな定義（1年以内に達成可能で、複数の行動ステップが必要な「望んでいる結果」）を考えると、たとえ見極めやすいプロジェクトであっても、すべてを洗い出すのは大変な作業かもしれない。だがこのレベルの習熟度に到達するには、「望んでいる結果」として定義できるどんな些細なものでも「すべて」を把握し、具体的な行動に置き換えることが必要だ。それができていればこのレベルでGTDがマスターできているということだ。多くの人は、きちんとした対応ができると確信がもてるまで、そうした問題や機会と対峙しようとしない。しかしそれらを認識した時点で、望むべき結果と行動について解決のための道筋をつけておくべきなのだ。その状態に到達してはじめて、レベルの高い自己管理ができているといえるだろう。

## 「集中して取り組むべき分野」の視点からプロジェクトリストを構成する

我々は、それがどのようなことであれ、自らが引き受けた役割や責任、あるいは人生における関心事に対して行動を起こしている。たとえば私は「家族との関係」が大事だと思っているので、用事がなくとも兄に電話して話をすることがある。また「健康と活力」も重要なので、食材選びには気をつかっている。また会社では「経営の監査」を行なわなくてはいけないので、理事会の協議事項は私が作ることにしている。

仕事とプライベートにおいて「集中して取り組むべき分野」のチェックリストを作成してみると、リストに入れるべき新しいプロジェクトに気がつくことが多い。また、仕事やプライベートのある部分をおろそかにしていたことにも気がついて、よりバランスのとれた視点でプロジェクトリストを作ろうという気にもなるはずだ。

## 人生を総合的に管理する統括的なシステム

ＧＴＤの上級レベルでは、あなたのシステムはリストやツールの単なる集合体ではなくて、各要素が総合的に機能しているものになるはずだ。こうなると、どのような状況にも効果的に対応できるようになる。また、自分の状況に見合ったリストやカテゴリーを自在に作れるようにもなるだろう。

この境地に至ることができていれば、ＧＴＤの機能について充分に理解しているはずだ。ＧＴＤの本質と各要素の価値を理解しているため、自由にシステムをカスタマイズしたり、必要なら ば手元にあるツールで自分だけの整理システムをゼロから構築することもできるだろう。

さらに何をどうすればよいかという迷いからも解放されていく。昼食会でもらった名刺、今朝目覚めたときに思いついた突飛なプロジェクトのアイデア、もしくは急に招待された豪華なイベントについても、自信をもって決断を下すことができるだろう。いつか役に立ちそうだと思えるデータについても、適切な判断ができるようになる。予定されている旅行についても何を優先的に進めるべきかがすぐにわかるだろうし、実施予定のオンラインセミナーについても、必要なものをすべて手元にそろえることができる。機能的なシステムがこのレベルで稼働しはじめれば、いつでもどこでも適切な態勢をとれるようになるのだ。

## 多忙だからこそGTDをうまく活用する

ＧＴＤのプロセスを導入したものの、中途半端にしか進められなかった人からは次のような言い訳がよく聞こえてくる。出張続きだった、インフルエンザで寝込んでしまった、得意先が危機的状況に陥った、通常の職務に加えて大きなプロジェクトの進行を任された、などなどだ。

一方、ＧＴＤをうまく応用できるようになった人からは、ＧＴＤを実践していたからこそ、このような緊迫した状況をうまく切り抜けられた、という声がよく聞かれる。

つまり、**ＧＴＤを習得できているかどうかは、問題や機会によってＧＴＤが活用できなくなってしまったか、それとも逆にＧＴＤが有効活用できたかで見極めることができる。**仕事で新しい問題が生じたときに、やるべきことを頭の中に溜め込むのではなくて、紙とペンでさっと整理して素早くコントロールを取り戻すことができるだろうか。生じた事態について心配するのではなくて、その事態について望んでいる結果、関連するプロジェクト、次にとるべき行動をできるだけ早く見極められているだろうか。緊急の仕事が急に割り込んできたときにこそ、たとえ週の半ばでも週次レビューを行なって、一つ上のレベルからやるべきことを俯瞰して再評価するべきなのだ。

## 最上級――焦点、方向性、創造性

ＧＴＤの基本を実践し、一つ上の視点からやるべきことのすべてを把握して信頼できるシステムに預けられたら、さらに先が開けてくる。頭をすっきりさせることによって生まれたゆとりを活かして視野を広げ、創造的な活動に取り組んでいく段階である。

このレベルでＧＴＤをマスターできれば、次のようなことが起きてくる。

・頭の中に生まれたゆとりを活かして、さらに上の視点からやるべきことや価値観を模索する。
・「外部の脳」を活用して、さらに新たな価値を生み出す。

## もっとも有意義なことに携わる自由

それがなんであれ、整理システムに取り込んだものは必ず実行される、という確信がもてるようになったら、インボックスにはどんなものでも自由に入れてみるといい。ひらめいた突飛なアイデアでも、調べてみたい新しいテクノロジーでも、書いてみたい本でも、涙が出るほど賛同したＮＧＯのウェブサイトでも、何でもいい。

これまでに説明してきたとおり、人生と仕事をより上の視点から見渡すことができる能力は、対応していかなくてはならない日々の物事からいかに「意識を切り離せるか」にかかっている。これができないと次々に舞い込んでくる「やるべきこと」に意識をとられ、創造性を発揮するゆとりがもてなくなるからだ。

未送信のメール、確定申告、結婚式の段取りに不満がある義母、そうした「気になること」から意識を遮断し、映画の脚本を書いてみたり、結婚式で誓う言葉を書いたりできるようになれば最高だ。そうなれば優れたアイデアももっと出てくるだろう。「気になること」が意識の負荷になっていると適切な物事に集中できなくなり、パフォーマンスも悪化する。「気になる仕事」は職場に残してきたので、家ではゆとりをもって創造的な活動をしているよ、という人も多いが、あなたの意識はそういう区別をしてはくれない。そういう人は「気になること」から意識を遮断したことがないため、真に「ゆとりをもって創造性を発揮している状態」を知らないのだろう。

日々の物事に対する不安から解放されれば、本当の意味で重要な分野に目を向けやすくなる。第2章で述べたように、よりレベルが上のＨｏｒｉｚｏｎにおける焦点——目標、ビジョン、目的、価値観——が、あなたの優先順位を決める基準となる。だが多くの人は、そういった基準に目を向けることができないでいるし、わざと避けている人もいる（そして罪悪感が生じる）。「気になること」がなくなるだけで成功へのシナリオを思いつくわけではないが、創造的で生産的な視点はずっと得やすくなるはずだ。

## 「外部の脳」を有効活用する

最上級レベルでＧＴＤを活用できるようになったら、ＧＴＤを実践していく目的は、日々のやるべきことに最適なかたちで対処していくことから、コントロールのとれた生活によって生まれた状況を活かして、独創的なアイデアや行動を生み出していくことへと変わっていく。

たとえば連絡帳を整理したときに「今の仕事の状況だったら、この人とまた連絡をとらなくちゃ」と思ったことがあるだろう。このようにリマインダーから何らかのかたちで価値あるアイデアを引き出せたなら、最上級レベルの創造性をすこしだけ体験したことになる。今日起きたことで、このように価値を加えることができたものがほかにあるだろうか。もしあなたがＧＴＤの実践を通じて物事に対して正しく注意を向けられるようになったら、そうした可能性を見出すこともできるようになるはずだ。

実は週次レビューでは、このような創造的かつ生産的な思考が自然と生まれている。過去と未来のカレンダーを見ていると「ああ、そういえばあれがあったんだ！」と思いついたり、「いつかやる／多分やる」のリストを見ていて「よし、本当に絵画教室に通うぞ！」と思ったりするのだ。では、このような思考は週次レビュー以外ではできないだろうか。そんなことはないだろう。もっと価値のあるアイデアを見つけられるように、定期的にレビューできることがほかにもないか探してみるといい。週次レビューを取り入れること自体もなかなか難しくはあるが、その先にチャレンジすることで新たな可能性が拓《ひら》けてくることもあるのだ。

先にも述べたように、このレベルでＧＴＤに習熟してくると、チェックリストというシンプルな手法が重要な役割を果たしてくれる。認知科学においても立証されているとおり、頭は何かを

考えなくてもいいことをあまり考えなくていいようにできたら、なんと素晴らしいことだろう!

覚えておいたり思い出したりするのは苦手だが、目の前にあるものについて評価するという創造的な思考は得意なのだ。

大事な家族についてのチェックリストには何を載せるべきだろうか。配偶者、息子、妹について、どんなことを書いておくべきだろうか。仕事関係で大事な人についてはどうだろう。そしてそれらのチェックリストをどのぐらいの頻度で見直して、どんな言葉を使って書いておけば、再評価したときにアイデアが浮かんできやすいだろうか。

頭を苦手なことから解放してあげつつ、得意なことを活かせるようなシステムを確立することができれば、人生が豊かになる可能性がぐっと広がってくる。ただしこれは自動的に起こるわけではない。最上級のレベルでGTDを習熟し、日々の生活から自由にアイデアを生み出せるような、知的な運用をしていく必要がある。本当に知的な人とは、自分が「知的モード」に入るのには意識的な努力が必要だと認識している人たちだ。

GTDマスターへの道――基本を習得し、より高い視点で統合的なシステムを活用することで、創造的な視点をもちながら活動していくこと――は、必ずしも私がここで説明したような道筋をたどるわけではない。ほとんどの人は、この三つの習熟度を自分なりのやり方で実現させていくはずだ。実際、ある面では初級レベルでありながら、ほかの面ではものすごいレベルにある人をたくさん目にしてきた。だが私の経験では、「ストレスフリーの整理術」を総合的に実践しようとするならば、近道することなく一歩一歩着実に進んでいくのがもっとも確実だ。メールが整理できていなければ、長期的な視点でコントロールをとることなどできないだろう。現実に抱えている75のプロジェクトについて把握できていなければ、人生における目標やビジョンを自由に思い描くのは難しいはずだ。

意識的にせよ無意識的にせよ、あなたは常にこの三つの習熟レベルと関わりをもちつづけるだろう。GTDをマスターした人は、すべてのことに対して優雅に対応していくことができる。突然のトラブルを告げるメール、今週に迫った叔母の誕生日、もしくは欲しいと思っていた調理器具——それらすべてに対して素早く、スムーズに対応していけるはずだ。そして頭の中には今対処していること以外には何もない——そうした状態を目指してほしい。

# おわりに

本書を読まれたあなたがＧＴＤの素晴らしさをすこしでも体感してくれたなら、これにまさる喜びはない。ぜひとも「水のような心」を会得して、創造性を存分に発揮していただきたい。ＧＴＤを実践すると、必ず何か発見がある。あなた自身も、何か気づいたことがあるのではないだろうか。

ＧＴＤの考え方の一部は、おそらくあなたがすでに知っていたことで、ある程度はやってきているはずだ。しかし、その〝当たり前のこと〟をシステマチックに実践することで、どんどん複雑になっていくシビアな現代社会にも対応していくことができるようになる。

自己啓発の理論やモデルは、すでに無数に存在している。本書を書いたのは、それらに新たなモデルを付け加えるためではない。私が目指したのは、いつの時代においても実践すれば必ず効果がある、本質的な手法を明らかにすることだ。重力のように確かで、仕組みさえわかってしまえばどんな仕事でも生産性が大幅に向上するような手法である。

ＧＴＤは、ゆとりをもって物事に集中するための精神状態を作り、最大限の生産性を発揮していくためのアプローチである。本書をガイドブック代わりにして、必要に応じて気になるところを何度でも読み返してほしい。

最後に、ＧＴＤ実践のためのコツをまとめておく。

・物理的な整理ツールをそろえよう。
・作業空間を確保しよう。
・インボックスを準備しよう。
・職場と自宅に、アクセスしやすくて使いやすい資料のファイリングシステムを作ろう。
・楽しく使えるリスト管理ツールを見つけよう。
・職場の環境についても、改善したいと感じている部分があればついでに変えてしまおう。壁の写真、新しいペン、必要のない物、作業空間についても見直してみよう。フレッシュな気分でGTDを始められるようにしよう。
・時間を確保して、まず職場の整理を行なってみよう。それが終わったら、家の各所についても同様にやっていこう。気になることをすべて把握し、GTDのシステムに組み入れていこう。
・メリットを感じたら、ほかの人にも伝えてみよう（人に教えれば、いっそう早く身につくからだ）。
・3カ月後または半年後に本書を読み直してみよう。最初は気づかなかったものが見えてきて、新しい本を読んだように感じるはずだ。
・GTDを実践している人との交流をもちつづけよう。*

では、GTDでゆとりある人生を！

*私たちのホームページ（www.gettingthingsdone.com）にもぜひアクセスをしてもらいたい。サポート情報やGTDの実践に関するアドバイス、関連する商品やサービスの紹介に加え、GTDを実践している世界中の人々との交流が可能になる。

## 監訳者あとがき――「週末に必ず見るリスト」からはじめよう

「GTDの本を監訳されていますが、最近その手法を使われていますか？」
先日そのような質問を受けた。「GTDを使っているかどうか？」と頭の中で質問を反芻したあとに若干の違和感があったのを覚えている。GTDはすでに生活の一部となっており、「最近、心臓使っていますか？」と同じぐらいの意味に思えたからだ。

GTDとの出会いからもう10年以上が経つが、その本質はいい意味でまったく変わっていない。ただその手法から受けるメリットは年々大きくなっている。それは人生のステージにおいてより責任の重い仕事に携わるようになったからでもあり、スマートフォンなどの普及で日々入ってくる情報が格段に増えたからでもある。

**GTDの最大のメリットは「今、自分が下した判断に100％の自信がもてること」**だ。行動の選択肢があらかじめ整理されているので、今やっていることだけでなく、今やっていないことについても安心することができる。そしてさらに素晴らしいのは「自分が何を抱えているか」を常に把握できているので、急に降ってくる魅力的に思えるプロジェクトに対して「すみません、今はできません……」「今ならできます、やってみます！」と確信をもって言えるようになったことだ。

本書でも「GTDをマスターするのに2年はかかる」と述べられているとおり、確かに習得までに時間はかかる。とくに最初の「把握する」「見極める」のステップは気持ちがいいものの、整理して更新し、週次レビューを実践できるようになるまでには相応の努力が必要だ。そうなると面倒だと感じてしまう人も多いだろう。

そこで個人的におすすめしておきたいのが、「週末に必ず見るリスト」をとりあえず作ってしまうことだ。そしてカレンダーにそれを見直すための予定を登録してしまおう（無期限の定期的な予定とするのがいいだろう）。いわゆる簡易的な（もしくは部分的な）週次レビューである。週次レビューをきっちりやろうとするとそれなりに大変ではあるが、このリストを作って「今週は考えたくないな」という事柄を思いついたときにぽんぽんと登録していくだけでいい。

デビッド・アレン氏も主張しているとおり、ＧＴＤ実践の鍵となるのは週次レビューである。ただ最初から完璧にやる必要はない。まずは形から入ることも大事だと個人的には思う。**「毎週、決まったリストを必ず見る」というシンプルな習慣をまずは身につけてしまうのだ。**最初からリストにすべてを書こうとしなくてもいいかもしれない。そうなるとレビューにはたいした時間もかからないだろう。最近ではリストを決まったタイミングでメールしてくれるツールもある。そうしたテクノロジーを使ってもいいだろう。

個人的な経験からすると、このたった一つのリストがあるだけで日々の生活がぐっと楽になる。ＴｏＤｏリストを管理している人も多いだろうが、そこには「今週やらなくてもいいもの」「今週考える必要がないもの」が並んでいたりしないだろうか。それらをきれいさっぱり先送り

（しかし必ずレビューするとわかっている）するだけで気持ちに余裕が生まれてくるのだ。

そうなるとGTD本来のステップに取りかかろうという気にもなってくる。「時間があるから『把握する』作業をしてみようかな」「整理のためのフォルダをまとめ買いしてみようかな」「このプロジェクトについてすこしだけ考えてみようかな」といった具合に、気が向いたところから順番に取り組んでいくのもいいだろう。

またこのリストは「毎週、繰り返し行ないたいもの」を登録しておくのにも便利だ。たとえば自分のリストには次のような項目が並んでいる。

「友人と早朝ランニングの約束をとりつける」
「迷惑メールフォルダに大事なメールが紛れ込んでいないかチェックする」
「水回りの掃除をする」
「古くなっている食材がないか冷蔵庫をチェックする」
「名刺入れをチェックして必要なら補充する」

このように活用することができれば、「週末に必ず見るリスト」を核にして自分が身につけたい習慣を次々に獲得していくことができるはずだ（実際、自分でもそうしてきたし、その効果を今でも実感している）。

**「決まったリストを毎週見直す」という習慣には、新しい習慣を生み出す力がある。**ＧＴＤはどこから始めてもいいと思うが、このちょっとした習慣をはじめの一歩として個人的にはおすすめしておきたい。

田口元

## ご案内

デビッド・アレン・カンパニーは、研修やセミナー、アセスメント・セッション、コンサルティング・プログラムなどを通じ、「フォーチュン100」に名を連ねる多くのグローバル企業、中小企業、そして様々な方面で活躍するクリエイティブな個人の皆さまに全世界でサービスを提供しています。日本ではデビッド・アレン・カンパニー公認トレーナーによるセミナー実施、トレーナー認定プログラム、ＧＴＤ実践に役立つ情報提供を、デビッド・アレン・カンパニーのグローバルパートナーであるラーニング・マスターズ株式会社より提供しています。

□ 個人あるいは仕事上でＧＴＤの実践をスタートさせ、日常的に取り入れて有効活用できるように、みっちりと指導を受けたい。
□ 個人や職場でＧＴＤを実践し、活用している全世界の人たちと交流したい。
□ 所属している組織で、ＧＴＤの実践による効果やメリットを体感したい。
□ 必要最小限の努力で、効果的に状況のコントロールと将来の見通しを立てるためのコツやヒントを今すぐ知りたい。

このような方は、下記のウェブサイトで紹介している幅広い商品やサービスをご覧になり、お気軽にお問い合わせください。

どのようなかたちでＧＴＤに携わるにしても、ぜひ私たちのダイナミックなグローバル・コミュニティへご参加ください。少しでもＧＴＤを実践しようというのであれば、ご自身にも周囲の環境にも、大きな変化がもたらされるはずです。

ＧＴＤを実践し、私共との交流を続けていただくことを心より願っております。

**GTD Japan 公式サイト** http://gtd-japan.jp/
**問い合わせ** https://gtd-japan.jp/contact

**デビッド・アレン・カンパニーサイト** gettingthingsdone.com
**問い合わせ** info@gettingthingsdone.com

全面改訂版《ぜんめんかいていばん》
はじめてのGTD
ストレスフリーの整理術《せいりじゅつ》

著者　デビッド・アレン

監訳者　田口 元

発行所　株式会社 二見書房
東京都千代田区神田三崎町2-18-11
電話　[営業]03-3515-2311
　　　[編集]03-3515-2314

ブックデザイン　ヤマシタツトム

DTPオペレーション　横川浩之

印刷　株式会社 堀内印刷所

製本　株式会社 村上製本所

落丁、乱丁はお取り替えいたします。定価はカバーに表示してあります。

ISBN978-4-576-15187-8
http://www.futami.co.jp/